GIVER DET MENING?

Om forfatteren

Bo Porstorp Holst-Mikkelsen er uddannet cand.merc. i kommunikation og strategi fra CBS og er certificeret NLP mastercoach. Bo har arbejdet som analytiker og strateg i reklamebranchen i flere år og efterfølgende som managementkonsulent og coach. Bo rådgiver til daglig offentlige og private virksomheder om en bred vifte af problemstillinger, som fx implementering af strategiske initiativer, innovation, videndeling, identifikation af best practices, kommunikation, samarbejde, reduktion af sygefravær, coaching af ledere og ledergrupper mv.

Find mere information på:
www.livingstrategy.dk
www.supersensemaker.com

BO PORSTORP
HOLST-MIKKELSEN

ER DET RIGTIGT, VIGTIGT, NØDVENDIGT ...

GIVER
DET
MENING?

EN NY FORSTÅELSE AF DEN INTUITIVE SIDE AF
SENSEMAKING

GIVER DET MENING?
En ny forståelse af den intuitive side af sensemaking

Copyright © Bo Porstorp Holst-Mikkelsen, 2025.
1. udgave 2025.
Forlag: BoD · Books on Demand, Strandvejen 100, 2900 Hellerup,
bod@bod.dk
Tryk: Libri Plureos GmbH, Friedensallee 273, 22763 Hamborg, Tyskland
Omslag: Joan Porstorp Sommer / JoBo

ISBN: 978-87-4306-009-3

INDHOLDSFORTEGNELSE

Verdens førende forskere inden for psykologi, kognition, neurovidenskab og biologi er begyndt at samle sig rundt om en ny erkendelse: Vores hjerne opererer prædiktivt. Vi er nu begyndt at forstå, at vores egen hjerne bør opfattes som en 'forudsigelses-maskine', der aktivt forsøger at forudsige, hvad der sker i vores omgivelser og indeni os selv.

Det ændrer alting. Perception (sansning) og kognition (tænkning) bliver til én sammenhængende proces. Vores forståelse af meningsskabelse bliver vendt helt på hovedet – og vi bliver nødt til at gentænke, hvordan vi opfatter læring, beslutningstagning, emotioner, motorisk handling, sygdom og smerte.

Det paradoksale er, at teorien om den prædiktive hjerne slet ikke er så ny endda. Den blev introduceret allerede i 1860 af den tyske læge og fysiker Hermann von Helmholtz, men er blevet overset indtil nu. Dette skyldes nok, at teorien ikke er særlig intuitiv. Men pga. dens store forklaringskraft, nye anatomiske beviser – og ikke mindst indsigterne fra, hvordan algoritmerne bag generativ AI opererer – er der al mulig grund til at tro på, at det er sådan vores hjerne fungerer. Det interessante er nemlig, at de nye AI-baserede sprogmodeller, som fx ChatGPT og Copilot, der på kort tid har revolutioneret interaktionen mellem mennesker og teknologi, også er baseret på prædiktive principper.

Kapitel 00: Giver det mening?

Det her er en bog om, hvordan vi forstår, tolker og skaber mening med vores verden, andre mennesker og med os selv. Gennem meningsskabelse finder vi ud af, hvad der er 'op og ned', rigtigt og forkert, vigtigt, betydningsfuldt, nødvendigt, hensigtsmæssigt, tilstrækkeligt og retfærdigt. Meningsskabelse har derfor afgørende betydning for vores motiver, beslutninger og adfærd – og for hvad vi oplever, der giver mening.

I bogen vil jeg især dykke ned i den intuitive og til tider irrationelle side af meningsskabelse. Jeg vil beskrive en række forhold, der i al ubemærkethed påvirker vores opfattelser i (og af) forskellige situationer. Ved at forstå denne ofte skjulte side af os selv, kan du opnå større indsigt i dig selv og i andre. Du vil blive bedre til at forstå, hvorfor vi nogle gange får et helt fordrejet syn på tingene. Du vil også forstå, hvad der indimellem fastholder os i eksisterende overbevisninger og adfærd. Men du vil også få indsigt i og værktøjerne til – gennem præcise og målrettede interventioner – at udfordre og forandre uhensigtsmæssige tanker, opfattelser og adfærd.

Bogen vil introducere dig til ny forskning om den prædiktive hjerne, som vender vores forståelse af perception og meningsskabelse helt på hovedet. Du vil få et nyt og opdateret 'take' på her lidt udefinerlige begreb, vi kalder mening – og hvad det egentlig indebærer, når vi siger, *"det giver mening"*. Du vil også forstå, hvorfor det er ekstremt vigtigt for motivation, trivsel og høj produktivitet. Det vil samtidig blive klart, at oplevelsen af, 'at det giver mening', kan manipuleres af flere forhold, hvilket motiverer til nye og mere effektive måder at arbejde med mening på.

0-0-0-0

Hvad er meningen?

At skabe mening er en helt fundamental del af at være et menneske. Hvad er meningen, er et spørgsmål, som vi hele tiden stiller os selv.

Når vi kommer ind i et lokale – mødefaciliteter på jobbet, omklædningsrummet til fodbold eller den lokale bar – så forsøger vi lynhurtigt at finde ud af, hvad der sker. Hvordan hænger tingene sammen? Hvad er vigtigt her? Hvad skal vi holde øje med? Hvilke spilleregler gælder? Hvad er meningen?

Vi forsøger at skabe mening med det, der sker på vores arbejdsplads. Hvad betyder det, som vores leder siger? Skal jeg have nye kolleger? Er de ved at lægge an til en fyringsrunde? Hvordan hænger det sammen med tidligere udmeldinger? Det kan også være det nye IT-system. Er det virkelig nødvendigt? Kan det hjælpe os? Har vi kompetencerne til at bruge det? Er det realistisk, at det bliver en succes?

Vi forholder os til andre mennesker. Familie, venner, bekendte og mennesker, vi ser på tv og sociale medier. Hvad betyder det, de gør? Hvad vil de opnå? Kan vi stole på dem?

Men vi forholder os ikke kun til den eksterne verden. Vi forholder os også til og forsøger at skabe mening med os selv. Hvem er jeg? Hvad er mine mål? Hvad er mine muligheder? Hvorfor gør jeg det, jeg gør? Hvad er meningen med mig? Og når bølgerne går lidt højt – måske med et glas rødvin eller to indenbords – forholder vi os til livet i mere generel forstand. De store eksistentielle spørgsmål. Vi taler ofte her om en 'større' eller 'højere' mening. Vi forsøger at skabe mening med stort set alt, som det giver mening for os at skabe mening med. Vi er hele tiden i gang. Vi er skabt til at skabe mening. Vi er Homo sapiens – 'den vise mand' eller 'det tænkende menneske'. Men vi er også "Homo faciens sensus" – 'det meningsskabende menneske'.

Hvad sker der, og hvorfor sker det?

Når vi skaber mening, prøver vi helt grundlæggende at besvare to centrale spørgsmål. HVAD sker der, og HVORFOR sker det? Det gør os i stand til at opbygge forventninger til vores verden og til os selv.[1] Vi bliver bedre til at forudsige, hvad der kommer til at ske. At skabe mening (og troværdige forudsigelser) har på denne måde en vigtig funktion for vores overlevelse.[2] Det gør os bedre til at navigere rundt i og kontrollere vores verden – og os selv.

Troværdige forudsigelser om, hvordan verden vil opføre sig, er grundlaget for at kunne foretage gode vurderinger. Vi siger, *det giver mening*, netop når vi forstår, hvad der sker, hvorfor det sker, *og* når vi synes det, der sker, er rigtigt, logisk, fornuftigt, retfærdigt, nødvendigt, passer ind, har et formål, gør en forskel osv. Eller sagt lidt mere elegant. Det giver mening, når det som sker, matcher vores mening om (og forventninger til), hvad der skal eller bør ske.[3] Det er i hvert fald denne forståelse og definition, som jeg vil arbejde videre med i denne bog. Og som vi skal se, spiller vores forventninger her en helt central rolle. Jeg håber, det kommer til … at give mening.

Denne forståelse hænger stærkt sammen med forståelsen af den prædiktive hjerne (eller på dansk den forudsigende hjerne). Med erkendelsen af, at vores hjerne opererer som en 'forudsigelsesmaskine', der hele tiden prøver at forudse, hvad der kommer til at ske, opstår oplevelsen af mening, når vores forudsigelser om verden og om os selv er korrekte. Eller som John Vervaeke siger. Når mønstrene i vores hoved matcher mønstrene i verden.

På et helt trivielt og dagligdags plan giver det mening for os, fordi vi har erfaringer med tyngdekraften, hvis æbler falder ned fra træerne … og ikke

---

[1] Heintzelman, S. J. et al. (2013); Proulx, T., & Inzlicht, M. (2012); Randles, D. et al. (2018).
[2] Heintzelman, S. J., & King, L. A. (2014); Heine, S.J. et al. (2006); King, L.A. (2014); King, L. A. (2012).
[3] Heine, S.J., et al. (2006); King, L. A. (2012); Vervaeke, J. (2019).

op. Er der problemer i dit ægteskab, giver det mening at søge hjælp hos en parterapeut, hvis du har en forventning om, at det kan hjælpe jer. Det giver til gengæld ikke mening, hvis du ikke synes, at I har ægteskabelige problemer, eller hvis du ikke forventer, at en parterapeut lige er det rigtige. På din arbejdsplads giver det mening med det der nye it-system, hvis du synes, der er behov for det, og du forventer, at det kan gavne jer. Men det giver ikke mening, hvis du tror det modsatte. En beslutning giver mening, hvis du forventer, den kan løse et problem, som du ønsker at løse.

I forhold til vores liv – og på et højere intensitetsniveau – giver det mening, når det, der sker, matcher vores forventninger til, hvordan livet bør være. Dette er i øvrigt meget individuelt. For nogle er det betydningsfuldt at gøre noget for klimaet eller at gøre noget for andre, fx sultende børn i Afrika. For nogle er det helt centralt, at dette er en del af deres arbejde. De ser jobbet som et kald. For andre er det vigtigere at komme hurtigt ud af vagten, så de kan være sammen med børnene eller børnebørnene. Nogle vil bare gerne være i fred og nørde med de ting, som de synes er interessante. Og for nogle handler det om at være en succes, have indflydelse og magt, en stor bil, et stort hus og tjene en masse penge. Der er med andre ord ikke nogen facitliste her – og det er typisk noget, der ændrer sig igennem livet, når vi opbygger nye indsigter og livserfaringer. Ofte er der dog nogle bagvedliggende fællestræk. Som regel er det jo noget med at opleve, at vores liv har et formål, at vi gør en forskel, udvikler os, gør noget for andre, eller at vi hører til. Hvorfor der er disse fællestræk, vil jeg vende tilbage til.

Men den helt centrale pointe er altså her – og sat lidt på spidsen – at det er ikke dét, at vores liv har et formål, at vi gør noget for andre, udvikler os, eller at vi hører til, der *i sig selv* giver os oplevelsen af mening. Det er, fordi vi har ønsker og *forventninger* om, at vores liv skal indeholde disse ting. Vi oplever, det giver mening, når sådanne forventninger bliver opfyldt.

Når det kommer til meningen med os selv og vores eget liv, bruger vi nogle gange formuleringen: "Det er meningsfuldt". Det, som giver mening, bliver til noget meningsfuldt, fordi det har en personlig værdi. Vi kan have en meningsfuld oplevelse, være på en meningsfuld rejse, have et meningsfuldt arbejde. Men vi taler sjældent om, at det er meningsfuldt, når æblerne falder ned fra æbletræet – selvom den kognitive proces i princippet er den samme.[4]

Jeg vil i denne bog argumentere for, at der er en tæt sammenhæng mellem vores oplevelse af en situation giver mening, og at vores liv opleves som meningsfuldt. Og jeg vil sidst i bogen introducere dig for forskning, der dokumenterer netop det. I et mere traditionelt perspektiv vil man nemlig adskille disse to størrelser, (som man på engelsk typisk kalder 'sensemaking' og 'meaning-making').

En følelse af mening

Det interessante er, at når vi oplever, at tingene giver mening, får vi en helt speciel og fed følelse. Vi kender den alle sammen, men den er svær at definere og forklare. Det er jo "følelsen af mening".[5] Hvis man alligevel skal prøve at sætte ord på, giver det os en oplevelse af, at vi forstår vores verden. Vi kan se sammenhænge. Der er et formål med tingene. Det er helt rigtigt det her. Vi oplever, at vi er i kontrol. At vi er en aktør eller en agent (heraf det fine engelske udtryk 'sense of agency'), der kan agere, handle og påvirke vores omgivelser. 'Agency' er helt centralt for mening. Og nogle gange får vi en stærk fornemmelse af forbundethed til vores verden. At vi hører til i den.[6]

---

[4] Markman, K. D. et al. (2013).
[5] Heintzelman, S. J., & King, L. A. (2013); Proulx, T., & Inzlicht, M. (2012).
[6] Vervaeke, J. (2019).

Mening og motivation

Det er også interessant, at der er en stærk sammenhæng mellem oplevelsen af mening og motivation. Når følelsen af mening er særlig stærk, kan den give os stor styrke, udholdenhed og gå-på-mod. Vi kan overkomme næsten alt, udstå ekstreme prøvelser, løse trælse opgaver og bruge hundredvis af timer på studier, så længe det "blot" giver mening for os.

Omvendt kender vi også alle sammen alt for godt til følelsen af, at tingene *ikke* giver mening. Når vi ikke forstår, hvad der sker. Når vi ikke kan se sammenhængene. Når tingene ikke rigtig stemmer. Når vores forudsigelser om, hvad der kommer til at ske – eller burde ske – ikke holder stik. Nogle gange vækker det vores undren, nysgerrighed og opmærksomhed. Hvad pokker er det lige, der foregår? Det er da pudsigt! Andre gange kan følelsen af et fravær af mening være forbundet med noget meget negativt og være frustrerende, demotiverende og stressende. Vi kan ikke navigere og handle. Vi har mistet vores 'agency'. Vi kender også alle sammen den følelsesmæssige tilstand.[7] Det kan føre til en aktiv søgen efter mening. Og når (hvis) vi genfinder den, typisk i et øjeblik af 'insight', får vi et boost af forståelse, forbundethed og 'agency' tilbage. Det er fedt, når det sker.

At vi fra evolutionens side er udstyret med sådanne stærke og overvældende følelser understreger, hvor centralt det her er for os. Det bliver også tydeligt, hvorfor der er en stærk sammenhæng mellem oplevelsen af mening og motivation, arbejdsglæde og trivsel. At gøre ting, som ikke giver mening, er simpelthen "dødens pølse". Forskning viser også, at hvis vi i længerevarende perioder oplever, at tingene *ikke* giver mening, kan det medføre depression, dårligt helbred, forkortet levetid mv.

---

[7] Proulx, T., & Heine, S.J. (2010); Proulx, T., & Inzlicht, M. (2012).

Homo faciens sentus distortum?

En ting kan imidlertid undre. Hvis en nogenlunde præcis og korrekt opfattelse af, hvad der sker omkring os, er central for vores evne til at navigere og kontrollere vores verden (og tage kloge beslutninger), hvordan kan det så være, at vores opfattelser og meninger om tingene nogle gange bliver så fordrejet, som den gør?

Prøv fx at tænke på den amerikanske QAnon-bevægelse. Her tror man bl.a. på konspirationen om "the deep state", hvor ledende demokratiske politikere, kendisser fra Hollywood og journalister fra "fake-news medier" er med i et stort satanistisk, kannibalistisk og pædofilt komplot. Børn misbruges seksuelt og tappes for blod for at fremstille et ungdomsserum. Man troede først, at det hele foregik i en kælder under et pizzeria i Washington med navnet 'Comet Ping Pong'. Da det senere viste sig, at der slet ikke er en kælder under pizzeriaet, tror mange nu i stedet, at tusindvis af børn bliver holdt fanget i et hemmeligt tunnelsystem under USA. Man er i øvrigt helt overbevist om, at Trumps valgsejr til præsidentvalget i 2020 blev 'stjålet', og at Covid-19 er et fupnummer. Mange er også sikre på, det pædofile netværk står bag finanskrisen, 11. september og mordet på JFK.

Vi trækker nervøst på smilebåndet, fordi vi jo godt ved, at det på ingen måde er lige meget, hvad disse mennesker går rundt og tænker og mener. For pointen er jo her, at der er en stærk sammenhæng mellem vores opfattelser og overbevisninger og vores beslutninger og adfærd. Mening skaber handling! Hvis man er 100% overbevist om, at demokraterne står bag et satanistisk, pædofilt netværk, der dyrker sex med børn og drikker deres blod, jamen så er man ikke blot i sin gode ret til at gøre noget ved det, det er nærmere en pligt. Dette har ført til flere hundrede kriminelle handlinger gennemført i Q's navn. Mord, voldelige overfald, kidnapning, røveri. Stormløbet på den amerikanske kongres i 2021, hvor også en stor del af QAnons deltog, må ses som et af de foreløbige lavpunkter. Nu er Trump igen blevet præsident ... so let's see what happens ...

QAnon er naturligvis et ekstremt eksempel. Men ekstreme eksempler fremmer forståelsen. Og faktum er, at disse forvrængninger af mening sker i os alle sammen – bare i en målestok, der er mindre synlig. Det kan ske, når vi skal tage stilling til, om det er det rigtige tidspunkt at investere i hus, elbil eller varmepumpe, finde frem til, hvilken uddannelse der er den helt rigtige at gå i gang med. Eller om det er en god idé, at andelskronen i andelsboligforeningen skal stige eller holdes i ro.

Der er flere forklaringer på, at vi (indimellem) får disse forvrængede opfattelser af tingene. Det kan skyldes ufuldstændig information, fejlagtig eller direkte falsk information. Vi kan desuden være begrænset af dårlig rådgivning, manglende indsigt eller utilstrækkelige evner og kompetencer. Det fører til misforståelser. Vi har også vidt forskellige erfaringer, hvilket gør det naturligt, at vi kommer til at se forskelligt på tingene – og får varierende vurderinger af, hvad der er rigtigt, vigtigt, nødvendigt osv.

Men meningsskabelse er i høj grad også en intuitiv og ubevidst (og prædiktiv) proces. Det er bl.a. velkendt, at vi som mennesker lider under forskellige kognitive 'biases'. Det er ikke noget, som de fleste tænker videre over. Ofte ved vi bare, at noget er rigtigt og passende og giver mening, uden at vi altid helt er i stand til – eller har behov for – at forklare hvorfor.[8] Mange gange er det først, når vi har foretaget en handling, at vi bliver opmærksomme på handlingens eksplicitte mening. Som Karl Erik Weick så kryptisk formulerer det: "Hvordan kan jeg vide, hvad jeg tænker, før jeg har hørt, hvad jeg har sagt?" [9] For også at forstå denne side af menings- skabelse, er det nødvendigt med et kendskab til en række underliggende forhold, der i al ubemærkethed påvirker vores opmærksomhed, tanke- processer og hukommelse – og at disse i visse situationer kan forvrænge vores syn på verden og få os til at opføre os irrationelt.

---

[8] Heintzelman, S. J., & King, L. A. (2013).
[9] Hammer, S. & Høpner, J. (2015); Weick, K. E. (1995).

Bogens disposition

Bogen vil gennem 8 kapitler – og med reference til spændende studier og eksperimenter – introducere dig for flere af disse forhold. Du vil til at begynde med få indsigt i forskellen på og samspillet mellem bevidst, reflekteret tænkning og ubevidst intuition. Du vil forstå, hvordan begge måder at tænke på kan forvrænge mening. Vi tager ikke altid de bedste beslutninger, når vi tænker reflekteret og analytisk. Langt fra! Du vil få et dybere indblik i, hvad det egentlig betyder, at vores hjerne er baseret på prædiktive processer, og hvordan det fundamentalt ændrer, hvordan vi bør forstå perception og meningsskabelse. Du vil høre om, hvordan vi helt automatisk opfatter alt i vores omgivelser i forhold til konceptuelle kategorier, komparative sammenligninger og kausale sammenhænge – og at det har stor indflydelse på vores forventninger og opfattelser. Du vil få indblik i, hvordan vores hukommelse fungerer, og at vi har flere hukom-melsessystemer, som nogle gange konkurrerer mod hinanden. Det betyder, at vi råder over forskellige informationer i forskellige situationer. Det har stor indflydelse på tanker og adfærd. Du vil også høre om, at vores vurderinger – og vores opfattelse af om noget er sandt, attraktivt, smukt eller giver mening – bliver påvirket af, om vores kognitive processer opleves som lette og flydende. Du vil forstå, hvordan vi ubevidst bruger vores emotionelle tilstand som input – og hvordan det påvirker vores fokus, motiver og måde at tænke på. Du vil også få indblik i, at vi er designet til at indgå i komplekse, sociale sammenhænge, og hvordan andre mennesker i høj grad påvirker os. Og du vil få en forklaring på, hvorfor vi nogle gange kaster alt, hvad vi har i hænderne for at hjælpe andre mennesker, mens vi andre gange kun tænker på os selv. Sidst men ikke mindst, vil du få forståelse for, hvordan vores selvbillede også er en vigtig 'spiller' i forhold til meningsskabelse – og at vores selvopfattelse er en foranderlig og ofte udefineret størrelse. Det giver nogle udfordringer, men også en masse spændende muligheder.

Igennem bogen vil det blive demonstreret, at meningsskabelse er meget dynamisk. Der er mange forhold, der i en given situation kan påvirke vores opfattelser (og forventninger), og *om* tingene (livet, arbejdet, en beslutning, en ny strategi) giver mening ... eller det modsatte.

Bogen giver dig også konkret inspiration til, hvordan du kan igangsætte målrettede interventioner, nudges eller indgreb, som adresserer uhensigts-mæssige dynamikker. Det giver dig mulighed for at udvikle nye tilgange og metoder, der kan hjælpe både dig selv og andre til at se mere nuanceret på tingene, når det er betimeligt og relevant. Det interessante er i øvrigt, at med den rette intervention eller 'nudge' tager det ikke nødvendigvis lang tid at skabe forandringer i opfattelser og adfærd.[10] Det vil du se eksempler på senere.

Med bogen får du bedre forudsætninger for at udvikle relevant og effektiv praksis. Eksempel: Du har sikkert hørt om 'confirmation bias', der manifesterer sig ved, at vi alle har en tendens til at få bekræftet vores egne eksisterende opfattelser og syn på tingene. Det er en stor ulempe, når vi skal tage beslutninger og kommunikere noget nyt. Der er flere underliggende årsager til, at vi har denne uheldige bias. Og det er først, når du kender til disse forhold, at du kan forstå, hvorfor og hvornår det opstår ... og du bliver i stand til at gøre noget ved det.

Bogen afsluttes med et opsamlende kapitel 9 og en model for menings-skabelse, hvor jeg også vil give input til, hvordan du konkret kan anvende indsigterne fra bogen til at tage bedre beslutninger og kommunikere mere effektivt. Eller sagt på en anden måde. Hvordan du bliver henholdsvis en bedre 'meningsskaber' og 'meningsgiver'. Jeg vil også vise, hvordan du kan stille skarpt på, hvad der skal til – og måske mangler – for at noget (arbejdsopgaver, beslutninger, jobbet, livet) giver mening. Dette er bl.a. en vigtig kompetence i forhold til transformation og forandringer. Det er jo

---

[10] Walton, G. M., & Wilson, T. D. (2018).

svært at få mennesker til at gøre noget, som ikke giver mening for dem. Slutteligt vil jeg give input, hvordan du kan få en dybere forståelse af mange problemstillinger og konflikter – og hvad du kan gøre for at ændre på tingene.

På et lidt "større" plan taler bogen også ind i den 'meningskrise', som mange mennesker, især i den vestlige verden, oplever i disse år i forhold til deres liv og deres arbejde.[11] I en globaliseret verden med accelereret teknologisk udvikling, AI, sekularisering, sociale fællesskaber i opbrud, kulturel fragmentering, mediefragmentering, SoMe, øget individualisering, politisk og økonomisk usikkerhed, krig, klimakrise, diversitetskrise mm. mister vi de traditionelle rammer, som vi tidligere har navigeret ud fra. Vi får sværere ved at 'forudsige' og forstå verden og os selv. Mange føler sig 'stuck' og ude af kontakt. Vi mangler 'agency' og står tilbage med en følelse af usikkerhed og uforudsigelighed. Dette viser sig bl.a. som psykologisk mistrivsel og angst blandt mange unge. Men med en ny og bedre forståelse af, hvordan vi som mennesker skaber mening, kan vi måske finde en ny vej ud af denne krise. Det vil jeg komme tilbage til i kapitel 9.

Bogens videnskabelige grundlag

Bogen er baseret på et ret omfattende researchmateriale, der bygger bro mellem forskellige beslægtede fagområder, som fx organisation og ledelse, kommunikation, sociologi, kognitiv psykologi, neurovidenskab, emotionsforskning, adfærdsforskning mv.

Jeg er gennem min research til bogen især blevet opmærksom på at for at forstå meningsskabelse, er det vigtigt at kende til teorien om den prædiktive hjerne. Det er en forholdsvis ny teori, men den har på kort tid vundet meget stor tilslutning i forskningsverdenen, fordi den kan forklare mange komplekse psykologiske fænomener. Det er ikke helt nået ud til den brede

---

[11] Vervaeke, J. (2019).

befolkning. Endnu! Men der er al mulig grund til at tro på, at det er sådan, at vores hjerne fungerer. Det vil jeg i øvrigt komme meget mere ind på i kapitel 2.

Det væsentlige er dog her, og som jeg nævnte tidligere, at den prædiktive hjerne vender vores forståelse af perception helt på hovedet og giver anledning til at se med helt nye øjne på meningsskabelse. Som regel siger vi, at det giver mening, når vi forstår noget og kan se mønstre og sammenhænge, eller når noget er logisk, fornuftigt og passer til situationen. Men vi bruger også udtrykket, når vi synes, at livet (eller en arbejdsopgave) har et formål, når vi gør en forskel, gør noget for andre mennesker, eller når vi har mulighed for at udvikle os.

Mening kan derfor synes som et meget bredt, "fluffy", uhåndgribeligt og udefinerbart begreb. Men med den prædiktive hjerne bliver der fokus på vores forventninger. Til situationer. Til sociale relationer. Til parforholdet. Til jobbet. Til livet. Forventninger skaber mening. En helt central pointe i dette perspektiv er, at "det giver mening" er et udtryk, vi bruger – og en følelse vi får – når der er overensstemmelse mellem vores forventninger og den oplevede virkelighed. Med denne forståelse er der mange ting, der falder på plads.

Det betyder samtidig – og det er også en væsentlig pointe – at hvis vi ønsker at skabe mening hos os selv eller andre mennesker, så er det altså ikke nødvendigvis forhold som formål (purpose), socialt tilhør, personlig udvikling osv., som vi skal fokusere på. I stedet handler det om at forstå vores forventninger, forstå hvordan vi opfatter det, der sker i vores omgivelser – og hvordan vi kan skabe et match mellem de to. Det er en vigtig erkendelse, for det kan spare os for mange ressourcer.

Kapitel 01: Ubevidst – bevidst – på samme tid

Vi mennesker er enestående. Ingen anden art i det kendte univers har udviklet kunst, videnskab, teknologi, civilisation og sendt artsfæller til månen og mobile laboratorier til Mars. Det er især vores evne til at tænke bevidste, rationelle tanker og til at kunne analysere, reflektere, syntetisere og være metodiske – det som også kaldes 'higher order thinking' – som anses som vores adelsmærke. Det er det, der får den store ære for, at vi er så succesfulde, som vi er.

Det viser sig dog, at vi ikke er så rationelle og reflekterede, som vi går og tror. Vi er slet ikke designet til det. Selv når vi er overbeviste om, at vi er rationelle, analytiske og reflekterede, kan vi være under indflydelse af en række automatiske, ubevidste processer. Det er også interessant, at der kan være stor forskel på, hvad der giver mening for os, når vi tænker reflekteret, og når vi tænker intuitivt. Vi kan komme frem til vidt forskellige konklusioner. Vores rationelle, kontrollerede tankeprocesser kan faktisk nogle gange interferere med og obstruere vores intuitive tankeprocesser – og i visse tilfælde er det bedre at lægge vores rationalitet og fine refleksioner på hylden.

For at forstå, hvordan vi tænker – og samspillet mellem intuition og refleksion – er det indledningsvist nødvendigt at have et basalt kendskab til den neurale infrastruktur, hvori det hele foregår: Den menneskelige hjerne. Det bliver en lille smule nørdet – det undskylder jeg for. Til gengæld er det også rigtig spændende …

o-o-o-o

Den menneskelige hjerne er den mest komplekse og sofistikerede struktur, som er skabt på denne planet – måske i hele universet. Den består af ca. 80-100 mia. hjerneceller, også kaldet neuroner, og vejer ca. 1,35 kg. Selvom hjernen kun udgør et par procent af vores samlede kropsvægt, forbruger den hele 20-25 % af vores energiindtag.

Funktionsopdeling

Vores hjerne er opdelt i flere anatomisk adskilte strukturer med ansvar for at udføre forskellige funktioner. Hjernestammen kontrollerer reflekser og autonome processer som åndedræt og hjerteslag og forbinder rygmarven og vores krop med den øvrige del af hjernen.

Bagved hjernestammen ligger lillehjernen (cerebellum), der indeholder hele 2/3 af vores hjernes neuroner. Lillehjernen er involveret i motoriske processer, som udglatning af bevægelse, motorisk koordination og balance. Nyere forskning viser, at lillehjernen også har funktioner i forhold til motorisk læring, sprog, emotioner og social opførsel.[12] Der er desuden meget, der indikerer, at den spiller en central rolle i at skabe forudsigelser.[13]

Omkring hjernestammen finder man det limbiske system, som indeholder flere vigtige strukturer. Blandt de vigtigste kan nævnes hippocampus, der har en central rolle i hukommelse, thalamus, der koordinerer sanseinput (dog undtagen lugt, som har sit eget system), amygdala, der er central for emotioner men også hukommelse, samt hypotalamus, der styrer det autonome nervesystem og udskillelsen af hormoner som adrenalin og kortisol. Det limbiske system kaldes ofte 'den emotionelle hjerne', hvilket dog er misvisende, da systemet også er vigtig for andre funktioner.

Tæt forbundet med det limbiske system findes basalganglierne, som blandt andet indeholder striatum, der spiller en central rolle i procedural

---

[12] Courchesne, E., & Allen, G. (1997).
[13] Gatti, D. et al. (2021); Popa, L. S., & Ebner, T. J. (2019).

hukommelse. Derudover indeholder basalganglierne strukturer, der producerer dopamin, og som derfor er vigtige for motivation og belønning.

Den yderste del af hjernen (tættest på kraniet) kaldes det cerebrale cortex (ofte blot cortex og nogle gange neocortex). Det er her mere avancerede processer foregår. Cortex er en 'hudlignende' struktur, som overalt er 2,5-3 mm tyk. Det består af 6 forholdsvist homogene lag med forskellige typer af neuroner.[14] Cortex er særlig stort hos mennesker og primater. Det er på størrelse med en udfoldet middags-serviet − sådan ca. 40 x 40 cm. Der er egentligt ikke rigtig plads til det, så det er ligesom blevet 'broklet' ind i hjernehulen, hvilket giver cortex sit valnøddeagtige udseende.

Cortex kan deles op i forskellige lapper (lopes) med ansvar for syn, smag og lugt, hørelse og sprog, motoriske opgaver mv. Den forreste del, det præfrontale cortex (PFC eller frontallapperne) er også særligt stort hos os mennesker. PFC er involveret i 'higher order' tænkning − dvs. bevidst analyse, evaluering, abstrakt tænkning, syntese, planlægning og impuls-kontrol.

Hjernen er også delt op i to hjernehalvdele, som delvist har de samme og delvist forskellige opgaver. Venstre hjernehalvdel har fx et område, der kaldes Brocas område med ansvar for sprog (efter Paul Broca i 1861). Højre hjernehalvdel har områder med ansvar for rumlig fornemmelse. Der er gennem tiden blevet fokuseret meget på forskellene mellem hjerne-halvdelene. Venstre hjernehalvdel er typisk blevet forbundet med logik og rationalitet og højre med kreativitet. Men at kreativitet kun foregår i højre side, er altså en skrøne. Lighederne mellem vores hjernehalvdele er langt større end forskellene, og de arbejder tæt sammen om de fleste opgaver.[15]

---

[14] Christensen, M. S et al. (2016).
[15] Deacon, T. (2019).

Vores hjerne består desuden af et meget stort antal glia-celler, der sørger for rensning og vedligeholdelse af vores neuroner. Det foregår typisk om natten, når vi sover, så det er en god grund til at få vores søvn. Og der er mange flere ... Hvad mange ikke ved, så findes der også neuralt væv både i hjertet og maveregionen, som også bør "medregnes" til vores neurale struktur.[16] Fordi vi har nervetråde (neuroner) overalt – helt ud til lilletåen – kan hele vores krop i princippet ses som en (udvidet) del af hjernen.

Den integrerede hjerne

Selvom hjernen er delt op i forskellige strukturer med ansvar for forskellige opgaver, er det vigtigt at forstå, at den samtidig er dybt integreret.[17] Hele 60% af hjernens volumen udgøres af 'white matter' (i modsætning til neuroner, der ofte betegnes som 'grey matter'). White matter består af forbindelser ("telefonkabler") mellem neuroner i forskellige dele af hjernen. Den hvide farve skyldes myelin, som er en fedtholdig substans, der isolerer "ledningen" fra forstyrrelser og optimerer signal-hastigheden mellem neuroner. Som fuldvoksne har vi 150.000 km (måske helt op til 400.000 km) af disse "telefonkabler".[18]

Hjernens integration ses også tydeligt, hvis man bevæger sig ned på celle-niveau. Ét neuron kan i princippet ikke noget alene, men sammen kan vores milliarder af neuroner en hel masse. Hvert af vores ca. 80-100 mia. neuroner kan være forbundet med op til 10.000 andre neuroner.

Tilsammen udgør de en neural struktur af svimlende kompleksitet, hvor aktiviteter der foregår ét sted i hjernen, forplanter sig til og spiller sammen med andre dele af hjernen (og kroppen). Aktivitet i ét eller få neuroner kan derfor aktivere rigtig mange andre neuroner, som igen kan aktivere rigtig, rigtig, rigtig mange neuroner. Det kan vi konkret opleve, når vi får

[16] Watkins, Al (2014); Fredens, K (2018).
[17] Panksepp, J. (1998).
[18] Nagarajan, N. & Stevens, C. F. (2008); Marner, L. et al. (2003).

associationer. Hvis jeg nu siger 'BANAN', kommer du nok til at tænke på farven gul, en banans særlige bøjede form, du kan måske endda ligefrem fornemme dens sødlige lugt eller smag. Måske får du også en emotionel reaktion, fordi du kommer til at huske på en episode, hvor du kom til at glide i en bananskræl og slog dig ret så voldsomt – eller så noget lignende på tv eller internettet. BANAN aktiverer altså helt automatisk andre informationer, der er lagret forskellige steder i vores hjerne. Dette kaldes associativ aktivering. At vi får disse associationer skyldes netop, at neuroner, der repræsenterer banan, er forbundet med andre neuroner, der repræsenterer farven gul, bananens sødlige lugt, emotionelle reaktioner mv.

For at opretholde en vis balance og ikke blive overaktiveret, er vores hjerne dog samtidig nødt til at dæmpe aktivitet andre steder. Associativ aktivering kan både aktivere og deaktivere andre dele af vores hjerne. Det er her en vigtig pointe, at vi på et givent tidspunkt kun har adgang til de informationer, der er aktiveret. Hvis vores hjerne er fuldt optaget af at tænke på bananer, har vi sværere ved at huske på og forestille os alt muligt andet.

Sagt med andre ord, de processer, der foregår i cortex, kan ikke isoleres fra de aktiviteter, som foregår i det limbiske system og i hjernestammen (eller omvendt). Det betyder også, at tanker og emotioner ikke rigtig kan adskilles. De er dybt integrerede. Tanker påvirker vores emotioner, og emotioner påvirker vores tanker. Man kan også sige, at en tanke i denne neurale struktur er det netværk af neuroner, der er aktiveret på et givent tidspunkt i både cortex, det limbiske system, i hjernestammen og i kroppen.

Det er i den forbindelse vigtigt at være opmærksom på, at vores tanker ikke er opbygget som fint formulerede sproglige sætninger, med komma, punktum og stort begyndelsesbogstav. Nej vi tænker i det, som Steven Pinker kalder 'mentalese'.[19] Mentalese er en kompleks kombination af ord,

---

[19] Pinker, S. (1994); Franzen, G. & Bowman, M. (2001).

visuelle billeder, symboler, lyde, lugte, fornemmelser, emotioner mv., og vores tanker er ofte forholdsvist udefinerede.

Kommunikation mellem neuroner

For at forstå aktiviteten i vores hjerne er det også vigtigt at vide, at kommunikationen mellem vores neuroner foregår både elektrisk (internt i vores neuroner) og kemisk via neurotransmittere og neuromodulatorer mellem vores neuroner. Pt. er der identificeret over 200 forskellige kemiske transmitterstoffer. Den kemiske kommunikation giver den fordel, at neuroner kan sende forskellige signaler til hinanden. Herudover kan flere neuroner i forskellige dele af hjernen påvirkes i samme retning, på samme tid.[20] Dette sker fx i forbindelse med emotionelle reaktioner. Men den kemisk baserede kommunikation gør også hastigheden mellem neuronerne forholdsvis langsom. Signalerne mellem neuronerne rejser med en hastighed på omkring 80 km/timen i gennemsnit (i nogle tilfælde dog 4-500 km/timen i de hurtigste myelinerede nervefibre), mens signalerne i en moderne computer har en hastighed tæt på lysets (300.000 km/sek.), dvs. ca. 13,5 mio. gange hurtigere. Det er en voldsom forskel. En moderne computer er derfor langt bedre til at løse en lang række opgaver. Fx kan den meget hurtigt og præcist foretage komplicerede matematiske beregninger.

Et decentralt og selvorganiserende system

At vores hjerne overhovedet kan fungere – og på mange områder alligevel er computeren langt overlegen – skyldes, at den har en helt anderledes arkitektur og behandler informationer anderledes. En traditionel computer består helt grundlæggende af én central CPU-enhed (chippen) og en særskilt hukommelsesenhed RAM/harddisk, hvor alle informationer er lagret. CPU'en styrer og kontrollerer alle processer, og alle kalkulationer

---

[20] Solms, M. (2021).

foretages sekventielt (trinvist, en efter en). CPU'en er derfor ofte en flaskehals i forhold til den samlede proceshastighed.

Til sammenligning er vores hjerne decentralt opbygget med mange selvstyrende systemer. Hvert af vores hjernes 80-100 mia. neuroner er i princippet både en processor-enhed (CPU) og lagringsenhed (harddisk), hvilket muliggør, at mange af vores hjernes processer kan foregå parallelt.[21] Dette løser til en vis grad udfordringen med den lave signalhastighed. Hvor en computer skal foretage mange steps et efter et, kan vores hjerne behandle flere strømme af input samtidig. Med op til 100 mia. individuelle CPU- og lagringsenheder bliver vores hjerne til et højt distribueret, decentralt, selvorganiserende system, hvor der ikke er brug for en CPU, der styrer og koordinerer alle processer.[22] Hvert system/funktion kan arbejde autonomt, dog i tæt koordination og integration med processer, der foregår i resten af hjernen. På den måde er vores hjerne i stand til at løse basale og livsvigtige opgaver som at få vores hjerte til at slå og få os til at trække vejret, samtidig med at vi kan gå, løbe, kigge ud af vinduet, tygge tyggegummi eller smage på en lakrids. Det foregår helt uproblematisk, automatisk og ofte helt ubevidst.

Automatiske kognitive funktioner

Det interessante for vores emne er, at mange mere avancerede kognitive funktioner også foregår automatisk. Vores ubevidste dele af hjernen er hele tiden i gang med at analysere, vurdere, (og skabe mening med) alt det, som sker vores omgivelser, og det som sker inde i os selv.[23] Det kan ikke slås fra. Vi gør det på autopilot. Det vurderes, at mindst 95% af vores tanke-processer er helt eller delvist ubevidste. Og som regel fungerer det faktisk ganske udmærket.[24] Vi kan således intuitivt registrere og behandle meget subtile (næsten usynlige) input fra omgivelserne, håndtere situationer med

---

[21] Gazzaniga, M. S. (2012); Hood, B. (2011)
[22] Singer, W. (2009); Nagarajan, N. & Stevens, C. F. (2008).
[23] Bargh, J. (2018); Bargh, J. A., & Chartrand, T. L. (1999); Kahneman (2011), Melloni, L. et al. (2015).
[24] Glöckner, A., & Witteman, C. (2010).

mange variable og se sammenhænge, som bevidst, reflekteret tænkning ikke kommer i nærheden af.

Da det fx er vigtigt for os at finde ud af, hvordan andre mennesker har det, og hvad de har til hensigt, kan vi meget hurtigt, intuitivt afkode de fine nuancer i et andet menneskes ansigtsudtryk. Dette er ret imponerende, da vores 43 muskler i ansigtet kan kombineres til hele 3000 forskellige ansigtsudtryk og 10.000 såkaldte mikro-udtryk.[25] Vi kan intuitivt se mønstre og sammenhænge lang tid før, vi i vores bevidsthed kan regne det ud. Det ses fx i 'The Iowa Gambling Task', hvor forsøgsdeltagere på en computerskærm skal vælge kort ud fra 4 forskellige bunker af kort, som enten straffer eller belønner dem med virtuelle penge. Målet er at vinde så mange penge som muligt. Efter 40-50 kortvalg fra de forskellige bunker kan de fleste godt bevidst og analytisk regne ud, hvilke bunker der er de mest fordelagtige. Det tankevækkende er dog, at hvis man måler på forsøgsdeltagernes såkaldte 'galvaniske hud-respons', kan man se, at de allerede ubevidst har regnet dette ud efter kun ca.10 kortvalg.[26]

Hvis vi har mange erfaringer inden for et specifikt område, kan vi opbygge nærmest magisk, intuitiv ekspertviden. Om den tidligere danske stormester i skak Bent Larsen fortælles det, at han på samme tid kunne spille dusinvis af skakspil mod forskellige modstandere. Han skulle blot se, hvordan skakbrikkerne stod placeret på brættet, hvorefter han intuitivt vidste, hvad der var det rigtige træk.[27] Der er masser af sådanne eksempler.

Ulemper ved vores automatiske processer
Men vores automatiske, intuitive hjerneprocesser er også forbundet med adskillige ulemper, og de går indimellem rigtig galt i byen. De er i høj grad baseret på instinktive mekanismer. Det er sådan lidt i stil med "hvis du

---

[25] Guthrie, J. (2002).
[26] Damasio, A. (2006); Bechara, A. et al. (1997).
[27] Kounios, J. & Beeman, M. (2015).

oplever situation X, gør altid Y". De er "hurtige på aftrækkeren" – nogle gange for hurtige. Vi er fantastisk gode til at danne os et indtryk af andre mennesker på baggrund af meget få input. Vi rammer ofte plet, men kan også skyde helt forbi. Eksempelvis bliver voksne med barnlige træk (et 'babyface') ofte opfattet som mere uskyldige, og i retssager bliver de oftere frikendt eller får kortere straffe end alle os andre.[28] Vores automatiske vurderinger er også i høj grad baseret på vores tidligere erfaringer.[29] Erfaring er jo som regel en god ting – og hvis vi har mange af dem på et specifikt område, giver det stor ekspertise, og vi kan hurtigt identificere mønstre, sammenhænge og mulige løsninger. Som i eksemplet med Bent Larsen. Det er rigtigt godt i kendte standard-situationer, men ikke så godt, hvis der sker noget nyt eller uventet. Associativ aktivering spiller også en vigtig rolle for vores intuitive, ubevidste vurderinger. Det betyder, at "stikord" fra omgivelserne påvirker indholdet af vores tanker. Det giver os den store fordel, at vi hurtigt kommer i tanke om relevante forhold i en given situation og bliver på denne måde godt forberedt til at møde potentielle udfordringer.[30] Vi siger, at vi bliver 'primet'. Men det kan samtidig også gøre os enormt påvirkelige af irrelevante forhold i konteksten. Hvis jeg nu (igen) siger 'BANAN', vil du have lettere ved at tænke på gul, fordi disse associationer automatisk bliver aktiveret i din hjerne. Og hvis du skulle udfylde det manglende bogstav i GU_ vil du formentlig også hurtigere tænke på GUL fremfor ord som gud, guf eller gut.[31]

Vores ubevidste hjerneprocesser kan derfor lede os på afveje og give os forvrængede billeder af, hvad der sker i vores omgivelser, og hvad der er det rigtige at gøre. Problemet med vores automatiske processer er, at de er … nå ja, automatiske.

---

[28] Bargh. J. (2018); Bargh & Chartrand (1999).
[29] Järvilehto L. (2015).
[30] Squire, L. R., & Dede, A. J. (2015).
[31] Kahneman, D. (2011).

De bevidste processer – de sidste 5 %

Med hvad så med de sidste 5% ? Ja, ligeså utroligt, som det er, at 95% af vores hjernes aktivitet foregår ubevidst og uden nogen central styring, ligeså utroligt er det, at vores hjerne er i stand til at skabe bevidsthed.

På en eller anden måde så kan vores hjernes automatiske, selvstyrende systemer give os oplevelsen af at være en sammenhængende person, at have et "jeg", som kan være bevidst om og opleve vores verden. Man ved i dag endnu ikke helt, hvordan det kan lade sig gøre, men de decentrale principper går igen her. Vores bevidsthed sidder nemlig ikke placeret ét sted, men opstår i et komplekst samspil mellem forskellige dele af hjernen (og kroppen), der på et givent tidspunkt er aktiveret.[32]

Bevidsthed gør, at vi kan opleve og nyde den eksterne verden. Frisklavet kaffe. Fugle, der kvidrer. Samvær med andre. De delikate smagsnoter i et godt glas rødvin. Bevidsthed gør, at vi kan blive opmærksomme på, hvad der sker inde i os selv, hvordan vi har det lige nu. Hvordan vi tænker og føler. Mærke os selv og forholde os til, hvem vi er. Det er bevidsthed, der gør, at vi kan opleve den fantastiske boblende fornemmelse, når vi møder den eneste ene. Bevidsthed kan gøre os til rejsende i rum og tid og glædes over den dejlige hyggestund, vi havde med familien i går. Eller ferien i Grækenland for 5 år siden. Vi kan også rejse frem i tiden og forestille os, hvordan festen med vennerne i weekenden kommer til at forløbe. Eller den fede fornemmelse af at vinde i Lotto eller blive fyret fra jobbet ... ikke så fedt. Vi kan i vores bevidsthed blive helt opslugt af en rigtig god bog, film eller et computerspil. Eller vi kan fordybe os i arbejdsopgaver. Vi kan gøre det på en måde, så vi helt glemmer os selv og vores bekymringer. Og tid og rum. Vi er i FLOW eller 'in the zone', som amerikanerne ville kalde det. Vi kan også opleve, at vores bevidsthed vandrer – sådan rundt på må og få. Og indimellem få skøre og kreative associationer. Og lige meget om

---

[32] Singer, W. (2009).

vi er et "smut" i Grækenland, følger med i hvad der foregår ude på gaden, læser avis, ser tv eller er 'in the zone', så kan vi lynhurtigt vende tilbage til os selv og have oplevelsen af at være et sammenhængende JEG. Det er en ret overbevisende oplevelse.

Men evolutionen har ikke udviklet bevidsthed kun for vores fornøjelses skyld. Bevidsthed har en klar funktion. Bevidsthed giver os fleksibilitet i forhold til vores hjernes intuitive, automatiske processer. Vi får mulighed for at blive opmærksomme, reagere og intervenere, når der er noget, som ikke rigtig stemmer. Når der er noget, der ikke passer til forventningen og ikke giver mening. Den amerikanske hjerneforsker David Eagleman foreslår, at man kan opfatte vores bevidsthed som en form for CEO for et stort firma, der kan tilkaldes, når der opstår et problem.[33]

Eksekutiv funktion / PFC

For at skabe denne fleksibilitet spiller vores præfrontale cortex (PFC) en central rolle. Som du sikkert husker, er vores PFC forbundet med 'higher order' tænkning og fungerer som en form for eksekutiv-funktion for vores hjernes aktiviteter. Vores PFC gør os i stand til (i et vist omfang) at have kontrol over vores bevidsthed, hvad vi ønsker at fokusere på og tænke på – og kontrollere vores adfærd. Det er helt afgørende for at kunne indgå i sociale sammenhænge. Vores PFC gør det også muligt for os bevidst at lave om på vaner og vante måder at gøre tingene på. Hvis vi skal ændre på vores golfsving, kræver det koncentration og fokus. Det samme gælder, hvis vi skal lære at holde balancen på en cykel eller lære at køre bil.

Vores PFC er bl.a. specielt ved, at det fungerer som en samleenhed for input, men det kan også – i et vist omfang – holde signaler ude og 'override' signaler fra andre dele af hjernen.[34] Og det er nødvendigt, når vi skal fokusere og kontrollere os selv. Vi er nødt til at kunne abstrahere fra

---

[33] Eagleman, D. (2016).
[34] Hood, B. (2014); Gazzaniga, M. S. (2012); Schwiedrzik, C. (2015)

påvirkninger i den umiddelbare kontekst, vi befinder os i. Det er i øvrigt den del af hjernen, som udvikles sidst. Det er først helt udviklet omkring 25-årsalderen. Det forklarer, hvorfor især mindre børn indimellem kan have svært ved at kontrollere deres naturlige impulser.

PFC spiller også en central rolle for vores arbejdshukommelse – og for vores evne til at tænke reflekteret, metodisk og analytisk. Netop fordi vores PFC kan holde signaler ude, får vi et "rum", hvor vi kan dykke dybere ned i en problemstilling. Vi kan bevidst forholde os til, hvad der evt. skal have ekstra opmærksomhed, hvilke informationer vi kan stole på, hvad der bør undersøges yderligere, hvilke kriterier og faktorer der er vigtige i forbindelse med en valgsituation. Vi kan stille os selv spørgsmål som fx, "hvad nu, hvis vi vender det hele på hovedet?" Eller hvad nu, hvis forudsætningerne var lidt anderledes? Vi kan foretage metodiske sammenligninger, foretage beregninger, sammenholde faktorer og forhold, opstille styrker, svagheder, muligheder og trusler. Vi kan dele problemstillinger op i mindre og mere håndterbare problemstillinger. Herudover får vi evnen til at stille skarpt på os selv og konkretisere vores egne tanker, fornemmelser, emotionelle tilstand, vurderinger og mening (som jo ofte er forholdsvist udefineret, fordi vi tænker i mentalese).

Alt i alt giver det os stor fleksibilitet og samtidig en høj grad af kreativitet. Jeg ved godt, at man normalt ikke forbinder kreativitet med rationel, reflekteret tænkning, men bevidst at vende tingene på hovedet og sætte nye tanker i gang, er nogle gange helt nødvendigt for at skabe nye, innovative løsninger. Selvom vores bevidste processer kun udgør 5% af hjernens samlede aktivitet, gør det en enorm forskel. Det er ikke svært at forstå, hvorfor vi især i den vestlige verden er blevet "forelsket" i denne type tænkning.

Ulemper ved refleksiv tænkning

Man kunne måske synes, at det ville være bedst, hvis vi kunne tænke reflekteret og rationelt det meste af tiden. Og det er der så sandelig også mange, der mener. Det er dog vigtigt at være opmærksom på, at reflekteret tænkning ikke altid fører til bedre vurderinger og beslutninger – langt fra faktisk. Der er flere problemer forbundet med det.

Det er langsomt. I modsætning til automatisk, intuitiv tænkning, hvor processerne er parallelle, foregår reflekteret tænkning sekventielt – næsten som i en computer. Men da vores hjernes signalhastighed jo kun er 80-500 km i timen (og en computer 300.000 km i sekundet) bliver hastigheden her et problem. Vores PFC kan således blot behandle ca. 40 bits i sekundet, mens kapaciteten i vores automatiske processer vurderes til at være mindst 11,2 millioner bits i sekundet.[35] Rationel, reflekteret tænkning kræver altså tid, og det er ikke altid, vi har den.

Herudover har vores eksekutiv-funktioner (vores 'working memory') begrænset kapacitet – vi kan jo ikke fokusere og koncentrere os om flere ting ad gangen. Du har sikkert hørt, at vi ikke kan tænke bevidst på mere end 7 ting ad gangen plus/minus 2. Nyere forskningsresultater afslører dog, at dette nok nærmere er 4 plus/minus 1.[36] Hvis vi kun kunne tænke bevidst og reflekteret, ville vi ikke kunne køre bil, lytte til musik og synge med og spise de der lakridser på samme tid.

Når vi tænker bevidst og reflekteret, er vi derfor heller ikke så gode til at jonglere med komplekse problemstillinger, hvor der indgår mange variable. Især ikke hvis der er kort tid. Dette understøttes bl.a. af et studie, gennemført af de fire hollandske forskere Dijksterhuis, Bos, Nordgren og van Baaren, hvor forsøgsdeltagere skulle vælge mellem 4 forskellige hypotetiske biler. I studiet skulle deltagerne både forholde sig til et

---

[35] Wilson, T. D. (2002).
[36] Shaw, J. (2016).

beslutningsgrundlag, der var simpelt og kun bestod af få parametre og et beslutningsgrundlag, som var mere komplekst. Studiet viste, at forsøgsdeltagere tog bedre beslutninger, når de tænkte bevidst og reflekteret, og beslutningsgrundlaget var simpelt. Men når beslutningsgrundlaget var komplekst, resulterede den reflekterede og analytiske tilgang i meget dårligere beslutninger.[37]

Fokuseret blindhed

Det er også vigtigt at holde sig for øje, at reflekteret, analytisk tænkning indebærer, at vi kun har adgang til visse informationer. Som jeg var inde på ovenfor, når vi fokuserer på én ting, vil dette aktivere visse informationer men samtidig også deaktivere andre informationer, som vi derfor vil have sværere ved at komme i tanke om. Vi bruger udtrykket "at stirre sig blind på noget" – og der kan være ting lige foran os, som vi fuldstændigt overser. Forskerparret Christopher Simons og Daniel Chabris har lavet et meget berømt forsøg "Den usynlige Gorilla", der underbygger præcis denne pointe.[38] Måske har du hørt om det i en anden sammenhæng? I Gorilla-eksperimentet bliver forsøgspersoner vist en lille filmstump, hvor to hold af mennesker afleverer en basketball til hinanden. Det ene hold er klædt i hvide T-shirts, mens det andet er i sorte. Forsøgspersonerne bliver bedt om i stilhed at tælle antallet af gange, spillerne på det hvide hold afleverer bolden til hinanden. Tælleopgaven er designet til at engagere forsøgspersonerne i en opgave, der kræver deres fulde opmærksomhed og dermed optage eksekutiv-ressourcer. Halvvejs gennem filmen entrerer der en person, klædt i en sort gorilla-dragt, som slår sig på brystet i flere sekunder, midt i billedet, hvorefter personen går ud igen. Gorillaen er altså meget tydelig i filmen, og det er umuligt ikke at få øje på den – skulle man tro. Alligevel er det kun ca. halvdelen, der ser den. De, der ser gorillaen, kan naturligvis ikke forstå, at de øvrige ikke har set den. De, som *ikke* ser gorillaen, er endnu mere overraskede. Når filmen vises igen, bliver de

---

[37] Dijksterhuis, A. et al. (2006).
[38] Chabris, C. & Simons D. (2011)

lamslåede og chokerede over, at de ikke så gorillaen første gang. Nogle nægter endda at tro på det. De tror, det er et trick. At filmen er blevet skiftet ud.

Gorilla-eksperimentet er gentaget mange gange og demonstrerer meget klart, at vi kan være blinde over for ting, der er lige foran os, når vi er engagerede i andre ting. Samtidig er forsøget interessant, fordi det også viser, vi har en forventning om, at vi ser alt, der foregår lige foran os. Chabris og Simon har døbt fænomenet 'Inattentional blindness', og det er formentlig ret udbredt, men vi mangler hver især beviser for, hvor ofte det egentlig foregår i vores hverdag. Vi ser jo ikke de ting, vi ikke ser. I en almindelig hverdag vil den halvdel af os, som ikke ser gorillaen, jo leve lykkeligt videre uden nogen som helst erkendelse om, hvad vi har misset. Problemet er her, at det her ikke kun gælder i sjove forsøg, hvor mennesker klæder sig ud som gorillaer. Det foregår også, når læger fokuseret og opmærksomt leder efter symptomer på en bestemt sygdom, men overser andre. Man kan derfor nemt forestille sig, at en tilsvarende "fokuseret blindhed" kan opstå, når vi leder efter tegn på en ny finanskrise, en ny pandemi, rentestigninger eller inflation – eller styrer vores virksomheder efter specielle kpi'er, målsætninger eller guidelines.

Lost in translation

Det er også vigtigt at være opmærksom på, at når vi bearbejder en problemstilling bevidst, rationelt og analytisk, kan det påvirke, hvilke kriterier vi lægger vægt på. Vi kan komme til at inddrage kriterier, som egentlig er ganske irrelevante – eller for mange kriterier, så en vurdering eller beslutning bliver helt uoverskuelig.[39]

Når vi tænker rationelt, kan der desuden være en tendens til, at vi kun inddrager kriterier, som er 'fornuftige', og som vi kan retfærdiggøre

---

[39] Ariely, D., & Norton, M. I. (2011).

rationelt. Hvis vi fx køber bil ud fra en rationel betragtning, vil vi ofte vægte fornuftige og rationelle parametre som brændstofforbrug, sikkerhed, pålidelighed, service- og reservedelspriser, gensalgsværdi, og hvor mange liter letmælk, der kan være i bagagerummet, frem for mere emotionelle ting som design, køreegenskaber, status og lignende.

Det er også en væsentlig udfordring, at det indimellem kan være svært at definere vores intuitive fornemmelser. Der vil derfor være en tendens til, at vi laver en større vægtning af det, som er nemt at sætte ord på.[40] Der kan i konverteringen fra det intuitive (mentalese) til det bevidste og eksplicitte også gå vigtige dimensioner tabt. Sprog er begrænset og kan ikke altid fange de fine nuancer i vores tanker, fornemmelser og følelser. Det kan blive for unuanceret og klodset. Et billede siger ofte meget, meget mere end 1000 ord! Som vi hørte ovenfor har det menneskelige ansigt 43 muskler, der kan kombineres i op til 10.000 forskellige udtryk. Cirka 3.000 af disse udtryk knytter sig til emotionelle tilstande. Vi er intuitivt ret gode til at afkode disse udtryk. Men vi har problemer med at sætte ord på dem. Vi har jo ikke 10.000 forskellige ord for forskellige mikroansigtsudtryk eller "bare" 3.000 forskellige udtryk for emotionelle tilstande. Det kan derfor ikke undgås, at noget bliver "lost in translation".

Forskel på refleksive og intuitive vurderinger

At der er forskel på de vurderinger, som vi foretager reflekteret eller intuitivt, dokumenteres af en række studier gennemført af Timothy Wilson og Jonathan Schooler.[41] I et eksperiment skulle forsøgspersoner vurdere, hvilken type af jordbærmarmelade de bedst kunne lide. En gruppe blev bedt om "bare" at smage og give deres umiddelbare feedback, mens en anden gruppe skulle redegøre for, hvad der lå til grund for deres bedømmelse. Eksperimentet viste, at der var stor forskel på, hvad forsøgs-personerne bedst kunne lide afhængigt af, hvordan vurderingen var blevet

[40] Wilson, T. D. et al. (1990a).
[41] Wilson, T. D., & Schooler, J. W. (1991).

foretaget. Det interessante var også, at bedømmelserne blev sammenlignet med ekspertvurderinger, og det viste sig her, at den umiddelbare bedømmelse lå tættest på eksperterne. Ikke dermed sagt, at eksperterne altid har ret. Pointen er, at konverteringen fra det intuitive og udefinerede til det bevidste og konkrete ændrer på tingene.

Wilson og Schooler gennemførte også et studie, hvor studerende skulle vælge mellem forskellige universitetskurser. Igen viste den intuitive tilgang sig at ligge tættest på eksperternes vurdering (i dette tilfælde tidligere studerende, der allerede havde taget universitetskurserne).[42] Det er i denne sammenhæng også værd at bemærke, at reflekteret analyse ofte kun midlertidigt ændrer vores præferencer. Dvs., hvis vi vælger marmelade, universitetskurser, biler eller alt muligt andet udelukkende baseret på reflekteret, analytisk tænkning, er der risiko for, at vi kommer til at fortryde vores valg på et senere tidspunkt.

Med disse resultater får vi også en forklaring på, hvorfor der indimellem *ikke* er sammenhæng mellem på den ene side de værdier, holdninger, opfattelser, præferencer (og meninger), som vi giver udtryk for, at vi har, og vores adfærd. Et fænomen, der traditionelt har undret eksperter og forskere. Men faktum er, der faktisk ofte *er* en sammenhæng. Vi agerer typisk i overensstemmelse med vores opfattelser og meninger umiddelbart efter, vi rationelt og bevidst har analyseret os frem til dem. Men efter nogen tid vender vores holdninger, værdier og præferencer tilbage til den oprindelige tilstand (det intuitive og implicitte), og så bliver det igen styrende for vores adfærd.[43] Denne indsigt har meget stor betydning for analytikere og beslutningstagere af enhver art. Når vi beder andre mennesker om bevidst at forklare baggrunden for deres vurderinger og adfærd, jamen så får vi ikke altid de rigtige svar. Det skaber en forvrængning. Derfor kan man komme meget galt af sted som producent, hvis man

---

[42] Wilson, T. D. et al (1993).
[43] Wilson, T. D. et al. (1990b).

udelukkende baserer smagsvarianter, design og sortiment på analyser, hvor forsøgspersoner reflekteret og analytisk skal redegøre for deres svar. Det gælder også, når vi spørger om, hvorfor noget er godt, rigtigt, nødvendigt og giver mening. Vi kan med vores spørgsmål forvrænge de "oprindelige", implicitte forklaringer, hvis vi ikke passer på.

En kombination giver de bedste resultater

Der er flere studier, der viser, at de bedste vurderinger og beslutninger tages, når refleksion og intuition kombineres. Fx har Dijksterhuis og Nordgren gennemført et eksperiment, hvor forsøgspersoner skulle vælge mellem 4 hypotetiske lejligheder i Amsterdam. De blev delt op i tre grupper.[44] En gruppe foretog udelukkende vurderingen rationelt og analytisk, en gruppe foretog en hurtig umiddelbar vurdering, og sluttelig var der en gruppe, som indledningsvist bearbejdede kriterierne analytisk, holdt en pause (hvor de udførte en anden let opgave) og efterfølgende fulgte deres intuition. Og det var sidstnævnte gruppe, der foretog den objektivt bedste vurdering. Dette resultat kan forklares med, at når vi først har tænkt rationelt og reflekteret, og efterfølgende stopper med det (eller bliver let distraheret), så dæmpes de kriterier, som vi har fokuseret på. Pausen skaber en mere holistisk og afbalanceret vægtning.[45] Når vi slapper af, bliver der desuden åbnet op for adgangen til andre input og løsninger i vores bevidsthed. Samtidig sker en aktiv reorganisering af informationer i vores hukommelse. Det kommer jeg nærmere ind på i kapitel 4. Denne reorganisering sker især, når vi sover. Det er derfor, at vi nogle gange kan vågne op om morgenen – eller måske endda midt om natten – og pludselig være helt afklarede omkring en problemstilling, som var helt uigennemskuelig dagen før.

Ovenstående resultater går meget fint i spænd med de erfaringer, som de fleste af os formentlig har. En god beslutning kræver en inkubations-

---

[44] Dijksterhuis (2004).
[45] Garrison, K. E., & Handley, I. M. (2017); Glöckner, A., & Witteman, C. (2010).

periode. Efter at have arbejdet metodisk med en problemstilling, er det ofte godt at gå og summe lidt på det. Gode beslutninger kræver tid – og det samme gør gode ideer. Vi får jo typisk ikke kreative 'Eureka Moments' ud af det blå. Det kræver ofte analytisk forarbejde efterfulgt af en periode, hvor de automatiske processer, vores intuition, får lov til at gøre deres arbejde. Som det elegant hedder på engelsk; "Intuition favors the prepared mind". Og så lige pludselig – og inden vi kan nå at sige aha – så kommer løsningen på det problem, som vi har gået og tumlet med. Holdt da kæft, der var den sgu da. Eureka! Begrebet 'Eureka Moment' siges i øvrigt at stamme helt tilbage til Archimedes, der af den græske konge Hiero havde fået til opgave at finde ud af, om en tempelkrone var lavet af det pureste guld, eller om dele af den var blevet erstattet med sølv. Det havde den gode Archimedes svært ved at finde ud af. Han vidste, at guld og sølv havde forskellig massefylde, men han kunne ikke komme videre. Han tænkte og tænkte. Men så en dag tog han sig et afslappende karbad og opdagede, at hans krop fortrængte noget af vandet, så det løb ud af badet. Øjeblikkeligt indså han, at man kan måle en genstands (eller en menneskekrops) volumen ved at nedsænke den i vand og efterfølgende måle, hvor meget vand genstanden havde fortrængt. Han skulle efterfølgende have råbt "Eureka, Eureka" (hvilket betyder noget i retning af "jeg har fundet ud det") og have løbet nøgen rundt i byen … men det er en helt anden historie.

Om Albert Einstein fortælles det, at da han udtænkte den specielle relativitetsteori (hvor han kom frem til den absolut ikke-intuitive erkendelse af, at tiden går langsommere, når man rejser med høj hastighed), forestillede sig, hvordan det ville være at sidde på en lysstråle (en bevidst og refleksiv tankeproces), hvorefter han så efterfølgende overlod tænkningen til sin intuition og fik svaret. Einstein skal også have sagt: "Analytical thinking can take you from A to B. Imagination can take you anywhere", hvilket jo meget godt fanger ovennævnte pointe. Det er derfor en rigtig god idé at indlægge pauser i din tænkeproces. Når du har arbejdet analytisk med tingene, bør du tage dig en god lur, gå en lang tur, eller lave noget helt andet. Vi kan altså bruge vores ubevidste, intuitive mentale processer som en form for "mental butler". Vi kan tænke over en problemstilling eller et spørgsmål, vi gerne vil have svar på, og så overlade det til vores intuition.[46] Kendte forfattere som fx Aaron Sorkin (manden bag tv-serien Præsidentens Mænd – The West Wing) har systematiseret denne proces ved at gå i bad minimum 6 gange dagligt, når han er i gang med at skrive. Han fortæller, at der i badet sker noget nærmest magisk. Tankerne – og associationerne – bliver sat fri, kreativiteten flyder og skriveblokeringerne forsvinder.[47]

DMN – the Default Mode Network. Hvad sker der, når vi slapper af?

Når vi slapper af og ikke er beskæftiget med en specifik opgave, vil de fleste af os nok tro, at vores hjerne også går i en form for mild dvaletilstand. Men det er faktisk overhovedet ikke sådan, det forholder sig. Derimod bliver vores hjerne ofte mere aktiv – og aktiviteten er koncentreret i et hjernenetværk kaldet 'The Default Mode Network' (ofte forkortet DMN). DMN blev opdaget ved et tilfælde, så sent som i 2001 af Marcus Raichle, da han kom til at scanne en person, som ikke var engageret i en konkret opgave.[48] DMN aktiveres som hovedregel i os alle 'per default', når vi ikke rigtigt laver noget, fx når vi sidder og kigger ud af vinduet. Vi oplever her ofte, at vi har en indre, ikke-kontrolleret tankestrøm (i mentalese). DMN er ofte en meget kreativ tilstand, fordi vi giver slip på kontrollen over vores tanker og tillader, at der skabes frie associationsrækker, som kan pege på nye innovative løsninger.[49] Samtidig får mindre fremtrædende og dominerende associationer og ideer nemmere adgang til vores bevidsthed. Der foregår også en reorganisering af vores hukommelse, som gør, at vi kan se på verden i et nyt lys.

Et for (over)aktivt DMN er dog også et problem. Vi kan opleve, at vores tanker kører i ring, og vi kan komme til at tænke for meget på vores egne fejl, mangler og utilstrækkelighed. Vi ruminerer. Dette sker typisk, når vi har oplevet en social situation, hvor tingene ikke er gået så godt, og ofte er det forbundet med en

---

[46] Bargh, John (2018); Dane, E., & Pratt, M. G. (2007).
[47] Kounios, J. & Beeman, M. (2015).
[48] Raichle, M. E., & Snyder, A. Z. (2007); Raichle M. E. et al. 2001).
[49] Topolinski, S., & Strack, F. (2008).

ulykkelig tilstand.[50] Måske er det derfor, at langt de fleste af os faktisk ikke kan lide at lave ingenting og bare tænke tanker. Vi vil helst lave et eller andet. Og det er nærmest lige meget hvad. I en række interessante studier af Timothy Wilson og kolleger i 2014, kunne man se, at de fleste har svært ved at "være alene med sig selv" i bare 6-15 minutter. Faktisk viste et af studierne, at helt op til 67% hellere ville have en negativ stimulans og pådrage sig selv et elektrisk stød (!!) fremfor ingen stimulans.[51] Hvis vi skal generere nye, kreative ideer, er det derfor ofte en god idé at lave ting, der kan udføres "pr. autopilot", og som kun kræver vores lette opmærksomhed. Det kan være at barbere sig, gå en tur, skralle kartofler – eller som Aaron Sorkin gør det, tage lange brusebade.

Fordelingen mellem intuition og refleksion

Ofte fungerer fordelingen mellem reflekteret og intuitiv tænkning udmærket. Reflekteret tænkning bliver slået til automatisk, hvis vi møder noget nyt eller uventet, noget som ikke passer ind i standard-situationen, noget som ikke giver mening. Og vi skifter over på autopilot igen, når det er muligt. Men nogle gange kan vi komme til at tænke for meget over tingene. Hvis vi fx står over for en stor og vigtig beslutning eller arbejder med en kompleks problemstilling, har vi en intuitiv forventning om, at det er noget, der løses bedst med en reflekteret og analytisk tilgang. Derfor giver det mening for os at blive ved med at fokusere på det og tænke på det. Det er svært at kæmpe mod. Især hvis vi er presset på tid og skal tage en beslutning inden i morgen. Det paradoksale er jo så her, at overvejelser vedr. store ting som køb af ny bolig, ny bil, nyt job, problemer på arbejdet eller i parforholdet og lignende ofte løses bedre, hvis vi kunne slappe og lave noget helt andet.

Der kan også være tilfælde, hvor vi 'undertænker' tingene, hvor vi glemmer at være kritiske. Aktivering af vores eksekutiv-ressourcer er generelt forbundet med mental anstrengelse. At fokusere, koncentrere sig og være

---

[50] Killingsworth, M. A., and D. T. Gilbert. (2010).
[51] Wilson, T. D. et al. (2014).

kritisk kræver derfor, at vi er motiverede og har et vist mentalt overskud – og det er ikke altid, vi har det.

Typisk vil vi mangle denne motivation, hvis vi bliver forledt til at tro, at det, vi har med at gøre, er kendt stof, at det er let, og vi kender svaret. Når det er en såkaldt 'no-brainer'. Et meget anvendt eksempel på dette er et regnestykke, som er formuleret således: Et bat og en bold koster til sammen 110 kr. Battet koster 100 kr. mere end bolden. Hvor meget koster bolden? Erfaringer viser, de fleste af os vil svare "10 kr.", især hvis vi skal svare hurtigt, fordi vi i en håndevending laver regnestykket $110 - 100 = 10$. Den er da nem! Men det rigtige svar er 5 kr., men det kræver, at vi lige koncentrerer os lidt og laver det rigtige regnestykke. $(110-100)/2 = 5$.

Et andet ofte anvendt eksempel er den såkaldte Moses-illusion, først udviklet af Erickson og Mattson i 1981.[52] Hvis vi bliver spurgt om, hvor mange dyr af hver art, som Moses tog med på arken, vil langt de fleste af os svare 2. Vi vil ikke opdage, at det er et trickspørgsmål. Svaret er 0, fordi ham med arken var jo Noah. At vi ikke opdager det, skyldes, at 'Moses' og 'Noah' ligger associationsmæssigt tæt på hinanden. De er begge er personer fra Det gamle Testamente. Vi opfatter derfor spørgsmål og svar som noget velkendt og vil ikke blive alarmeret og motiveret til at tænke mere analytisk. Vores tilbøjelighed til at lave sådanne fejl bliver forstærket, hvis vi har travlt med andre ting. Det er noget andet, hvis vi var blevet spurgt om, hvor mange dyr af hver art Morten tog med på Arken. Vi kan dog afhjælpe det her ved at gentage spørgsmålet og sige det højt. Så bliver vi ofte mere opmærksomme.[53]

Vores emotionelle tilstand kan også påvirke, hvordan vi tænker. Når vi er i godt humør, sorgløse og optimistiske, vil der ligeledes være en tendens til, at vi kommer til at 'undertænke', fordi der er ingen grund til at være kritisk.

---

[52] Erickson, T. D., & Mattson, M. E. (1981).
[53] Clear, J. (2018).

Omvendt forholder det sig, hvis vi fx er kede af det. Så kan vi let komme til at 'overtænke'. Det vil jeg vende tilbage til i kapitel 6.

Herudover er det vigtigt at være opmærksom på, at reflekteret, analytisk tænkning er noget, der udmatter os. Man kan sammenligne vores eksekutiv-ressourcer med en muskel, som bliver træt, når vi bruger den. Måske har du hørt om begrebet 'ego depletion' som er et udtryk for, at vores ego, eller rettere vores eksekutiv-ressourcer bliver udtømt ved intensiv brug. Hvis vi først har brugt kræfter på at fokusere, analysere eller kontrollere vores impulser (fx at lade være med at spise, hvis man er på slankekur), vil vi efterfølgende have sværere ved aktiviteter, der også kræver aktivering af eksekutiv-ressourcer.[54]

Vi er med andre ord ikke designede til at tænke refleksivt og analytisk hele tiden. Det kan derfor være en god idé at lære at økonomisere med reflekteret, analytisk tænkning, så vi er klar til at bruge den, når der er behov for den – og så samtidig også lære at gemme den væk, når det er mest fordelagtigt.

Dette kræver en bevidsthed om, hvornår vi tænker reflekteret, og hvornår vi tænker intuitivt. Det er her en udfordring, at det ikke er sådan, at vi udelukkende tænker refleksivt eller intuitivt. Det er ofte en blanding. Derfor kan det også være svært at afgøre, om en vurdering er baseret på intuitive eller rationelle input. Vi synes jo faktisk, at vi er reflekterede, når vi foretager beregningen af, hvad battet og bolden koster. Det samme gælder, når vi er ofre for Moses-illusionen. Vi er bare ikke reflekterede og metodiske nok. Det samme gælder, når dommere og nævninge bedømmer skyldsspørgsmål og straffe. De ønsker at være – og synes de er – rationelle, reflekterede og analytiske, og alligevel bliver de påvirket af, at den anklagede har et 'baby face'. Det betyder i sidste ende, at selv når vi tror,

---

[54] Bargh, J. A., & Chartrand, T. L. (1999); Baumeister, R. F. et al (1998).

at vi foretager velovervejede vurderinger, er vores tankeprocesser under stærk indflydelse af disse ubevidste processer.

Kort opsummering og refleksion

Kapitlet giver en grundlæggende indsigt i vores hjernes komplekse og integrerede natur. Vi forstår, at vi har en hjerne, der "aldrig sover". Den er hele tiden i gang. Langt det meste af vores hjerneaktivitet – og det gælder også tanker og vurderinger – foregår helt ubevidst. Ja, det er faktisk lidt skræmmende, for det stiller spørgsmålstegn ved, hvor meget vi egentlig er i bevidst kontrol. Men det understreger vigtigheden af at forstå nogle af de vigtigste principper, som vores hjerne opererer efter – og hvad der i al ubemærkethed påvirker og forvrænger vores vurderinger.

Kapitlet giver os indsigt i, at refleksive og intuitive tankeprocesser leder frem til forskellige konklusioner – og forskellig mening – og at der er fordele og ulemper ved begge. Det er vigtigt at tage højde for i forbindelse med beslutningstagning og kommunikation.

Kapitlet giver anledning til at reflektere over …

• Intuitivt kan vi fornemme sammenhænge og se løsninger, som vi ikke kan komme i nærheden af gennem refleksion. Men er du også opmærksom på, at vi i høj grad bliver primet af vores omgivelser?

• Mange af vores intuitive tanker er forholdsvis udefinerede. Det kan være en stor fordel at konkretisere dem og blive skarp på, hvad vi egentlig tænker, fornemmer og føler. Men husker du også på, at der kan gå noget tabt i "oversættelsen"?

• Koncentration og fokus er en fornem menneskelig egenskab. Men vær indstillet på, at fokus gør blind, og der vil være ting, som du ikke længere ser.

- De bedste beslutninger tages i en kombination mellem refleksion og intuition. Hvordan kan du bedst sikre det? Holder du fx tilstrækkeligt med pauser? Husk også på, at du foretager masser af vurderinger og beslutninger i dagligdagens trummerum.

- Er der nogle konkrete problemstillinger, som du kan bede din "mentale butler" om at kigge nærmere på?

- Bevidst, refleksiv tænkning er noget, der trætter os. Overvej, hvordan du kan 'økonomisere' med de mentale kræfter i løbet af dagen.

- Analyser og beslutningsgrundlag, der udelukkende er baseret på bevidste og rationelle svar, viser ofte et forvrænget billede af virkeligheden. Hvad kan du gøre for at imødekomme det?

Kapitel 02: Den prædiktive hjerne
– Perception er en kontrolleret hallucination

Jeg vil i dette kapitel dykke ned i teorien om den prædiktive hjerne – den forudsigende hjerne – også kaldet prædiktiv processering, som inden for de seneste få år har vundet stor tilslutning.[55] Prædiktiv processering (PP)[56] vender vores forståelse af perception helt på hovedet. Bogstaveligt talt. I stedet for, at vores hjerne opfattes som en avanceret biologisk computer, der reagerer på input, er hjernens primære og vigtigste opgave i et PP-perspektiv at generere forudsigelser – prædiktioner – om, hvad der sker i vores omgivelser. Man ser hjernen som en 'prediction engine' – en 'forudsigelsesmaskine'.

Prædiktiv processering repræsenterer et paradigmeskifte i vores forståelse af, hvordan hjernen behandler information. Den tyske professor Lars Muckli fra Universitet i Glasgow betegner teorien om den prædiktive hjerne lige så vigtig for hjerneforskningen, som evolutionsteorien har været for biologien. Det er ret store ord. Men en ting er sikkert, PP giver en ny forståelse af, hvordan vi skaber mening med vores omgivelser. Ja, faktisk også for vores forståelse af, hvad mening er.

o-o-o-o

Prøv at se dig omkring. Måske sidder du ved dit skrivebord og ser på de ting, der omgiver dig. En computer. En kuglepen. En arkitektlampe. En halvtømt kaffekop med nu halvlunken kaffe. En lidt for stor stak papirer, som du snart skal have kigget lidt nærmere på. Post-It notes med skriblerier

---

[55] Seth, A. (2021); Clark, A. (2016); Hohwy, J. (2013).
[56] På engelsk 'predictive processing' eller 'predictive coding og på dansk 'forudsigelsesprocessering'.

om ting, du skal huske. Dem er der også lidt for mange af. En bog eller to. Måske et billede af din dejlige kone-kæreste, mand, børn, kat eller hund. Eller måske er du ude at rejse og sidder i en liggestol på stranden med denne bog i hånden (det er en god fornemmelse). Du kan mærke solens varme gule stråler på din krop. Over dig er en dybblå himmel, som kun forstyrres af et par søde, uskyldige, kugleformede skyer. Du kan høre lyden fra en tuktuk i det fjerne. En hund, der bjæffer. Smukke, smilende kvinder går forbi i dragter og sjal i fantastiske, flotte farver. Det siger en lidt sjov 'shu-shu' lyd, når deres sandaler rammer sandet.

Vi er omgivet af en fantastisk og vidunderlig virkelighed. Fyldt med lyde, lugte, og rige synsindtryk. Vi har en klar opfattelse af, at der er en virkelighed derude. Vi kan jo se den. Vi kan høre den, lugte den og mærke den. Den er 'virkelig'. Vi har en klar opfattelse af og forventning om, at vi oplever verden omkring os mere eller mindre, som den er. Objektivt. Vi har en klar opfattelse af, at lydene, lugtene og alt det, vi ser og mærker, bliver indfanget af vores sanseorganer, og at disse sanseinput er styrende for, hvordan vi oplever vores omgivelser. For hvad vi ser, hører, lugter, smager, mærker. Vi har en klar opfattelse af, at vores øjne fungerer lidt ligesom videokameraer. At lysfutoner opfanges af øjets retina. Herefter bliver de omformet til en eller anden form for elektrisk 'rå-signal', som sendes videre til det visuelle center i cortex for videre behandling, analyse og tolkning, og som så bliver omsat til den bevidste oplevelse, der gør, at vi ser det, som vi ser. Vi har den samme klare, intuitive opfattelse for alle vores fem sanser. Når vi lugter noget, er det, fordi vores næse opfanger duftmolekyler i den luft, der omgiver os, som så omsættes til elektriske beskeder, der bliver afkodet af vores hjerne. Når vi hører noget, er det, fordi vores ører opfatter lydbølger, som bliver omsat til et signal, som vores hjerne bearbejder og tolker på.

Vi har med andre ord en klar, intuitiv opfattelse af, hvilken retning datasignalet bevæger sig. Et højtopløseligt datasignal fra omgivelserne opfanges af vores sanseorganer og sendes videre i systemet. Det foregår udefra og ind – eller 'bottom-up' som det også kaldes. Det er data fra sanserne, der driver processen. Det er også det, man kalder for 'stimulus-respons'. Det er sådan, det står beskrevet i mine gamle lærebøger (ja, så gamle er de så heller ikke …). Det er da sådan, det er! Det virker intuitivt klart og rigtigt. Men der er noget, der ikke stemmer …

Problemet er, at denne form for informationsbehandling ikke er særlig effektiv.[57] Det er alt for informationstungt. Vi bliver hele tiden bombarderet med store mængder af input fra omgivelserne. Og selvom vores hjerne er i stand til at processere informationer parallelt, har den dog stadig begrænset kapacitet og kan kun behandle et begrænset antal bits af information. Samtidig går det for langsomt. Som vi hørte i forrige kapitel, foregår kommunikationen mellem vores hjernes neuroner kun med 80-500 km/timen. Det betyder, at 'rejsen' fra øjets retina til det visuelle cortex tager al for lang tid. Hvis vores opfattelse af omgivelserne var baseret på bottom-up processering, ville vi hele tiden halte bagefter virkeligheden. Vi ville ikke være i stand til noget så simpelt som at gribe en bold eller dyrke de fleste former for sport. Vi ville ikke kunne køre bil. Faktisk næsten ikke noget som helst. Der er derfor ved at tegne sig et andet billede af, hvordan perception foregår. Og det viser sig, at vores forståelse af perceptions-processen helt skal vendes på hovedet. Alt tyder nemlig på, at vi primært opfatter vores omgivelser 'top-down'.[58]

Den mentale model
I prædiktiv processering forholder vores hjerne sig ikke passivt, men aktivt til omgivelserne. Det foregår ved, at hjernen hele tiden genererer en mental model af vores omverden. Den mentale model består af en række hypoteser, som er vores hjernes bedste gæt på, hvad det er, der sker

---

[57] Wilkinson, S. et al. (2017); Clark, A. (2015).
[58] Seth, A. (2021); Clark, A. (2016); Hohwy, J. (2013); Christensen, M. S., et al. (2016).

"derude".[59] Det er ved hjælp af denne mentale model, at vi skaber mening med verden. Den mentale model er mening. Og som regel er den forholdsvis intuitiv og helt eller delvist ubevidst (vi er igen tilbage ved mentalese). Som vi skal se lidt senere i dette kapitel, er det en langt hurtigere og mere effektiv måde at behandle sansedata på. Det betyder dog på ingen måde, at input fra vores sanser bliver overflødige. De er helt afgørende for os, men de spiller en lidt anden rolle, end vi normalt fore-stiller os. I stedet for at være det primære datasignal, fungerer sanseinput i denne sammenhæng som feedback, der be- eller afkræfter den mentale model.[60]

Når vi ser noget i vores omgivelser, det kan fx være en lille sød hund på vejen, så er det fordi, vi allerede på forhånd har genereret en mental model – eller en hypotese – om, at vi ser en hund, og sansesignalet bliver en bekræftelse på, at vores hypotese er korrekt. Sanseinput er på denne måde afgørende for, at vi kan opdatere vores mentale model i forhold til virkelig-heden. Input fra sanserne er helt nødvendige, når den "rigtige" virkelighed ikke matcher vores forudsigelser. Vores mentale model løber på denne måde ikke helt løbsk. Uden sanseinput ville vi miste forbindelsen til vores omgivelser. Et godt eksempel på det er, at når vi drømmer eller sidder og fantaserer, så bliver alle mulige og umulige ting mulige. Vi kan begynde at hallucinere. Det er mentale modeller uden forankring i den virkelige verden.

Den centrale pointe er altså her, at perceptionsprocessen primært begynder 'indefra og ud' (top-down) og ikke 'udefra og ind' (bottom-up).[61] Vores virkelighed er med andre ord en konstruktion, som vores hjerne skaber. Den britiske hjerneforsker Anil Seth siger det ret elegant: "Hvis

---

[59] Hoemann, K. et al. (2017); Clark, A. (2015); Seth, A. K., & Friston, K. J. (2016).
[60] Hohwy, J. (2007).
[61] den Ouden, H. E. M. et al. (2012).

hallucinationer er en form for ukontrolleret perception, så bliver perception en form for kontrolleret hallucination."[62]

Det er klart, at det umiddelbart kan være svært at tro på og begribe rent intuitivt, for det er overhovedet ikke sådan, vi oplever det. Slet ikke! Men alt synes kun at pege i én retning. Hvis vi ser på vores hjerne, er der en lang række anatomiske beviser for, at det primære flow af informationer foregår top-down. Der er fx langt flere neurale forbindelser, der går fra det visuelle cortex til thalamus (som fungerer som en samleenhed, for de fleste af vores sanseinput), end der går fra øjet til thalamus. Faktisk med faktor 10 til 1. Hvis perception var baseret på bottom-up processer, skulle det være lige omvendt.[63] Der er heller ikke et tilstrækkeligt antal fotoreceptorer i vores øjes retina til, at vi kan se et så stort synsfelt, i så høj opløsning, som vi gør.[64] Det var denne erkendelse, der omkring 1860 fik Hermann von Helmholtz til at konkludere, at (visuel) perception må foregå gennem prædiktive processer. Samtidig kan det forklare, hvordan vi kan bibeholde en stabil og kontinuerlig opfattelse af vores synsfelt, selvom vores øjne hele tiden bevæger sig rundt og ikke er fastlåst til ét punkt.[65] At vores øjne faktisk gør dette, er jo heller ikke noget, vi lægger mærke til, men noget som nemt kan påvises med 'eye-tracking' udstyr. Herudover kan principperne bag prædiktiv processering forklare mange fænomener, som ikke kan forklares på anden vis. Det vil jeg komme tilbage til senere i dette kapitel. Men lad os gå lidt videre.

Hypoteser på flere hierarkiske niveauer

Vores mentale model menes at være hierarkisk organiseret af hypoteser på flere niveauer.[66] Hypoteser på lavere niveauer er relateret til umiddelbare, konkrete sanseindtryk – *hvad* der sker. Det, vi ser, er en mand på gaden,

[62] Seth, A. (2017).
[63] Barrett, L. F. (2017a); Eagleman, D. (2016); den Ouden, H. E. M. et al. (2012).
[64] Aitchison, L., & Lengyel, M. (2017).
[65] Bubic, A. et al. (2010).
[66] de Bruin, L., & Michael, J. (2017); Clark, A (2015); Hawkins, J. (2004).

der bevæger armene. Det, vi hører, er en bankende lyd. Det, vi smager, er smagen af æble. Hypoteser på højere niveauer i hierarkiet er mere abstrakte og relateret til mere generelle og komplekse opfattelser af, hvordan verden hænger sammen. Disse hypoteser forholder sig således også til, *hvorfor* der sker det, som sker. Manden på gaden bevæger armene, fordi han vinker til os, fordi han kender os og vil hilse. Vi hører en bankende lyd om natten, fordi der er et vindue, som klaprer, og det klaprer, fordi det er en stormfuld nat.

Det er her en central pointe, at perception, forståelse og mening naturligt opstår og skabes samtidigt.[67] Perception (sansning) og kognition (tænkning) bliver til én sammenhængende proces. Vi vurderer hele tiden automatisk den situation, vi står i, og meningen og løsningerne kommer nærmest af sig selv – baseret på vores erfaringer. Det er ligeledes en central erkendelse, at vores mentale model af verden ikke er begrænset til sanserelateret perception (det, vi helt konkret ser, hører, smager, lugter og mærker). Vores mentale model forholder sig også til verden i mere generel forstand. Principperne gælder altså også for, hvordan vi "ser" på faglige, sociale, samfundsmæssige, forretningsmæssige og personlige problemstillinger.[68]

Hvis vi igen lige kigger på de anatomiske beviser, er det her interessant, at vores mentale models hierarkiske opbygning i hypoteser på flere niveauer synes at korrespondere med, at hjernens cortex er organiseret i 6 opdelte lag (se også kapitel 1).[69] Og også her ser man 1:10 forholdet mellem bottom-up og top-down forbindelser. I vores cortex er der langt flere for-bindelser, der går oppefra og ned end omvendt. Det er også værd at bemærke, at denne hierarkiske opbygning i 6 lag kan ses i hele cortex – også i de dele af cortex, som ikke har noget at gøre med behandling af sanseinput. Dette kan indikere, at det er den samme algoritme, som finder

---

[67] Bubic, A. et al. (2010).
[68] Schwengerer, L. (2019).
[69] Panichello, M. F. et al. 2013); Friston K. (2005); Christensen, M. S. et al. (2016).

sted overalt, og at prædiktiv processering er et centralt princip for, hvordan hele vores hjerne (eller i hvert fald cortex) fungerer.[70]

Kan vi se med tungen?

Ja, det kan vi faktisk, hvis vi øver os i det og har det rigtige udstyr. Erik Weihenmayer er født med den sjældne øjensygdom 'Retinoschsis', som gør at hans øjne ikke kan omforme lysimpulser til elektriske signaler. Det betød, at han i en alder af kun 13 år mistede synet. Erik Weichenmayer er stadig blind den dag i dag, men han er begyndt at kunne se igen. Det vilde er, at han ikke ser med sine øjne men med sin tunge! Han er udstyret med et kamera, som via en lille computer omsætter visuelle input fra omgivelserne til 611 elektro-taktile impulser på en 3 x 3 cm plade, som han kan placere på sin tunge. Hvis vi andre gør det samme, vil vi opleve en prikkende fornemmelse, som hvis vi drikker champagne eller danskvand. Men når Erik gør det, kan han pludseligt se. Ikke perfekt, men han kan se et grovkornet billede i sort-hvide nuancer.

Det lyder som et mirakel eller som science fiction, men i virkeligheden er det meget naturligt og fortæller historien om, vores hjernes fantastiske evne til at tilpasse sig (det som også kaldes neuroplasticitet), Samtidig viser det, at de input, som hjernen (vores cortex) får fra vores forskellige sanser, fundamentalt set er de samme – og at den måde, disse input behandles på, også grundlæggende er den samme. Det er den samme algoritme alle vegne. Herudover får vi indblik i vores hjernes exceptionelle evne til at genkende mønstre og danne betydning og mening ud af dem.[71] Det betyder, at efter et stykke tid – og meget øvelse – kan Erik Weichenmayer's hjerne regne ud, at der er relevant information i den prikkende fornemmelse på tungen. Og den finder ud af at omsætte det til en visuel oplevelse.

Generering af hypoteser – den mentale model

De hypoteser, som vi genererer, er i høj grad baseret på vores tidligere erfaringer. Vores hjerne bruger sin viden om, hvordan verden plejer at

---

[70] den Ouden, H. E. M. et al. (2012); Hawkins, J. (2004); Barrett, L. F., & Simmons, W. K. (2015).
[71] Hawkins, J. (2004).

opføre sig til at lave forudsigelser. De er baseret på, hvad der er sandsynligt, der sker, og vores hjerne fungerer i princippet som et statistisk organ. Man siger også, at hjernen er 'Bayesian' efter den engelske statistiker, filosof og præst Thomas Bayes, som i 1600-tallet udviklede 'Bayes Theorem'. Det er er formel, der forudsiger sandsynligheden for, at en hændelse sker, betinget af forekomsten af tidligere hændelser.[72] Det kaldes også betingede sandsynligheder. Vores hjerne bruger altså de informationer, der er til rådighed, kombineret med vores erfaringer, til at generere hypoteser om, hvad der sker, hvorfor det sker, og hvad der kommer til at ske. I denne 'sandsynlighedsberegning' indgår flere variable, herunder også vores viden om konteksten – og de associationer, som den aktuelle kontekst aktiverer. Konteksten udgør på denne måde en forståelsesramme, og det gør som regel vores forudsigelser mere præcise. Hvis vi hører en bankende lyd om natten, og det i øvrigt er et forfærdeligt blæsevejr, vil denne information indgå i sandsynlighedsberegningen, og vi vil komme frem til den hypotese, at lyden nok er frembragt af det. Det er et vindue, der står og banker. Men hvis det nu er helt vindstille, og vi igen hører en lyd, og vores naboer lige har haft besøg af listetyve om natten, er det derimod formentlig andre associationer, der vil blive "tændt". Derfor er det mere sandsynligt, at vi kommer til den konklusion, at der er listetyve på spil, og at det er dem, som forårsager den bankende lyd. Det samme princip gælder, hvis vi lige har set en uhyggelig gyserfilm om listetyve, der går på rov om natten – og vi derfor er blevet lidt utrygge og ængstelige.[73] Vores emotionelle tilstand påvirker på denne måde også vores hypoteser, og som vi skal se i senere kapitler, er der også en række andre forhold, der gør det.

Herudover er det vigtigt at forstå, at vores mentale model opdateres hele tiden. Den skal ikke 'bygges op fra scratch', hver gang vi lukker øjnene og åbner dem igen. Vi har en form for 'running mental model', som hele tiden bruges som referencepunkt. Man kan se vores mentale model som en

---

[72] Hohwy, J. (2013); Christensen, M. S. et al. (2016).
[73] Wilkinson, S. et al. (2017),

flydende, sammenhængende sekvens. Det betyder, at det, som er sket umiddelbart (mikrosekundet) før, har stor indflydelse på, hvordan vi oplever det, som sker lige nu, og hvordan vi oplever det, som kommer til ske efterfølgende.[74] Vi genererer og tester disse mentale modeller af verden hele tiden. Og det er jo ikke noget, vi normalt bruger energi og ressourcer på. Det foregår helt automatisk og ubevidst. Store dele af vores mentale model er også helt eller delvist ubevidst.

Konteksten og forventninger

Konteksten har stor betydning for, hvordan vi tolker tvetydige signaler. Tegnet i midten kan således både være tallet '13' eller et stort 'B'. Det kan være svært at afgøre, hvad der er hvad. Men ser vi det i en kontekst sammen med enten bogstaver eller tal forsvinder tvetydigheden med det samme. Det er en stor fordel, fordi vi på denne måde kan agere fornuftigt i forhold til de input, som vi får. Men vi bliver samtidig helt blinde for, at det også kan være udtryk for noget andet. Konteksten skaber stærke forventninger.

Prediction error minimering

For at forstå, hvorfor prædiktiv processering er så hurtigt og effektivt, skal man også kende til 'prediction errors´ (ofte forkortet PE, på dansk 'forudsigelsesfejl') og et princip kaldet 'prediction error minimering' (PEM). Det lyder lidt tørt og teknisk, men det er rigtig smart. Når nu vores hjerne hele tiden genererer højtopløselige mentale modeller af, hvad der foregår "ude i virkeligheden", er det ikke længere nødvendigt, at et højtopløseligt

---

[74] Hoemann, K. et al. (2017); Barrett, L. F. (2017a).

og informationstungt sansesignal fra omgivelserne bliver kommunikeret videre og behandlet af vores hjerne. Det er kun afvigelser fra forudsigelsen – 'prediction errors' – der har nyhedsværdi, og som skal behandles.[75] Det er langt mere effektivt og meget hurtigere.[76] Vi kender også princippet om kun at kommunikere og behandle afvigelserne fra billedkomprimering, fx JPEGs. Billedfiler i det højtopløselige RAW-format indeholder alle informationer (alle pixels). Men i de fleste billeder kan værdien af en pixel bruges til at forudsige værdien af dens nabo-pixels. Det betyder, at man kan komprimere en billedfil ved kun at kode de uforudsete afvigelser i pixelværdier (altså PE) og stadig bevare en høj visningskvalitet.

PEM og oplevelsen af mening

Princippet i PEM er, at vores hjerne hele tiden forsøger at minimere PE. Det vil sige, hjernen prøver at gøre afvigelsen mellem forudsigelsen og de faktiske sensoriske input så lille som mulig. Dette foregår på alle lag i den mentale model. Hvert lag sender top-down forudsigelser nedad i hierarkiet. Hvis der opstår en PE i et lag, sendes denne information op i systemet til det mere generelle lag ovenover, og der foregår en interaktion mellem hypoteser og PEs, indtil afvigelsen er minimeret.[77] Dette princip kaldes også nogle gange for "the free energy principle". Hvis der kun er et meget lille mismatch mellem forudsigelse og sansesignal (lille PE), vil der kun blive foretaget en mindre korrektion af top-down forudsigelsen. Og som vi skal se lidt senere, vil små afgivelser i mange tilfælde faktisk ofte blive helt ignoreret og karakteriseret som støj. Et stort mismatch giver derimod anledning til, at store dele af vores mentale model opdateres. Store afvigelser er her forbundet med oplevelsen af overraskelse, forvirring eller usikkerhed, som fungerer som et vigtigt signal om, at vores mentale model ikke er korrekt. Vi får en oplevelse af tingene ikke rigtig stemmer, det giver

---

[75] Bubic, A. et al. (2010).
[76] Clark, A. (2015).
[77] Edwards, M. J. et al. (2012); Seth, A. K., & Friston, K. J. (2016).

ikke mening. Det motiverer os til at undersøge tingene nærmere i detaljen.[78] Hermed opnås større præcision.

Prædiktiv processering repræsenterer på denne måde en automatisk og meget effektiv mekanisme til at prioritere, hvad vi skal give øget opmærksomhed. Når vi hele tiden prøver at forudse, hvad der kommer til at ske, og kun bruger mentale kræfter, når der sker noget uventet, tillader det vores hjerne at dedikere relativt få mentale ressourcer til at overvåge omgivelserne uden at miste sensitivitet over for det uventede.[79]

Samtidig står det klart, at PEM er helt central for vores (nye) forståelse af meningsskabelsesprocessen. En oplevelse af mening kan forstås som et resultat af en vellykket PEM-proces. Når vores forventninger stemmer overens med vores oplevelser, føler vi, at vi forstår vores omverden, og at alting stemmer – og det giver os en oplevelse af mening. Vi kan få den her oplevelse af, at vi hører til i vores verden. Vi har agency, og vi er i stand til at handle.

Læring

Over en lidt længere tidsperiode repræsenterer PEM samtidig en fantastisk læringsmekanisme.[80] Ethvert øjeblik udgør en mulighed for at for at lære og forbedre vores hypoteser. Denne læring foregår helt automatisk og ubevidst. Det er ikke noget, vi tænker over. Det viser sig fx meget tydeligt, når vi lytter til musik. Vi lærer helt uvilkårligt, hvilket musiknummer der er det næste på vores favoritplayliste – og bliver overraskede, når vi hører det samme nummer i radioen, fordi det jo bliver efterfulgt af noget andet, end vi er vant til. Vi er næsten allerede i gang med at nynne de første toner, og så … Jeg er ret sikker på, at du kan genkende det.

---

[78] Andersen, B. P. et al. (2022).
[79] den Ouden, H. E. M. et al. (2012).
[80] Bubic, A. et al. (2010); Nagai Y. (2019).

Fordelen ved automatisk at lære rækkefølgen af musiknumre er måske begrænset for de fleste, men prædiktiv læring er super anvendeligt i andre sammenhænge. Fordi vi gennem hele livet ser på andre mennesker – og deres ansigter – og hele tiden prøver at forudse, hvad de gør som det næste, bliver vi fantastisk gode til at afkode andre menneskers ansigtsudtryk og koble det med deres intentioner og adfærd. Vi bliver dermed bedre til at forudse deres handlinger. Vi bliver også gode til at se, når andre gør noget, der afviger fra det forventede. Gennem hele vores liv er denne læringsmekanisme i gang, og vi bliver helt automatisk eksperter i de ting, vi gør meget af. Det er et læringsprincip, som i bund og grund minder om 'deep learning'. Det er trial and error – eller måske rettere 'prediction and prediction error' – over en længere periode.[81]

The dark room problem

Et relevant spørgsmål er naturligvis, at hvis det i prædiktiv processering handler om at minimere prediction errors, hvorfor har vi så ikke en grundlæggende motivation for at minimere sanseinput? Hvorfor ønsker vi ikke bare at sidde i et bælgmørkt rum uden nogen lyd, lugt, smag, berøring osv.? Men altså, hvis vi kun oplevede det, som vi forventer, ville vi kede os ihjel. Vi kan jo godt lide, når der sker noget nyt og uventet og blive overrasket. Mange jokes er jo netop baseret på det uventede. En joke som fx: "My mother, who is 95, doesn't need glasses. She drinks right out of the bottle", er jo netop sjov, fordi den overrasker os og viser en ny måde, at tolke tingene på.

At lave fejlagtige forudsigelser – det at opleve noget nyt – er grundlaget for at lære og udvikle sig, og forudsætningen for at generere bedre forudsigelser på den lange bane. Faktisk viser det sig, at vi alle sammen har en indbygget mekanisme, der motiverer os til at prøve nye ting. Den estonisk-amerikanske (og nu desværre afdøde) hjerneforsker Jaak Panksepp har

---

[81] Clark, A. (2018).

således identificeret et grundlæggende emotionelt system med betegnelsen 'the SEEKING-system'.[82] SEEKING er drevet af dopamin, som jo traditionelt er blevet opfattet som hjernens belønningsstof. Men der er brug for en mere nuanceret tilgang til at forstå dopamins rolle og funktion. Nyere forskning viser nemlig, at dopamin ikke kun udskilles i hjernen i forbindelse med en belønning, men især når vi har en *forventning* om en belønning eller blot en forventning om at opleve noget nyt.[83] Dopamin motiverer os til at afsøge omgivelserne for mulige belønninger fx i form af føde, ressourcer og muligheder. Alt det her vil jeg komme nærmere ind på i kapitel 6. Vi har det derfor ofte bedst – og arbejdsopgaver, jobbet og livet giver ofte mere mening for os – når vi har frihed til og mulighed for at udforske, eksperimentere og afprøve nye ideer.[84] Det må dog ikke tage overhånd. Hvis vi oplever for mange PEs, gør det os mentalt over-bebyrdede og stressede. Vi har det bedst, når vi møder en tilpas mængde nye og uforudsete ting på vores vej. Det er vigtigt med det rigtige niveau, ellers mister vi oplevelsen af agency. Det ses fx ret tydeligt hos små børn. De elsker velkendte rutiner og gentagelser. En forklaring på det er, at de har begrænset erfaring og kun kan generere forholdsvist upræcise mentale modeller. De møder derfor hele tiden noget uventet og for at kunne håndtere det, bliver de nødt til at opsøge det velkendte.

PEM og FLOW

PEM giver også indblik i, hvad der sker i FLOW-tilstanden, som jeg også kort berørte i forrige kapitel. FLOW opstår, når vi i et tidsrum oplever, at der et optimalt match mellem vores evner og færdigheder og de udford-ringer, vi møder. Eller sagt på en anden måde, når der er et tilpas niveau af PEs. Når vi møder flere på hinanden følgende udfordringer (PEs), som vi gennem klar feedback oplever at kunne løse, får vi en 'kaskade af insights'. I dette 'sweet spot' føler vi, at vi mestrer verden. Vi forstår den,

---

[82] Panksepp, J. (1998).

[83] Linnet, J. (2021)

[84] Cable, D. M. (2018); Panksepp, J. (1998).

vi hører til og oplever en forbundethed med omgivelserne. Og selvom vi er dybt fokuserede på opgaverne og udfordringerne, så vi nærmest glemmer os selv, opleves FLOW-tilstanden derfor som meget meningsfuld.[85] Det er i øvrigt interessant, at vi oplever en høj grad af FLOW, når vi fx spiller computerspil. Vi får hele tiden nye udfordringer, som vi kan håndtere. Det er med til at forklare, hvorfor computerspil kan være så afhængigheds-skabende.

Selektiv opmærksomhed – præcisionsvægtning

Et andet væsentligt element ved prædiktiv processering er, at inputtet fra sanserne bliver nedprioriteret, når vi befinder os i velkendte omgivelser eller har at gøre med en velkendt problemstilling. Det kaldes også for præcisionsvægtning og sker for at skabe yderligere effektivitet.[86] Når vi er i en velkendt situation, som vi har prøvet mange gange før, kan vi jo ofte være ret sikre på, hvad der foregår. Input fra omgivelserne er derfor ikke så vigtige. Fx er jeg ret tit i vores køkken og har derfor opbygget god erfaring med, hvilke ting der befinder sig i det. Når jeg kommer derned, er det derfor ikke vigtigt at have skærpet opmærksomhed på, om den brødrister i stål, som står ovre i hjørnet, nu også er den selvsamme brødrister, som stod der i går og i forgårs. Der er stor sandsynlighed for, at det er den samme. Min opmærksomhed på dette sanseinput bliver derfor automatisk nedprioriteret, og jeg vil nok ikke opdage, hvis min kone har købt en ny brødrister, uden at fortælle det. Der skal store afvigelser til for, at jeg bliver opmærksom på, at noget er anderledes, fx at den pludselig er skrigende orange. Det er smart, fordi vi så kan bruge vores mentale ressourcer og opmærksomhed på andre vigtigere ting. Faktisk viser det sig, at vi er uopmærksomme på langt det meste i vores vante omgivelser. Vi har stor erfaring med, at det her er tilstrækkeligt at stole på vores egen mentale model.

---

85 Vervaeke, J. (2019).
86 Hohwy, J. (2013); Wilkinson, S. et al. (2017).

Forskerparret Simons og Chabris (dem med den usynlige gorilla) har lavet et interessant eksperiment, der illustrerer lige præcist det.[87] Forestil dig følgende. Du går rundt på gaden og en mand henvender sig til dig. Han spørger om vej og holder et bykort i hånden. Mens du er ved at fortælle ham, hvilken retning han skal gå, bliver I pludselig afbrudt af to personer, der bærer på en stor plade. I et par sekunder kan du ikke længere se manden, der spørger om vej. Mændene med pladen forsvinder, og du færdiggør dine vejangivelser. Spørgsmålet er her, om du ville lægge mærke til, hvis ham manden, der spørger om vej, bliver skiftet ud med en anden mand i de par sekunder, hvor du ikke kunne se ham? Tjah, det vil du jo nok mene, at du ville. Men det viser sig, at det kun er ca. 50% af os, der gør det. Vores erfaringer fortæller os, at der er ret usandsynligt, at mænd, der spørger om vej, bliver skiftet ud med andre mænd, og vi sætter derfor vores lid til vores mentale model og nedprioriterer sanseinputtet. Samtidig bruger vi selv en smule mentale ressourcer på at finde ud af, hvilken vej manden egentlig skal gå. Der skal således ret store PEs (fx en person med helt anden fysik, race eller køn) til at fange vores opmærksomhed.

Ovenstående er blot et af flere eksempler på det, som Simons og Chabris kalder 'change blindness', og som klart demonstrerer, at vi er uopmærksomme på langt de fleste ting i vores omgivelser. Det interessante er også, at vi ofte er helt uvidende om, at vi foretager denne nedprioritering. Vi vil faktisk afvise, at det sker. Men de fleste af os lider af det, man kan kalde 'change blindness blindness'. I ovenstående forsøg vurderer 95% af forsøgspersonerne således, at de ville opdage, at manden blev udskiftet undervejs. Hvis du husker tilbage på gorilla-eksperimentet fra kapitel 1, er det denne mekanisme, der bliver forstærket, når vi fokuserer på andre ting. Selvom vi kigger direkte på den der gorilla, der slår sig på brystet, ser mange af os den slet ikke. Vi ser det, som vi forventer at se. Det samme sker, når vi arbejder med problemstillinger, som vi opfatter som velkendte.

---

[87] Chabris, C. & Simons, D. (2011).

Her er vi ret sikre på, at vores hypoteser er rigtige, og vi vil nedprioritere inputtet fra omgivelserne. Vi vil samtidig skrue ned for vores eksekutiv-ressourcer (som jeg også var inde på i kapitel 1). Vores opfattelse af, hvad der er 'op og ned', bliver derfor i endnu højere grad baseret på vores forventninger.

Tvetydig feedback

Vores hjerne nedprioriterer også vægtningen af sanseinputtet, når det er tvetydigt. Og det sker faktisk ret tit. Som jeg var inde på ovenfor, kan en bankende lyd om natten være udtryk for flere ting. Det kan være et vindue, der klaprer pga. blæsevejr, listetyve, naboen, der banker på din hoved-dør... eller noget helt fjerde. Dette gælder for mange sanseinput. Vi kan også være i omgivelser, som gør tingene utydelige. Der kan være utilstrækkeligt lys, for meget lys, eller det kan være tåget. Vi kan være i støjende omgivelser, hvor det kan være svært at høre præcist, hvad der bliver sagt. Men hvis vi er forholdsvis sikre på, hvad der foregår, kan vi ved at nedprioritere sanseinputtet alligevel generere en meningsfuld fortolk-ning af omgivelserne, som med stor sandsynlighed er rigtig, hvis verden ellers opfører sig normalt, fremfor blot at have en uklar, støjfuld og uforståelig oplevelse.[88] Det er en stor fordel.

Indimellem kan det dog også betyde, at vi kommer frem til forkerte konklusioner om vores verden. Vores forventninger kan jo imellem være forkerte, men vores mentale model vil blive opfattet som rigtig, indtil det modsatte er bevist. Det er især et problem, når vi har at gøre med mere komplekse problemstillinger, hvor feedback fra omgivelserne nærmest per definition er tvetydigt. Faktisk skal vi være forberedte på, at vi kan tage fejl, når vi er allermest sikre på, at vi har ret. Som Sherlock Holmes (eller rettere, Arthur Conan Doyle) siger det: "There is nothing more deceptive than the obvious fact". En frisk omskrivning kunne her være. Der er intet

---

[88] Panichello, M. F. et al. (2013).

mere vildledende, bedragerisk og forførende end "beviser og fakta", der støtter op omkring en stærk hypotese.

The hollow mask illusion

Forkert tolkning af sanseinput fra omgivelserne kan ses i mange sammenhænge, men kommer meget tydeligt frem i forbindelse med 'the hollow mask illusion' (illusionen om den hule maske). I denne illusion ser man en maske, der forestiller et menneskeansigt både forfra, hvor masken buer udad (konveks) og bagfra, hvor masken buer indad (konkav). Det interessante er her, at når masken vises bagfra, vil vi alligevel se ansigtet, som om det buer udad. Illusionen opstår, fordi vores rige erfaringer med at se menneskeansigter påvirker vores hypotese om, hvad vi ser. Når vi er vant til, at ansigter buer udad, vil vi automatisk bedømme, at der er høj sandsynlighed for, at det er et udadbuende ansigt, som vi ser. Vores erfaring og store tiltro til vores hypotese tilsidesætter altså det tvetydige sansesignal. Det er i den forbindelse interessant, at selvom vi godt ved, at der er tale om en illusion, bliver vi ved med at se den. Det er lige meget, hvad vi gør. Vores erfaringer tager over og kan være svære at slippe af med, når modbeviserne er tvetydige eller svage.[89]

Brandhane-eksperimentet

Man kan se samme type dynamik i 'brandhane-eksperimentet', som viser, at når vi først har dannet en forventning og modtager uklare input, kan vi komme til at holde fast i den i for lang tid.[90] I eksperimentet viser man to grupper af forsøgspersoner et meget sløret foto af en brandhane. Det er umuligt at se, hvad det forestiller. For den ene gruppe gør man langsomt fotoet klarere over fx 10 steps. For den anden gruppe gør man fotoet af brandhanen klarere over fx 5 steps. Det interessante er, at hvis man stopper eksperimentet undervejs på et sted, hvor begge grupper ser det samme billede med samme klarhed/opløsning, så er det gruppen med de 5 steps,

---

[89] Wilkinson, S. et al. (2017),
[90] Heuer, Jr., R. J. (1999).

som bedst kan se, at det er en brandhane. Pointen er her, at jo mere information, vi får, jo flere associationer vil blive aktiveret, og jo flere hypoteser vil vi danne om, hvad billedet forestiller. Når først disse hypoteser er etableret, vil de påvirke, det vi ser. Vi vil se det, der passer med vores forventning.

Der er masser af sådanne eksempler. Måske har du prøvet at lede efter en person – eller tænke meget på en person, måske er du smaskforelsket – og så kommer du let til at se denne person i gadebilledet. Denne persons ansigt er hele tiden "tændt" i hjernens neurale netværk, og det bliver derfor lettere at "se" denne person, indtil vi får kigget nærmere efter. Eller hvad med teksten til musiknumre. Vi kan virkelig få os en overraskelse, hvis vi googler teksten til et nummer, som vi troede, at vi kendte godt … og så er det noget helt andet, de synger. Vi hører det, som vi forventer at høre. Selv når vi anstrenger os. Det her betyder også, at hvis vi har et stort ønske om (eller stor tro på), at en specifik hændelse kommer til at ske, så vil dette ønske "tænde" specifikke associationer. Det vil dominere vores mentale processer og de hypoteser, vi genererer – og vi vil have meget lettere ved at finde "beviser", der peger i den retning.

McGurk-effekten

Prædiktiv processering giver også en forklaring på McGurk-effekten, hvor tingene går helt agurk for os.[91] McGurk-effekten er et eksempel på en situation, hvor der er modstrid mellem det, vores forskellige sanser fortæller os. Den blev opdaget ved et tilfælde af Henry McGurk tilbage i 1974, og man har ikke på overbevisende vis kunnet forklare den. Før nu! Hvis du ikke kender til den i forvejen, så forestil dig, at du sidder ved siden af en højtaler, der igen og igen afspiller lyden "BAR". Det er helt tydeligt, at du hører lyden "BAR". Foran dig er der også en tv-skærm, der viser en person, der synkront med lyden BAR i det stille udtaler lyden "FAR". Det

---

[91] Olasagasti, I. et al. (2015); Lindborg, A., Andersen, T. S. (2021).

63

interessante opstår, hvis du skiftevis kigger på tv-skærmen og væk fra tv-skærmen. Når du kigger på tv-skærmen, vil lyden, der kommer ud af højtaleren, pludselig lyde som FAR. Det er helt tydeligt – men der er intet, der er ændret ved lydafspilningen. Den siger stadig BAR, og det vil du få bekræftet, hvis du kigger væk fra tv-skærmen et øjeblik.

McGurk-effekten viser, at vi i forbindelse med tvetydighed i højere grad prioriterer og stoler på input fra vores synssans – der for de fleste er den dominerende sans – og nedprioriterer input fra vores hørelse. Inputtet fra synssansen påvirker vores mentale model, og pludselig hører vi ikke længere, hvad der egentligt bliver sagt. F-mundstillingen skaber forventningen "FAR", og så hører vi "FAR". McGurk-effekten er på ingen måde et isoleret tilfælde. Der er masser af eksempler på, hvordan input fra én sans påvirker vores forventninger og forvrænger inputtet fra andre sanser. Hvis du tager noget æblejuice og farver det rød-lilla, så det ligner kirsebærsaft, vil langt de fleste af os synes, det smager som ... ja du har sikkert gættet det ... kirsebærsaft. Hvis du afspiller en sprød og knasende lyd i et par høretelefoner, mens du spiser chips, vil du opleve, at de er mere sprøde, mere friske og velsmagende. Og nå ja, hvis du nu bedst kan lide Coca Cola, så smager en cola bedre, når du tror, at det er en Coca Cola.

Sansesignaler indefra os selv

Hvis prædiktiv processering er det princip, som er styrende for perception af omgivelserne – og det er der utroligt meget, der tyder på – må det også være gældende for den måde, hvorpå vi opfatter vores "indre omgivelser" – altså signalerne fra vores krop. Det kaldes med et fint ord for 'interoceptive' signaler. Med andre ord, vores hjerne genererer ikke kun en mental model i forhold til vores eksterne omgivelser men også i forhold til det, som sker indeni os. Ligesom det er tilfældet med vores opfattelse af den eksterne verden, er vores opfattelse af, hvad der sker i vores krop også en form for kontrolleret hallucination. Det er en konstruktion, noget vi selv skaber. Dvs., når vi fx oplever smerte, er det "blot" vores eget bedste gæt på, hvad der sker.[92] Det betyder naturligvis ikke, at en kropslig oplevelse som smerte ikke er ægte. Men igen er processen anderledes, end vi forestiller os. Vi oplever ikke smerte i vores storetå, fordi et smertesignal bliver sendt op til hjernen, som så efterfølgende fortolker signalet som smerte. Vi oplever derimod smerte i storetåen, fordi vi genererer en mental model af, hvordan tilstanden er i vores krop. Denne model bliver matchet med feedback fra vores krop. Er smertesignalet fra storetåen svagt, vil det som regel blive ignoreret og karakteriseret som støj. Men er det stærkt, vil vores mentale model blive opdateret og justeret ud fra princippet om PEM – og vi oplever smerte.[93] Ligesom det er tilfældet med feedback fra omgivelserne, bliver vores hjerne nødt til at håndtere, at vi hele tiden modtager en enorm strøm af interoceptive signaler. Derfor vil den feedback, vi får fra vores egen krop, også her indimellem blive ned-prioriteret. Da mange feedback-signaler fra kroppen samtidig er tvetydige – et jag i maven kan både være udtryk for, at vi har problemer med fordøjelsen, maveinfluenza, er bekymrede osv. – så vil vores forventning ofte være udslagsgivende for vores oplevelse.

Placebo og nocebo
Med prædiktiv processering får vi også en bedre forståelse af placebo-effekten.[94] I lang tid har det været kendt, at medicinske behandlinger, der ikke burde have nogen effekt, i visse tilfælde alligevel har en stærk virkning. I mange kliniske forsøg med smertemedicin ser man således, at kontrolgruppen – altså den gruppe, som får kalktabletter i stedet for et virksomt stof – bliver helt fri for kroniske smerter. Dette til trods for, at de selvsamme patienter måske i flere år har taget høje doser af morfinbaseret smertemedicin, uden at det har haft en nævneværdig effekt udover at gøre dem sløve og afhængige. Placeboeffekten er så stærk, at man som hovedregel ikke kan få godkendt medicinske lægemidler, hvis ikke man

---

[92] Seth, A. K., & Friston, K. J. (2016).
[93] Ongaro, G., & Kaptchuk, T. J. (2019).
[94] Büchel, C. et al. (2014).

tester for, om den kurerende virkning kan skyldes noget andet end det virksomme stof. Dette kaldes for dobbelt-blinde test, hvor hverken patient eller læge ved, om det er et potentielt virksomt stof eller placebo, der behandles med.

Normalt tænker vi på placebo i forhold til forskellige medicinske præparater, men effekten kan observeres i mange forskellige varianter. Fx havde rygkirurgen David Kallness udviklet et nyt eksperimentelt kirurgisk indgreb, hvor han indsprøjtede cement for at støtte beskadigede rygvirvler. Hele 80% af hans patenter oplevede færre smerter. Fantastisk! Han begyndte dog alligevel selv at stille spørgsmålstegn ved virkningen af det operative indgreb, da han opdagede, at flere patienter ved en fejl var blevet opereret i en forkert ryghvirvel. En lille smule (meget) pinligt, men alligevel virkede operationen.[95] Placeboeffekten virker selv på en så alvorlig og invaliderende sygdom som Parkinsons. Parkinsons sygdom er en såkaldt degenerativ sygdom, der indebærer, at hjerneceller, som udskiller dopamin, gradvist dør. Symptomerne er fuldstændigt invaliderende, og patienter med Parkinsons oplever stive muskler, langsomme og træge bevægelser og ofte voldsomme rystelser. Thomas Breinholt fortæller i sin bog "Kan man tænke sig rask?" om, hvordan den amerikanske kvinde Judy Hazlett, som led meget alvorligt af Parkinsons, blev helbredt af en ny eksperimentel operation. Indgrebet bestod i at indoperere raske stamceller fra fostre forskellige steder i hjernen. Men Judy havde ikke fået den rigtige operation, kun en placebo. Da hun blev oplyst om dette, udviklede hun Parkinsons igen. Hun fik efterfølgende den rigtige operation og blev næsten helt symptomfri.[96] Det interessante er også, at den "rigtige" operation faktisk viste sig ikke at have en effekt. Alligevel blev mange af forsøgsdeltagerne raske. Den afgørende faktor var, om de havde *troen* på, at de havde fået en operation, der ville kurere dem.

---

[95] Marchant, J. (2017).
[96] Breinholt, T. (2023).

Der er også eksempler på sportsudøvere, som tror, de får et (lovligt) præstationsfremmende stof indsprøjtet, og som efterfølgende klarer sig 2-3 % bedre. Men indsprøjtningen indeholder kun saltvand. Det er også blevet påvist, at bjergbestigere, der tror, at de får ilt via iltmaske i højder, hvor der er meget iltfattigt, opfører sig som om, de får ilt. Men igen, der er ingen ilt i flasken. Tro (eller rettere forventninger) kan flytte bjerge og gøre os raske, om det så gælder astma, højt blodtryk, mavetarmsygdomme, morgenkvalme, erektionsproblemer mv. Jo stærkere vores forventning er til, at en behandling virker, jo bedre virker den. Dyrere placebomedicin er derfor ofte mere virkningsfuldt. Der er også studier, der viser, at store piller har større effekt end små, farvede piller har bedre virkning end hvide, blå er gode til at afhjælpe søvnproblemer, røde er bedre til at behandle smerter, og grønne er bedst mod angst.[97] Effekten bliver stærkere jo mere invasiv, indgrebet er. En operation vil have større placeboeffekt end piller. Underligt nok, så kan placebomedicin også have en effekt, selvom forsøgsdeltagere er blevet oplyst om, at det er placebo. Dette skyldes formentlig, at de alligevel (ubevidst) har en forventning om, at der er en effekt. De tager jo medicinen.

Nocebo-effekten

Placeboeffekten er dog ikke kun noget, der kan gøre os raske. Den har også en "ond fætter", som kaldes 'nocebo-effekten'. Hvis vi tror, vi er blevet udsat for noget, der skader os, kan vi udvikle symptomer, som svarer til det, vi forventer. Der er flere eksempler på folk, som udvikler kraftige reaktioner på kalktabletter, fordi de tror, at de indeholder skadelige stoffer. Noceboeffekten kan på denne måde også delvist forklare flere psykosomatiske lidelser. Nocebo-effekten er naturligvis problematisk, hvis man læser de obligatoriske oplysninger om mulige bivirkninger i forbindelse med indtagelse af medicin. Vi kan meget nemt komme til at udvikle symptomer, der matcher disse bivirkninger, blot fordi vi har læst om dem. Det er

---

[97] Marchant, J. (2017), Ariely, D. (2009).

ligeledes problematisk i forbindelse med den store stigning i antallet af diagnoser, der stilles i disse år, fx inden for ADHD, Asperger, demens, depression, stress, angst mv. Ikke at man på nogen måde skal forklejne, at det her er seriøse ting – og der er formentligt et stort mørketal af ikke-diagnosticerede – men der kan være en fare for, at man forstærker symptomerne, fordi diagnosen påvirker forventningerne. Andy Clark gør fx opmærksom på, at piskesmældsskader kun er noget, man oplever i lande, hvor denne form for skade kan diagnosticeres. I lande, hvor befolkningen ikke har hørt om piskesmæld, er forekomsten meget sjælden.[98] Jeg var også engang til et foredrag om arbejdsmiljøforskning med Tage Søndergaard Kristensen, som fortalte, at malerhjerne-syndromet ikke findes i Sverige. Malerhjerne opstår af at arbejde med organiske opløsningsmidler, men man har ikke brugt andre typer maling i Sverige eller beskyttet sig anderledes end i Danmark. Derimod skyldes det formentlig det forhold, at det ikke er en anerkendt arbejdsskade. Til gengæld er det i Sverige mere almindeligt at lide af allergi over for elektricitet. Ja, til trods for, at det ikke kan påvises på nogen måde videnskabeligt, så kan svenskere begynde at få kløe i huden, søvnforstyrrelser, hovedpine, koncentrationsbesvær, svimmelhed, hurtig hjerterytme, hvis de er tæt på elektriske ledninger.[99] Det kan vi også lide af i Danmark – men af nogle helt andre årsager. Det er ret vildt at tænke på. Det er dog i den forbindelse vigtigt at være opmærksom på, at placebo- og nocebo-effekten (eller rettere mekanismen bag prædiktiv processering) ikke gør os syge eller raske. Det handler om, hvordan vi opfatter signalerne fra kroppen – symptomerne. Placeboeffekten er begrænset til de muligheder, som vores krop naturligt har til rådighed. Vi kan ikke dykke ned på havets bund og leve som en fisk, bare fordi vi har en stærk forventning om, at vi kan. Men vi kan måske blive bedre til at holde vejret længere. Vi kan heller ikke som udgangspunkt regenerere ødelagte ryghvirvler eller genoplive døde dopamin-producerende celler i hjernen

---

[98] Clark, A. (2016); Ferrari, R. et al. (2001).
[99] Rubin, G. J. et al. (2005).

bare, fordi vi forventer det. Men vi kan reducere de negative symptomer, fx smerte og rystelser, med forventningens kraft.

Selvom placeboeffekten er velkendt i medicinske kredse, har man ikke ud fra traditionelle medicinske principper og teorier (bottum-up baserede teorier) på tilstrækkelig vis kunnet forklare, hvad der sker, og hvorfor det sker.[100] Faktisk har der været en tendens til, at man inden for det læge-videnskabelige felt har set ned på patienter, der er påvirkelige af placebo-medicin. Fx blev der tilbage i 1954 i en artikel i den lægevidenskabelige journal 'The Lancet' beskrevet, at placebo kun har en effekt over for de 'uintelligente' og de 'utilstrækkelige'. Hårde ord – og selvfølgelig vil man ikke formulere det sådan i dag. Men holdningen er nok mange steder mere eller mindre den samme. Den etablerede lægevidenskab har også et anstrengt forhold til alternative behandlingsmetoder såsom healing, homøopati, naturmedicin, energiladede krystaller mv. Men hvem ved, måske vil tingene med forståelse for prædiktiv processering ændre sig. Jeg er selv personligt 100% sikker på, at alternative behandlinger virker. Men nok af nogle lidt andre grunde end dem, som praktiserer disse behandlinger og de patienter, der modtager dem …

Motoriske handlinger

Hvad så med vores motoriske handlinger? Kan principperne omkring prædiktiv processering også anvendes her? Ja, det kan de faktisk. Og her bliver det både en smule kringlet og genialt. Vores hjerne har i forhold til motorisk reaktionsevne de samme udfordringer vedr. hastighed, som vi tidligere hørte om i forbindelse med perception. Hvis motoriske bevægelser skulle foregå som følge af en bottom-up baseret proces, ville det gå alt for langsomt. For at kunne gribe en bold i luften, skal vores øjes retina først opfange lysfutoner, omsætte dem til et elektrisk signal, de skal efterfølgende transporteres til thalamus, videre til visuelle cortex for behandling, derefter

---

[100] Ongaro, G., & Kaptchuk, T. J. (2019); Požgain, I. et al. 2014).

videre til motor-cortex for videre analyse, hvorefter der skal kommunikeres en instruks til vores muskler om at bevæge krop, arm, hånd og fingre. Den bold, som vi gerne vil gribe, vil altså flyve forbi os lang tid før, vi får hævet armen. Så igen, det må foregå på en anden måde. Det interessante er her, at motor cortex, der styrer vores motoriske bevægelser, med små forskelle er opbygget på samme måde som resten af cortex.[101] Man kan derfor forvente, at princippet om, at top-down hypoteser bliver matchet med PE fra vores sanser, også gør sig gældende her.

Normalt taler vi om vores fem sanser. Vores syns-, hørelses-, smags, lugte- og følesans. Men vi har faktisk også en 'proprioceptiv' sans, som mange forskere kalder vores 6. sans – og den har her ikke noget at gøre med at se "dead people" eller lignende. Vores proprioceptive sans giver os input om, hvor vores krop og lemmer befinder sig. Når vi lukker øjnene, vil vi næsten altid kunne ramme og røre ved vores næse, øre og mund med fingrene. Med overraskende stor præcision. Prøv lige at lukke øjnene og gør det selv! Vi har hele tiden en rigtig god fornemmelse af, hvor vores krop, hoved og lemmer befinder sig i forhold til hinanden og det omgivende rum. Når man kobler dette med princippet omkring PEM, ja så har vores hjerne to måder, hvorpå den kan minimere PE. 1) Den kan opdatere vores mentale model, så den matcher PE fra vores sanser. Det er det, som sker i relation til perception. 2) Men vores hjerne kan også tilpasse verden, så den passer med vores mentale model. Det kaldes 'aktiv inferens' – og er det, som sker i forbindelse med motorisk bevægelse.

Når vi bevæger vores lemmer og krop, er det altså ikke en kommando eller instruks (i traditionel forstand), som vores hjerne udsteder. I stedet benytter vores hjerne sig af hele tiden at generere proprioceptive forudsigelser om, at vores krop, arme, ben, hoved, fingre vil være et bestemt sted. Motorisk handling bliver i denne sammenhæng en aktiv opfyldelse af denne

---

[101] Shipp, S. et al. (2013); Adams, R. A. et al. (2013); Clark, A. (2015).

forudsigelse.[102] Jeg har en forudsigelse om, at mine fingre vil røre ved min næse, og pga. princippet omkring PEM udfører mit motoriske system den handling, der gør, at forudsigelsen går i opfyldelse. Motorisk handling bliver på den måde en del af vores mentale model. Perception og motorisk handling er ikke to separate processer men en del af det samme hele.[103] Igen skal man lige have vendt sine tanker rigtigt. Der er absolut intet intuitivt ved denne forståelse. Men hvis man ser vores motoriske handlinger som proprioceptive forudsigelser, får vi en forklaring på, hvorfor vi ofte kan reagere så hurtigt, som vi kan. Der vil altid være lidt forsinkelse, lidt reaktionstid, vores hjerne er jo ikke en spåkone eller et orakel.

Kort opsummering og refleksion

Teorien om den prædiktive vender vores forståelse af perception og sansning helt på hovedet. Vi bliver opmærksomme på, at perception foregår ved, at vi hele tiden gætter på, hvad der sker i vores omgivelser, og at sanseinput bruges til at be- eller afkræfte, om vores gæt (den mentale model) er korrekt. Sansning og tolkning af vores omgivelser er på den måde tæt forbundet – det er en del af samme proces. Vores forventninger kommer til at spille en afgørende rolle, når vi tolker tvetydig information. Dette forstærkes i det, vi opfatter som velkendte situationer.

Med introduktionen til princippet omkring PEM bliver vi også opmærksomme på, at forventninger er helt centrale for, hvad der giver mening for os. Når vores forventninger stemmer overens med vores oplevelser, føler vi, at vi forstår vores omverden, vi hører til, og det giver os en oplevelse af mening. Omvendt, når der er store afvigelser, er det et signal om at tingene ikke stemmer. Der er noget galt. Dette motiverer os til at aktivere vores opmærksomhed og eksekutiv-ressourcer.

---

[102] Seth, A. K., & Friston, K. J. (2016); de Bruin, L., & Michael, J. (2017); Shipp, S. et al. (2013).
[103] Clark, A. (2015).

Kapitlet giver anledning til at reflektere over ...

• Når du udarbejder analyser og tager beslutninger, så prøv at blive mere skarp på dine egne forventninger. Du får dem let bekræftet. Det er især relevant i komplekse problemstillinger. Husker du også på, at forventninger kan være implicitte og udefinerede?

• Prøv at forestille dig, hvordan du ville tolke informationsmateriale, nyheder, rapporter, datagrundlag, hændelser, aftaler mv., hvis nu dine forventninger var helt anderledes. Hvad nu, hvis situationen eller konteksten var en anden?

• I en velkendt situation, vil du hurtigt "genkende", hvad der er op og ned, og hvad der er en god løsning. Din hjerne vil derfor nedprioritere inputtet fra omgivelserne. Det er en fin mekanisme. Men husker du på, at det, som minder om velkendte omgivelser, situationer og problemstillinger, ikke nødvendigvis er det?

• Hvordan tror du, at dine egne ønsker og mål påvirker dine forventninger – og hvad du oplever, at der sker "ude i virkeligheden"?

• Forhold dig ikke kun til dine egne men også andre menneskers forventninger. Hvordan kan du blive bedre til at forstå dem og udfordre dem? Husk også på, at når andre giver dig gode råd, vil de helt sikkert være farvet af deres forventninger.

Kapitel 03: En struktureret virkelighed – en verden i 3K

Jeg vil i dette kapitel dykke ned i, hvordan vi automatisk ordner og strukturerer vores verden i konceptuelle kategorier, foretager komparative sammenligninger og identificerer kausale sammenhænge. Lidt populært kan man sige, at vi opfatter verden i 3K. Konceptuelt, komparativt og kausalt.

Kapitlet bygger videre på indsigterne fra forrige kapitel om den prædiktive hjerne. For at kunne generere forudsigelser (og skabe mening), er det helt afgørende for os at udlede regelmæssigheder fra vores omgivelser. At se verden i 3K forenkler og reducerer kompleksitet og hjælper os til at forstå, hvad der sker, og hvorfor det sker. Men som vi skal se, betyder det også, at vi gør verden mere struktureret, regelmæssig og forudsigelig, end den egentlig er. Det er ligeledes interessant, at dette bliver meget definerende for, hvordan vi ser på verden – og hvad vi opfatter, der er muligt, umuligt, hvad der kan lade sig gøre.

o-o-o-o

Konceptuel kategorisering

En af de vigtige erkendelser, vi kan tage med fra forrige kapitel, er, at vi ikke ser verden i bits og pixels, som efterfølgende skal analyseres og fortolkes af vores hjerne. I stedet genererer vi hele tiden en mental model af omgivelserne. Vi har altså, før vi ser noget, allerede taget stilling til, hvad det er, vi ser. Det, vi ser, betyder et eller andet på forhånd. Der går en kat, der er mand, som vinker med hænderne. Der er en bankende lyd, der lyder som et klaprende vindue. Vi opfatter med andre ord verden i koncepter. Et koncept er en mental repræsentation af objekter i vores omgivelser. Stort

73

set alt, hvad vi opfatter omkring os – og indeni os – er repræsenteret af en konceptuel kategori, som gør vores verden forståelig.[104]

Som mennesker råder vi over tusindvis af konceptuelle kategorier. Prøv, som jeg også bad dig om i sidste kapitel, at se dig om i lokalet. Du er omgivet af ting, som du i forvejen kender. Du er omgivet af koncepter. En bog, et bord, en stol, en lampe, en computer, en kuglepen, en kaffekop, en post-it blok ... Vi har koncepter for næsten alt. Simple former som trekanter, firkanter og cirkler. Hunde, katte, biler, farver, lyde, mennesker. Koncepter kan være konkrete ting, som vi kan tage og føle på. Men vi har også koncepter for abstrakte og mere uhåndgribelige størrelser. Ideer, opfattelser, ledelsesprincipper, ideologier. Og ikke mindst, vi har et koncept for os selv (det vender jeg tilbage til i kapitel 8).

Vores evne til at se og opdele verden i konceptuelle kategorier er ganske enestående. Der findes fx mere end 800 forskellige hunderacer i verden. De kommer i mange forskellige former, farver og størrelser. Den største hund, en grand danois, kan veje over 95 kg og har en skulderhøjde, som let overstiger 80 cm. Den mindste hund, den mexicanske chihuahua, kan være helt ned til 15 cm i højden og veje blot 500 gram. Alligevel har vi ingen problemer med at se, at både en grand danois, en chihuahua – eller golden retrievers, afghanske mynder, gravhunde eller glathårede fox terrier alle sammen passer ind i den konceptuelle kategori "hund". Og det er sådan set lige meget, om hunden har fået klippet halen af, mangler et ben, eller er blevet overhældt med lyserød maling. At vi ser verden i konceptuelle kategorier, har stor værdi og giver os mange fordele. Det gør det først og fremmest muligt for os hurtigt at opfatte (og genkende), hvad det er, vi ser, hører, lugter og smager. At se, at en hund tilhører den konceptuelle kategori 'hund', er ret let for os. Vi kan se det på et splitsekund. Vi har heller ikke de store problemer med at genkende bogstaver

---

104 Murphy, G. L. (2002); Barrett, L. F. (2017a); Goldstone, R. L. et al. (2013); Solomon, K. O. et al. (1999).

i alfabetet, selvom de ofte ser meget forskellige ud. Vi er i øvrigt væsentlig bedre til det end de mest avancerede computere. AI er dog ved at komme efter det ved netop at anvende algoritmer, der svarer til vores egen hjernes. At vi hurtigt kan genkende det, vi støder på, gør os bedre forberedte.[105]

Meget af det, vi møder på vores vej, er i princippet noget nyt, hvis man går ned i detaljen. Men selvom vi ikke har set en bestemt hund før, ved vi alligevel en hel del om den, fordi vi gennem hele livet har samlet en masse viden om de karakteristika og egenskaber, der er forbundet med den konceptuelle kategori 'hund'. Vi ved, at de kan være utroligt søde, har en blød pels, de logrer med halen, når de er glade, er vilde med hundekiks, har en ekstremt god lugtesans (men ofte ret dårlig ånde), de kan gø og bjæffe, nogle gange kan være bidske og bide osv. Når vi støder på en hund (eller alle mulige andre koncepter), råder vi derfor allerede over en hel del af viden. Vi ved lynhurtigt, hvad vi står over for og kan derfor agere hensigtsmæssigt. En konceptuel kategori udgør på den måde et udfaldsrum og definerer, hvad der er muligt. Vi overfører altså alt det, vi har lært om den konceptuelle kategori 'hund' til den konkrete situation, hvor vi møder en helt specifik hund.[106] Det kalder vi også en deduktiv slutning. Vi går fra det generelle til det konkrete. Det samme sker, når vi hører om eller møder en person, der hedder Jens. Ham ved vi heller ikke særligt meget om, andet end han jo nok tilhører den konceptuelle kategori 'dansker' eller 'nordisk afstamning'. Men hvis vi får at vide, at Jens er uddannet ingeniør, præst eller socialpædagog, så får vi adgang til ny konceptuel viden, der giver os indikationer om Jens' egenskaber, interesser og intentioner.[107] Jens bliver lettere at forudsige. Hvis vi en dag ser Jens med en fiskestang, har vi en god idé om, hvor han er på vej hen. Og hvis vi midt om vinteren møder en mærkelig mand på gaden (det er i øvrigt også Jens), der går rundt i bar overkrop og har malet sig i ansigtet, ja så giver det ikke umiddelbart

[105] Heit, E. (1998).
[106] Solomon, K. O. et al. (1999).
[107] Heit, E. (1998).

mening. Men i det øjeblik, vi kan karakterisere ham som en fodboldfan, får vi en forklaring på, hvad der foregår, og hvad han kan finde på. Og så giver Jens' nøgne og farvelagte fremtoning lidt mere mening. At vi opfatter vores verden i konceptuelle kategorier, gør det meget nemmere og hurtigere for os at vide, hvad det er der sker, hvorfor, og forudsige hvad der kommer til at ske. Koncepter er nødvendige for at opbygge forventninger. Dermed bliver de helt afgørende for at kunne handle og agere.

Koncepter og kommunikation

Konceptuel kategorisering er herudover helt afgørende for effektiv kommunikation. Fordi vi i kulturelle fællesskaber skaber koncepter, som vi er fælles om (og fordi vi har et sprog, som vi også er fælles om, og som refererer til koncepter), kan vi hurtigt og effektivt kommunikere indhold med hinanden.

Koncepter kan kombineres og danne helt nye koncepter. En pisk, et smæld og en ulykke bliver til en piskesmældsulykke, og så ved vi, hvad det går ud på.[108] Det nye koncept låner på den måde indhold fra andre koncepter, og der kan skabes stor kreativitet ved at sammensætte (tilfældige) koncepter med hinanden. Vi låner også konceptuelt indhold i forbindelse med metaforer og analogier for at gøre det mere tydeligt – og sætte engagerende billeder på – hvad det er, som sker.[109] Man kan fx have en 'ud-af-kroppen-oplevelse', og så ved vi, at det er noget helt særligt. IT-sikkerheden kan være 'hullet som en si', og så ved vi, at det ikke er særligt godt, selvom en si kan være meget anvendelig i andre sammenhænge. Vi kan få en kniv i ryggen, klappe i som en østers, være stiv som et bræt eller kold som is. Alt sammen er med til at gøre det mere præcist for andre, hvad der er tale om. Det skal dog siges, at konceptuelle kategorier også kan give anledning til mange misforståelser. Det er jo ikke alle koncepter, som vi deler. Fx er det nok ikke alle, der ved, at en 'kaninpik' er håndværker-slang for en elektrisk

---

[108] Wisniewski, E. J. (1997).
[109] Gentner, D., & Markman, A. B. (1997).

stivsav, og det kan jo give anledning til nogle sjove episoder, hvis en person, som ikke er indviet i denne lille hemmelighed, bliver sendt i byen efter sådan én. Mange af vores konceptuelle kategorier er også forholdsvist udefinerede og implicitte. Helt små børn har jo også et (simpelt) koncept for en hund, før de ved, at konceptet kaldes en hund. Konceptuelle kategorier er også "skrevet" i mentalese.[110]

Det er samtidig vigtigt at være opmærksom på, at vi kan have vidt forskellige oplevelser med en given konceptuel kategori – og derfor kan samme konceptuelle kategori aktivere vidt forskellige associationer og betydninger hos forskellige mennesker. Hvad kommer du fx til at tænke på, når jeg siger CIRKUS. Måske sjov og ballade, grin og gode oplevelser med familien. Lugten af savsmuld. Trapez-artister. En skægget dame. Klovne. Men der er også mange, som er bange for klovne, og derfor vil et lille ord som "cirkus" kunne sætte uheldige associationer i gang. Jeg kommer også til at tænke på en gang, jeg var involveret i et projekt, hvor vi udviklede nye metoder til at nedbringe sygefravær blandt pædagogisk personale i en stor dansk kommune. Jeg foreslog undervejs i projektet at drøfte forskellige problemstillinger på en workshop. Det viste sig at møde en del modstand. Workshops havde man nemlig dårlige erfaringer med. Det var simpelthen spild af tid! Men da jeg så i stedet foreslog, at vi mødtes til et 'cafe-møde' (som i øvrigt indebar præcist det samme), var der stor tilslutning. Det var nemlig vigtigt at få talt problemstillingen godt og grundigt igennem. Ord og koncepter betyder noget. De sætter associationer i gang. De definerer, hvad tingene handler om. De bestemmer, hvilken 'spilleplade' der spilles på, og hvilke regler der gælder. Det benyttede Inger Støjberg sig fx af under Instrukskommissionen i 2020, hvor hun insisterede på at kalde det for "Barnebrudskommissionen". Det ændrer jo hele præmissen. Så handler det ikke længere om, hvorvidt en minister har forbrudt sig på ministeransvarsloven, men om en minister, der vil forsvare pigerne – altså

---

[110] Franzen, G. & Bowman, M. (2001).

barnebrudene. Det kan også ses, at i forbindelse med Ruslands aggression i Europa, så bliver 'våbenaktier', som har været bandlyst af de fleste investorer, omdøbt til 'forsvarsaktier'. Og så er det jo en helt anden sag. Når vi på denne måde manipulerer, hvilke ord og begreber vi anvender for at fremkalde nye associationer, kaldes det for 'naming and framing'.

Konceptuelkategoriseringerheltafgørendeforatviharettalesprog ...

Konceptuel kategorisering er grundlaget for, at vi hurtigt og effektivt kan kommunikere indhold til hinanden. Samtidig er det helt afgørende for, at vi overhovedet kan forstå de ord, som bliver sagt. Når vi lytter til et sprog, vi kan rigtig godt, hører vi det som tydelige, afgrænsede, adskilte ord (koncepter). Det interessante er dog, at vores sprog egentlig er en flydende og uafbrudt strøm af lyde. Prøv at lytte til et sprog, du slet ikke kender. Det er helt umuligt at adskille lydene (ordene) fra hinanden. Men når vi hører dansk, har vi ingen problemer. Det skyldes netop, at vi har konceptualiseret en lang række ord, og det gør, at de står frem, og vi let kan genkende dem og adskille dem fra hinanden.[111] Hvis vi ikke kunne forstå dansk og ikke havde konceptualiseret danske ord, ville vi i stedet opfatte den forrige sætning som: "detskyldesnetopatviharkonceptualiseretenlangrækkeordogdetgøratdestårfremogviletkangenkendedemogadskilledemfrahinanden". Det er svært at få mening ud af.

Hvis du for sjov skyld kommer forbi de grønlandske nyheder på DR2, vil effekten af konceptualisering i forhold til forståelse af det talte sprog tydeligt stå frem. For en dansksproget person som jeg (og måske også dig) vil speaken bestå af en uafbrudt strøm af uforståelige, sammenhængende lyde, som indimellem abrupt bliver afbrudt af navne på fx danske politikere. Og det er faktisk ret underholdende at lytte til, men udtryk for lige præcis ovennævnte.

---

[111] Barrett, L. F. (2017a).

Dannelse af konceptuelle kategorier

Vi danner vores konceptuelle kategorier ud fra en eller form for lighed. Det kan være fælles udseende, fælles egenskaber eller lignende, som i eksemplet med de 800 forskellige hunderacer. Samtidig kan de fleste koncepter deles op i mindre kategorier. Det kan være kategorier for store hunde og små hunde. Eller i forhold til hunderacer. Farver. Osv. Der er altså ofte tale om en form for hierarkisk organisering. De fleste koncepter kan således indgå i mere overordnede og generelle kategorier. Konceptet hund kan fx indgå i kategorierne firbenede dyr, pattedyr, hvirveldyr osv. At vores konceptuelle kategorier har denne naturlige form for hierarkiske opbygning, understøtter i høj grad læring. Hver gang vi får en ny konkret oplevelse, kan vi opdatere kategorien. Vi kan opleve at blive bidt af en hund, og så opdaterer det konceptet for hund. Der er her tale om induktiv læring, hvor vores erfaringer med specifikke enkelttilfælde overføres til den generelle kategori.[112] Jo mere viden og erfaring, vi opbygger, jo mere vil vi være i stand til (og tilbøjelige til) at lave underopdelinger af de overordnede kategorier. Det bliver mere og mere fintmasket. Hvis du er ekspert i hunde, vil kategorien 'hund' synes for unuanceret, og du vil i højere grad anvende underkategorier, som fx terrier, mynder, retrievers osv.

På grund af den hierarkiske opbygning kan vi også opbygge viden om en konceptuel kategori gennem analogier. Når vi nu ved, at hunde er et pattedyr og har et hjerte, lunger osv., kan vi analogt slutte os til, at katte (med stor sandsynlighed) også har hjerte og lunger, fordi det også er et pattedyr.[113] Denne analogi-baserede læring foregår også for mere abstrakte koncepter. Når vi først har lært, hvad konceptet 'Brexit' betyder, ved vi også, hvad 'Dexit' og 'Svexit' står for, ligesom vi heller ikke har svært ved at forstå, hvad 'Bremaine' går ud på.[114] Denne læringsmekanisme betyder, at vi bliver i stand til at forstå mere komplicerede og abstrakte koncepter

---

[112] Goldstone, R. L. et al. (2013).
[113] Gentner, D., & Smith, L. A. (2013); Lee, H. S., & Holyoak, K. J. (2008).
[114] Beck, H. (2021).

ved at lave analogier til mere simple og konkrete.[115] Og igen, denne form for læring er noget, som ofte foregår helt automatisk og ubevidst, men det kan selvfølgelig også foregå gennem bevidste, analytiske ræsonnementer. Det er nemmere at forstå – og forklare – en smartphone med dens mange funktionaliteter (telefon, kamera, GPS, kalender, lommeregner, apps mv.), hvis man kan lave en analogi til en schweizerkniv, der har også mange værktøjer samlet ét sted.

Kontekstuelle koncepter

Vi skaber desuden konceptuelle kategorier ud fra ligheder som fx funktion eller kontekstuelt tilhørsforhold.[116] På den måde er en MacBook Air, en kop kaffe, en overstregningstusch, to blyanter, en stak bøger og artikler også en konceptuel kategori, fordi de præcist lige nu ligger på mit skrivebord og er nødvendige for at forstå og beskrive, hvordan vi mennesker oplever og tænker i koncepter. Det kan også være ting, der er relevant at tage med på ferie til Frankrig eller med på fisketur. Vi danner også konceptuelle kategorier for forskellige kontekster. Fx er dyr som løve, giraf, elefant og næsehorn en del af den kontekstuelle kategori 'savanne', og drinks, snacks, musik, dans er en del af, hvad vi forbinder (og forventer) med konceptet 'fest'. Kontekstuelt baserede koncepter er dermed utroligt vigtige for vores mentale modeller af verden. Hvis vi er på safari-ferie i Tanzania, vil et stort lysebrunt objekt med en hale på lang afstand nemmere blive opfattet som en løve. Det er noget andet, hvis vi ser nøjagtigt det samme, når vi er ude og vandre i Rold Skov eller er nede og købe letmælk i Føtex. Her gælder der andre spilleregler. Den konceptuelle kontekst, vi befinder os i, vil derfor også være afgørende for om vores forventninger bliver imødekommet. Når vi er på konceptet 'jorden', er det helt almindeligt, at æbler falder ned fra træerne og ikke op. Men hvis vi befinder os i 'Den internationale rumstation, ISS' og oplever, at æblerne til vores rum-frokost pludselig falder ned, så ved vi, at der er noget rivende galt.

---

[115] Gentner, D., & Markman, A. B. (1997).
[116] Markman, A., & Makin, V.S. (1998), Medin, D. L., & Rips, L. J. (2005).

Konceptuel kategorisering og læring foregår automatisk og ofte helt ubevidst.[117] Vi kategoriserer alt på vores vej. Dyr, mennesker, objekter, kontekster, ideer, holdninger. Det er faktisk først, når det bliver svært for os at foretage en kategorisering, at vi bliver bevidste om, at vi gør det.[118] Når vi møder dyr, som falder uden for det normale, oplever vi dem som mærkelige og sjove, og vi undres. Det kan være det australske næbdyr, der ligner en blanding af en kæmpe and og en bæver. Det har et næb og lægger æg (som en and), men er et pattedyr og dier sine unger (som en bæver). Det er helt naturligt for os – og nødvendigt for os – at vi opfatter og opdeler alting i meningsfulde konceptuelle kategorier. Vi kan ikke forholde os til vores verden uden at putte det, vi møder på vores vej, ned i en "konceptuel kasse". Hver gang vi møder noget nyt, forsøger vi at få det til passe med det, vi kender i forvejen. Som min psykologilærer Jan Molin på CBS ofte sagde. "We are tying the unfamiliar to the familiar." Vi forsøger hele tiden at forbinde det, vi oplever med noget, som vi i forvejen ved, hvad er. Altså vores konceptuelle kategorier. Det er først, når vi har sat en label på, at det kan give mening for os. Mening og konceptuel kategorisering er på denne måde to sider af samme sag. Det er ikke rart at "gå fra koncepterne". Så forstår vi ikke noget. Vi har ingen referencepunkter eller pejlemærker. Så mister vi fatningen. Der er ingenting, der giver mening.

Konceptuelle kategorier farver vores opfattelse

Konceptuel kategorisering indebærer på denne måde en forenkling, en reduktion af verdens reelle kompleksitet. Det er her vigtigt at være opmærksom på, at når først vi har placeret noget i en konceptuel kategori, bliver det meget styrende for, hvordan vi ser på tingene. Et koncept er jo en forventning. De egenskaber, som det indeholder, vil helt automatisk og ubevidst farve, hvordan vi opfatter tingene. Adam Alter har bl.a. påvist, at vi vil opfatte hudfarven på en person med afrikanske træk mørkere end hudfarven på en person med europæiske træk. Dette til trods for, at de i

---

[117] Gentner, D., & Smith, L. A. (2013).
[118] Lakoff, G. (1987).

studiet har nøjagtigt den samme hudfarve. Når vi først har foretaget en konceptuel kategorisering af ansigterne, tillægger vi helt automatisk den afrikanske kategori en mørkere hudfarve, fordi vi forventer, at etniske afrikanere er mørkere.[119]

Vi kan opleve samme fænomen, når vi kigger på en regnbue. Vi ser den typisk som et bånd af syv farver, som ligger i forskellige adskilte farvelag. Rød, orange, gul, grøn, blå, indigo og violet. Men i virkeligheden består en regnbue ikke af adskilte farvebånd men af millioner af forskellige farvenuancer, (som vi ikke har koncepter for). Overgangene mellem farverne er flydende, og de adskilte farvebånd er blot en visuel illusion, som vi selv helt uvilkårligt skaber. Når vi først har kategoriseret en farvenuance som rød, vil vi se den som rødlig. Det samme gælder for velkendte farvekoncepter som orange, gul, grøn, blå osv.[120] Vi gør altså de røde farvenuancer rødere, de grønne nuancer grønnere og de gule mere gule, end de egentlig er. Vi ser det, vi forventer at se. Konceptuel kategorisering bliver på denne måde en selvopfyldende profeti. Vi forstærker forskellene mellem sammenlignelige kategorier og nedtoner samtidig forskellene inden for en konceptuel kategori. Dette kaldes også for accentuations-princippet. Dette gælder ikke kun farver i ansigter og i regnbuer. Vi opfatter også mennesker i en given gruppe som mere ens, når vi først har vurderet dem til at tilhøre denne gruppe – og vi ser større forskelle mellem grupper, end der egentlig er. Det er i denne forbindelse vigtigt at være opmærksom på, at selvom vi som mennesker råder over tusindvis af forskellige konceptuelle kategorier, har vi ikke konceptuelle kategorier for alt. Vi har jo fx ikke koncepter for alle de millioner af farvenuancer, der findes i en regnbue. Men selvom vi ikke har en passende konceptuel kategori, foretager vi alligevel en kategorisering.

---

[119] Levin, D. T., & Banaji, M. R. (2006), Alter, A. (2014); Eberhardt, J. L. et al. (2003).
[120] Collins, J. A., & Olson, I. R. (2014); Barrett, L. F. (2017a).

Det er samtidig interessant, at hvis vi havde andre farvekoncepter, ville vi opfatte regnbuen anderledes. Det er faktisk tilfældet, hvis du bor i Rusland. Regnbuer i Rusland er præcist de samme som vores, men for russerne er lyseblå og mørkeblå ikke to forskellige toner af blå men opfattes som to forskellige farver. Derfor ser og tegner russerne regnbuen anderledes, end vi gør i Danmark. Hvis vi overfører dette princip til mennesker, så vil vi, hvis vi kategoriserer en person til at være en skaknørd, også automatisk tildele denne person egenskaber som fx intelligent, dygtig til matematik, fysik og kemi, men til gengæld rigtig dårlig til at spille fodbold, fordi det passer ind i vores koncept for en skaknørd. Og pointen er her, at vi er rigtig "gode" til at få alle disse karakteristika bekræftet. Skaknørden bliver derfor endnu mere skaknørdet, end han i virkeligheden er. Men hvis vi nu havde et mere nuanceret koncept – den sporty skaknørd – ville vi komme frem til en mere nuanceret opfattelse. Med andre ord, jo flere og jo mere nuancerede koncepter, vi råder over, jo mere nuanceret vil vi kunne se på verden. For få koncepter fører til en "kategorisk" opfattelse af verden.

Vores tendens til automatisk at overføre og forstærke egenskaber og karakteristika, kendes også fra halo-effekten, som du måske har hørt om. Halo-effekten refererer til det optiske fænomen, hvor der nogle gange kan dannes en ring af lys (en halo) fra en lyskilde, fx solen, der giver genskin på og oplyser omkringliggende iskrystaller. Halo-effekten beskriver en grundlæggende menneskelig tendens. Når vi først har lavet en vurdering af en person (eller et produkt, en virksomhed mv.) på visse dimensioner, så vil dette smitte af på – lave genskin på– vores bedømmelse af personens øvrige egenskaber. Altså som beskrevet med skak-nørden ovenfor. Halo-effekten (og konceptuel kategorisering) er en stor udfordring for analytikere og beslutningstagere, fordi den gør det meget svært at skille tingene ad. Det tricky ved det her er, at det foregår helt automatisk og ubevidst. Vi er alle sammen præget af vores konceptuelle kategorier, uden at vi rigtig ved det. Vi er født "kategoriske". Selv dommere er påvirket af det. Når de giver forbrydere med barneansigter mildere domme, som jeg var inde på i kapitel 1, er det, fordi den konceptuelle kategori 'børn' indeholder egenskaben 'uskyldighed', og denne egenskab vil automatisk blive overført til forbryderen med barneansigtet.

Koncepter og adfærd

Indimellem kan konceptuelle kategorier betyde forskellen på liv og død. I USA er der mange flere afro-amerikanere, som bliver skudt af politiet end hvide amerikanere. Statistik fra the Department of Justice viser, at politiet er 5 gange mere tilbøjelige til at skyde sorte end hvide. Et af de mest grelle eksempler var drabet på Amadou Diallo, der blev skudt og dræbt af politiet foran sin lejlighed med hele 41 skud. Politiet troede fejlagtigt, at han havde en pistol i hånden. Bagefter viste det sig, at det blot var hans tegnebog, han holdt frem. I kølvandet på flere uheldige episoder gennemførte den amerikanske socialpsykolog Joshua Corell og hans team en række eksperimenter, der skulle afdække, om vores tendens til at tænke i stereotyper (konceptuelle kategorier) påvirker vores adfærd.[121] Der deltog forsøgspersoner fra 3 kategorier. En gruppe af politifolk fra Denver, en gruppe af politifolk fra hele USA og en gruppe af almindelige borgere fra Denver, både afroamerikanere og hvide. Forsøgspersonerne blev vist billeder af personer (sorte og hvide) på en realistisk baggrund og blev bedt om beslutte, om de ville skyde personen i selvforsvar. Hvis personen havde en pistol, skulle man trykke på en SKYD knap, og hvis personen ikke havde en pistol men en mobiltelefon, skulle man trykke på en SKYD IKKE knap. Det lyder jo nemt nok, men beslutningen skulle tages på under et sekund. Der var ligesom i virkelighedens verden ikke tid til særligt meget refleksion.

Resultaterne af eksperimentet afslører, at vi alle har en naturlig tendens til at udvikle en racistisk bias. Gruppen af de almindelige Denver-borgere var langt mere tilbøjelige til at skyde uskyldige sorte mænd (med en mobiltelefon) fremfor de hvide. Dette gjaldt både for hvide og sorte

---

[121] Correll, J. et al. (2014).

forsøgspersoner. Gruppen med de trænede politibetjente klarede sig en del bedre. De lavede stort set ingen fejl. Alligevel afslørede eksperimentet, at de var hurtigere til at beslutte sig for at skyde en sort person med en pistol fremfor en hvid person med en pistol. Så de kunne heller ikke helt undtages fra at være påvirket af en racistisk bias. Corells eksperiment underbygger, at vores adfærd påvirkes af, hvordan vi kategoriserer forskellige mennesker. Det dog også interessant, at vi kan træne os selv i ikke at lave disse fejl, som resultaterne for de trænede politibetjente indikerer.

Komparativ kategorisering

Konceptuel kategorisering er med udgangspunkt i ovenstående altså afgørende for, hvordan vi opfatter og skaber mening med verden. Men vi opfatter ikke kun verden i absolutte, konceptuelle termer. For at skabe yderligere præcision foretager vi også komparative sammenligninger af de koncepter, vi møder. Vi opfatter med andre ord ikke koncepter i et vakuum, men relaterer dem i forhold til andre ting i konteksten. En grand danois på knap 100 kg synes jo umiddelbart som en stor basse, men den bliver den lille, når vi sammenligner den med en isbjørn på 700 kg. På denne måde kan vi skabe bedre og mere kalibrerede vurderinger af, hvad der er egentligt stort, hvornår noget er småt, hvad der er farligt/ufarligt, koldt/varmt, rimeligt og fair osv. Svaret må nødvendigvis ofte være: Jamen, i forhold til hvad? Igen er det noget, som vi gør helt uvilkårligt. Det er indbygget i os.

Et af de mest håndfaste eksempler – i bogstavelig forstand – på vores relative opfattelse af verden er the 'water bucket experiment'.[122] Prøv at forestille dig, at du sidder med din venstre hånd i en spand fyldt med isvand og din højre hånd i en spand med meget varmt vand. Efter et minut flytter du begge hænder over i en tredje spand, der indeholder lunkent vand. For den hånd, som du før havde i spanden med isvand, vil det lunkne vand opleves

---

[122] Weber, E. U. (2018).

meget varmt. Og tilsvarende vil din hånd, som kom fra spanden med det meget varme vand, føles som var den i en spand med iskoldt vand. Til trods for at du ved, at dine hænder udsættes for nøjagtig den samme sanse-påvirkning, opleves det vidt forskelligt afhængigt af sammenlignings-grundlaget.

At vi opfatter vores omgivelser komparativt, kommer også til udtryk i en række optiske illusioner. Hvis du sammenligner de sorte cirkler i neden-stående illustration, ser det ud som om, at den sorte cirkel til højre er større end den til venstre. Men de er præcist lige store, men når den sorte cirkel sættes sammen med små grå cirkler, virker den større.

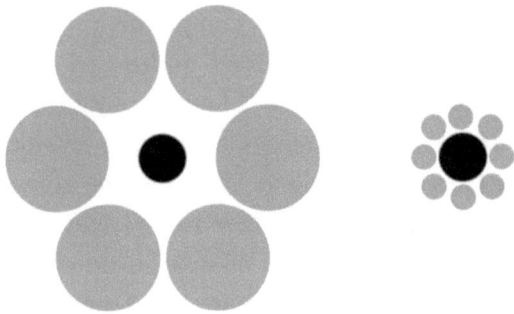

Denne dynamik gælder også for, hvad vi opfatter som smukt. I et studie skulle unge mænd på et kollegium bedømme udseendet af en kvinde på et fotografi. Før bedømmelsen havde nogle af de unge mænd set et afsnit af serien 'Charlie's Angels', med de tre smukke skuespillerinder Kate Jackson, Farrah Fawcett og Jaclyn Smith. Denne påvirkning havde stor effekt. Kvindens attraktivitet blev vurderet hele 17% lavere, hvis man havde set de smukke engle umiddelbart før.[123]

---

[123] Kenrick, D. T., & Gutierres, S. E. (1980), Bhargava, S. (2007).

Der er også gennemført studier af, hvordan vi opfatter potentielle partnere i forbindelse med speed dating, med samme resultater.[124] Vores bedømmelser af, hvad der er smukt og attraktivt, afhænger i høj grad af vores sammenligningsgrundlag. Vi kan blive rigtig glade for at få en lønforhøjelse, lige indtil det kommer os for øre, at nogle af vores kolleger, som vi i øvrigt mener laver nøjagtig det samme, får meget mere i lønningsposen. Så bliver det lynhurtigt en anden sag. Adfærdsøkonomen Dan Ariely fortæller i den forbindelse om et interessant eksempel.[125] I 1990'ernes USA var der stor utilfredshed med, at topcheferne i de største amerikanske virksomheder fik alt for høj løn. I 1976 var en topchefs løn 36 gange højere end den gennemsnitlige arbejders, mens den i 1993 var steget til at være hele 136 gange så høj. Det skulle stoppes, og myndighederne indførte derfor lovgivning, som gjorde CEO-lønningerne offentlige. Hermed forventede man, at de ville falde, fordi alle jo så kunne se, at de var alt for høje. Det lød da egentligt som en vældig god idé, men med lovgivningen fik de amerikanske topchefer sig et nyt referencepunkt, nemlig de andre topchefers løn. Og da medierne begyndte at lave ranglister over, hvor meget topcheferne tjente, blev resultatet af den nye lovgivning det stik modsatte. Topchefernes lønninger steg eksplosivt og i 2009 tjente CEOs 369 gange så meget som den gennemsnitlige arbejder. Tjah, hvis de amerikanske lovgivere havde vidst lidt om, hvordan vi mennesker navigerer i forhold til komparative referencepunkter, kunne det nok være undgået ... Faktum er, at alle de vurderinger, vi bevidst og ubevidst foretager, ofte indeholder et element af relativitet i sig. Hvad der er en succesfuld kampagne, et vellykket projekt, en god investering, et attraktivt marked, en produktiv medarbejder eller en profitabel kunde afhænger af, hvad du relaterer det til, og hvem og hvad du benchmarker op imod.

Det er også vigtigt at holde sig for øje, når man skal præsentere sine (gode) ideer. Jeg arbejdede i en del år i reklamebranchen, og indimellem synes vi,

---

[124] Bhargava, S., & Fisman, R. (2014).
[125] Ariely, D. (2009).

at det var nødvendigt at få vores klienter til at rykke sig. Når vi skulle præsentere oplæg til nye reklamekoncepter, kom vi typisk med 3 oplæg; et lettere konservativt og kedeligt oplæg, et vildt og meget banebrydende oplæg og så, midt i mellem de to yderpoler, det reklamekoncept, som vi efter vores bedste overbevisning vurderede, der var brug for. Og hvilken løsning valgte klienten mon? Det midterste forslag! Hvis man er opmærksom på det, er denne form for "komparativt spin" forholdsvis let at gennemskue. Og det gjorde vores klienter også indimellem (og heldigvis med et smil). Men det virkede alligevel! Men se så lige nedenstående annonce for det engelske ugeskrift The Economist, som Dan Ariely var faldet over. Annoncen tilbyder forskellige abonnementsmuligheder.

1. Internet-abonnement for USD 59
2. Print-abonnement for USD 125
3. Print- og Internetabonnement for USD 125

Både internet-abonnementet til 59 dollars og print + internetabonnement til 125 dollars kan virke rimelige. Men det virker underligt, at The Economist overhovedet tager 'print only' til 125 dollars med i annoncen, når det koster det samme som for både blad og internet. Det er der vel ingen, der vil vælge, så det burde være helt overflødigt. Men det er det ikke. Ariely testede nemlig tilbuddet fra The Economist blandt 100 af sine studerende. Først præsenterede han det oprindelige tilbud. Her valgte 16 internet-abonnementet og 84 valgte det kombinerede print- og internet-abonnement. Ikke overraskende valgte ingen 'print-only'. Så langt så godt. Ariely gik dog videre og blandt 100 andre studerende, testede han nu et nyt tilbud, hvor 'print-only' abonnement var taget ud. Resultatet af testen var meget overraskende. Nu syntes hele 68 af de studerende, at det billige internetabonnement til 59 dollars var det mest attraktive og kun 32 (tidligere 84) valgte det dyrere kombinerede print + internet. Det ikke-attraktive 'print only' abonnement til 125 dollars er altså med i annoncen af en væsentlig årsag. Det fungerer som en lokkedue. Det lokker os til at vælge det dyre print + internet abonnement, fordi det ser mere attraktivt ud, når det sammenlignes med 'print-only'. Vi bliver simpelthen narret, fordi vi automatisk laver denne sammenligning. Jeg har lige været forbi The Economists website og kan konstatere, at de stadig kører med et lignende tilbud. Jeg har bemærket mig, at tidsskriftet New Scientist også benytter sig af samme tilbudsformel. Det er nok, fordi det virker ...

Ariely har lavet flere eksperimenter, der viser denne komparative effekt. Forestil dig to flotte fyre, lad os kalde dem Anders og Preben. De ser omtrent lige godt ud, og hvis man viser fotos af dem til kvinder, har de svært ved at vælge, hvem de synes bedst om. Det bliver en fifty-fifty. Men forestil dig så, at man hiver billederne af Anders og Preben igennem Photoshop og laver en let forvrænget og mindre attraktiv udgave af hver af dem (fx gør deres næser skæve). Hvis du så viser disse billeder til kvinder, så de bliver præsenteret for 3 fotos af Anders, forvrængede Anders og Preben eller Preben, forvrængede Preben og Anders, så sker der noget interessant. Forvrængede Anders gør Anders mere attraktiv. Og det samme sker for Preben. Forvrængede Preben får almindelige Preben til at blive til flotte Preben. I hele 75% af tilfældene.

Ariely fortæller også en interessant historie om det amerikanske firma Williams Sonama, som på et tidspunkt introducerede en bagemaskine på det amerikanske marked. Det var dog ikke den store succes, salget udeblev. En umiddelbar og logisk konklusion kunne jo så være, at de amerikanske forbrugere ikke var klar til en bagemaskine, og at det mest fornuftige ville være at tage den af markedet igen. Men et dygtigt konsulentfirma anbefalede Williams Sonama at gøre næsten det stik modsatte. Nemlig at introducere endnu en bagemaskine. Den skulle dog være større og ca. 50% dyrere. Og hvad skete der? Jo, salget steg dramatisk. Men det var den billige maskine, der solgte. Den nye og dyre model fungerede som en lokkedue, der fik den 'gamle' model til at se meget bedre ud.

Kausale sammenhænge

Som jeg nævnte i introduktionen til dette kapitel, opfatter vi også verden som kausalt sammenhængende. Vi har en grundlæggende, intuitiv opfattelse af, at hændelser skyldes en eller anden årsag. Det er naturligt for os hele tiden at prøve at forstå, hvad der er relateret med hvad.[126] Vi opfatter meget nemt sammenhænge mellem ting, der påvirker hinanden nu og her. Når det blæser, kan det få vinduer til at klapre i vinden. Når fugle basker med vingerne, så flyver de. Osv. Vi er også i stand til at se sammenhænge, hvor effekten først viser sig på et senere tidspunkt. Vi kan se kausale sammenhænge mellem regn og planter, der spirer. Vi har fundet ud af, at når vindruer gærer, bliver det til dejlig vin, som kan beruse os. Når man salter eller tørrer kød, kan det holde sig længere. Herudover er vi ofte i stand til at kombinere viden fra mange forhold og faktorer og koble det med et eller andet resultat. Vi kan identificere et særligt sammentræf af omstændigheder, der fører til et bestemt udfald. Det kan være alt fra forklaringer på, hvorfor finanskrisen opstod, eller hvorfor Halloween er gået hen og blevet så populær i forhold til Fastelavn. At opfatte verden kausalt er ligeså naturligt for os, som det er at se koncepter og farver. Det er også noget, vi gør helt automatisk og ofte helt ubevidst. Det er en egenskab, som er mere eller mindre medfødt. Studier har vist, at børn på kun 6 måneder udviser en kausal forståelse af deres omgivelser, selvom den naturligvis er mere naiv og primitiv end hos voksne.[127]

At opfatte verden som kausalt sammenhængende er en stor fordel for os. Det bliver let for os at forstå, hvad og hvorfor noget sker her og nu – og hvorfor noget er sket på et tidspunkt i fortiden. Det bliver også lettere for os at forudsige, hvad der kommer til at ske.[128] Samtidig spiller det en central rolle i forhold til læring og udvikling. Vi har svært ved at acceptere, når tingene er tilfældige, at der sker noget, uden at vi kan forklare årsagen.

---

[126] Newman, G.A. (2013); Heuer, Jr. & Richards J. (1999); Johnson, S. G. B. & Ahn, W.-k. (2017); Ahn, W.-k., & Kalish, C. W. (2000); Kuhn D. (2012).
[127] Leslie, A. M., & Keeble, S. (1987).
[128] Prooijen, J.V. et al. (2018).

Dette giver os en stærk motivation for at lede efter og forstå de underliggende mønstre. Dette har ført til en eksplosion i vores viden om alt muligt. Om sygdomme, ernæring, landbrug, evolution, hjernens funktionalitet, universets tilblivelse.

Kausalitet og det skrevne sprog

At vi har en kausal forståelse af verden afspejler sig også i den måde, vi afkoder og forstår skrevne tekster på. Vi leder nemlig helt automatisk efter grundled (aktøren), udsagnsled (handlingen) og genstandsled (det, som bliver påvirket) i en tekst. Og hvis det let kan identificeres i en sætning, bliver teksten lettere at forstå og mere behagelig at læse. Når du skriver tekster, er det derfor en rigtig god idé at sætte grundled og udsagnsled så tæt på hinanden som muligt, så er de nemmere at identificere.[129]

Når vi først har forstået de underliggende sammenhænge mellem to eller flere faktorer, kan vi mange gange overføre denne viden til andre sammenhænge og koncepter, der har sammenlignelige karakteristika. Hvis vi ved, at jerns overflade ruster, fordi det kommer i kontakt med ilt – der sker en oxidering – så kan vi overføre viden om denne underliggende proces til andre metaller (og vi kan identificere kategorien ædelmetaller, som ikke oxiderer). Hvis vi ved, at ilt er vigtig for, at et bål kan brænde, kan vi bruge det til at forstå processen i en forbrændingsmotor og forstå, hvorfor det er vigtigt, at den også får tilført tilstrækkeligt med ilt for at fungere optimalt. Og faktisk kan vi overføre dette princip til os selv, da vi jo også er udstyret med en form for "forbrændingsmotor", der skal tilføres ilt gennem åndedrættet.

Det er her vigtigt at være opmærksom på, at vores motivation for at få en forklaring (og skabe mening) nogle gange betyder, at vi ikke kun nøjes med at *finde* forklaringer og årsager, men nogle gange *opfinder* dem til lejligheden.

---

[129] Bjerg, K. (2022).

Det bliver ret tydeligt, når vi kigger lidt tilbage i tiden. Når det i vikinge-tiden tordnede og lynede, og vi stod der og ikke kunne forstå, hvad der foregik, jamen så "opdigtede" vi i Nordeuropa tordenguden Thor, som kastede med sin hammer Mjølner – og det var den, som skabte al balladen. Når vi i middelalderen blev syge, skulle det også have en forklaring. Vi kendte dengang ikke til bakterier og vira, men var i stedet ofte "gode" til kaste skylden på gamle, kloge koner. De kunne så passende blive brændt på bålet. Vi ved naturligvis godt i dag, at tingene ikke hænger sådan sammen. Men dengang var det jo rigtig gode forklaringer. De afspejlede den viden og den kultur, som man havde på det tidspunkt. Med vores nye videnskabeligt baserede samfund har vi fået nye hypoteser, om Big Bang, evolutionen osv., og vi tror ikke, at vi laver samme fejlslutninger. Men det er ingenlunde tilfældet. Vores behov for at finde forklaringer – og kausale sammenhænge – er stadig det samme. Vi er fantastisk "gode" til at få forskellige "beviser" til at passe til vores forventninger, og det kan meget let føre til forkerte konklusioner.

Korrelation eller kausalitet?

Når vi leder efter kausale sammenhænge, er der flere forhold, der kan snyde. Det er bl.a. et helt grundlæggende problem for os, at mange ting korrelerer, uden at der er en kausal sammenhæng. Men det er svært for os at se forskel på kausalitet og korrelation. Der er selvfølgelig en masse eksempler på korrelation, som vi sagtens kan gennemskue. Nogle er meget underholdende. Fx er der korrelation mellem forbruget af ost pr. capita og antallet af mennesker, som er døde ved at blive vinklet ind i deres sengelagener.[130] Ja, her ved vi udmærket godt, at der ikke er tale om en kausal sammenhæng. Det er helt tilfældigt. Der kan også konstateres, at når vandstanden i Sortedamssøen i København er lav, så stiger salget af is. De fleste af os kan selvfølgelig godt regne ud, at der også her kun er tale om korrelation. Det er let for os at se, at vandstand i en sø ikke kan påvirke

[130] https://www.fastcompany.com/3030529/hilarious-graphs-prove-that-correlation-isnt-causation?position=1&campaign_date=10022019

salget af is (eller omvendt). Den egentlige årsag er derimod vejret. Når det er varmt, fordamper vandet i søen, samtidig med at mange får lyst til is. Vejret er altså den forklarende 3. variabel, der både påvirker vandstand og vores trang til is. Der kan gives en masse af sådanne eksempler. Men verden er ikke altid så let at gennemskue, og det kan ofte være svært at erkende, at mange ting blot sker pga. tilfældigheder.

MFR-vaccinen

Holdninger til MFR-vaccinen er et rigtig godt eksempel på, hvor grelt det kan gå. Der er i dag stadig mange forældre, som vælger *ikke* at lade deres børn vaccinere mod mæslinger, fåresyge og røde hunde (MFR). Nogle forældre fravælger vaccinen, fordi de mener, det er 'unaturligt'. Der er dog også mange, som er bange for, at vaccinen kan medføre autisme. Flere undersøgelser har imidlertid klart dokumenteret, at det ikke er tilfældet. Der er korrelation, ingen kausalitet. Men forældrene vælger at se bort for den videnskabelige dokumentation. Lad os se på, hvad der sker. MFR-vaccinen gives til børn i en alder af ca. 2 år. Den må ikke gives tidligere, fordi børn indtil 1-årsalderen stadig er beskyttet af antistoffer fra deres mors immunforsvar, og fordi de indtil 2 år kan være for svage til at få vaccinen. Nogle helt normalt fungerende børn, der er blevet vaccineret som 2-årige, har efterfølgende udviklet autisme. De ændrer pludselig fuldstændigt personlighed og adfærd. Forældrene bliver naturligvis helt fortvivlede, og det er helt naturligt, at de begynder at lede efter en årsag. Hvis forældrene begynder at google lidt, vil de støde på en videnskabelig artikel publiceret i det ansete lægevidenskabelige tidsskrift The Lancet, hvor Dr. Andrew Wakefield og hans kolleger har påvist en sammenhæng mellem netop MRF- vaccinen og autisme. De vil også blive opmærksomme på andre forældre og børn, som står i nøjagtig samme situation. Herudover vil de formentlig også støde på tidligere MTV-vært og Playboy-model Jennifer McCarthy, der har plæderet for at få MFR-vaccinen afskaffet, fordi hendes eget barn har udviklet autisme efter vaccination.[131] Senest har også Robert De Niro meldt sig i koret, fordi han oplevede, at hans søn ændrede personlighed 'over night' efter vaccination.[132] Det er selvfølgelig svært at overhøre.

Nu er jeg ikke medicinsk uddannet, men hvis man ser på denne problemstilling med videnskabelige briller, må det stå klart, at der her er tale om tilfældig korrelation. Statens Serums Institut gennemførte således allerede tilbage i 2002 en undersøgelse blandt 537.303 børn, der klart afviste en sammenhæng mellem MFR-vaccinen og autisme. Og i 2010 måtte The Lancet erkende, at der var problemer med Wakefield-artiklens videnskabelige validitet, og den blev derfor trukket tilbage.[133] At der kan være en vis korrelation mellem MFR-vaccinen og udvikling af autisme, er nemlig helt naturligt, fordi autisme normalt først viser sig i en alder af ca. 2 år. Altså lige umiddelbart efter, at børn bliver vaccineret. Alligevel synes denne form for argumentation at prelle af på mange forældre. De har dannet deres mening (og forventning) om, hvad der sker og hvorfor. I 2019 gennemførte SSI endnu en undersøgelse, og denne gang blandt mere end 650.000 børn. Igen kunne det klart dokumenteres, at autisme forekommer lige hyppigt blandt børn, som er blevet MFR-vaccineret og børn, der ikke er.[134] Det burde være rimelig klart, hvad der er op og ned i denne sag. Men lad os se, hvad der sker.

Men okay, betyder det her så noget? Kan det ikke være lige meget? Forældrene må vel danne deres hypoteser om verden, som de vil. Det er vel et frit land vi lever i. Tjah … Problemet her er, at især mæslinger, selvom det er en børnesygdom, i værste fald kan resultere i hjerneskade og død. Når forældre vælger, at deres børn ikke skal vaccineres, går det det ud

[131] Chabris, C. & Simons, D. (2011).
[132] https://news.sky.com/story/de-niro-offers-100k-reward-to-media-for-truth-about-controversial-childrens-vaccine-10771445
[133] Eggertson L. (2010).
[134] https://www.ssi.dk/aktuelt/nyheder/2019/ingen-sammenhang-mellem-mfr-vaccination-og-autisme

over flokimmuniteten, og smitte har lettere ved at sprede sig. Desværre vil der være nogle børn, som er for svage til at få vaccinen (fx kræftsyge børn), der kommer til at dø på denne konto.

Skumfidusen

Lad os tage et andet eksempel. Du har måske hørt om Walter Mischels berømte Marshmallow-test? Mischel havde den stærke hypotese, at høj selvkontrol fører til succes i livet. Han gennemførte derfor et studie med deltagelse af 500 børn i alderen 4-6 år, som skulle dokumentere netop det.[135] I forsøget bliver børnene enkeltvist sendt ind i et forsøgslokale, hvor også en voksen forsøgsleder er til stede. På et bord lige foran børnene ligger der en lækker skumfidus eller småkage. Forsøgslederen fortæller nu barnet, at han skal ud i et ærinde, men hvis barnet ikke spiser skumfidusen, mens han er væk, vil det som belønning få to skumfiduser. Det er en god deal, men at lade være med at spise en skumfidus er en svær udfordring for børn (deres PFC er jo endnu ikke fuldt udviklet). Ikke overraskende var der også en stor del af børnene i forsøget, som ikke kunne modstå fristelsen. Det interessante ved forsøget stopper dog ikke her. Mischel ventede 10 år og tog kontakt til børnenes forældre for at undersøge, hvordan børnene, der nu var blevet teenagere, klarede sig. Der viste sig at være spændende resultater. De børn, der i forsøget kunne lade være med at spise skum-fidusen, klarede sig nemlig som teenagere meget bedre på stort set alle områder. De scorede højere i SAT-tests, havde bedre sociale færdigheder og mere selvtillid, og de kunne lettere holde sig fra stoffer.[136] Dokumen-tationen synes ret overvældende, og Mischel konkluderede på denne baggrund, at hvis børn allerede tidligt udvikler selvkontrol, vil de få succes. Resultaterne giver også rigtig god mening. Det passer til vores forvent-ninger. Konklusionerne fra Marshmallow-testen er derfor også blevet anvendt vidt og bredt. At kunne behovsudsætte og have høj selvkontrol kan næsten kun betyde medgang i livet.

---

[135] Mischel, W., & Ebbesen, E. (1970).
[136] Mischel, W. et al. (1989).

En alternativ fortolkning

Problemet er bare, at det måske slet ikke er det, som Marshmallow-testen dokumenterer. Det viser sig nemlig, at forsøget (også) kan føre til en helt anden konklusion. En gruppe forskere fra the University of Rochester, Celeste Kidd, Holly Palmeri og Richard Aslin, havde nemlig den hypotese, at børnenes adfærd i forsøget også kunne være udtryk for en rationel beslutning, der afhang af deres opfattelse af omgivelserne. Hvis man ikke har tillid til, at man får belønningen (de to skumfiduser) – og at der er risiko for at miste den ene, man har foran sig – vil det fornuftige valg være at spise skumfidusen med det samme, mens man har chancen.[137] De replikerede derfor Marshmellow-testen med 2 grupper af 14 børn i samme alder, som i det oprindelige eksperiment, men med en vigtig tilføjelse. Børnene blev først sat til at tegne med nogle dårlige farvetuscher og blev fortalt, at hvis de ventede et par minutter, ville forsøgslederen vende tilbage med bedre. For den ene gruppe af børnene vendte forsøgslederen som lovet tilbage med nye tuscher, men for den anden gruppe kom han tilbage med besked om, at han havde taget fejl, og at der ikke var flere af de gode tilbage. De to grupper børn fik altså to vidt forskellige forventninger til, hvor meget de kunne stole på forsøgslederen. Dette gav helt andre resultater. De børn, som havde fået gode farvetuscher, kunne i gennemsnit lade være med at spise skumfidusen i 12 minutter, mens børnene i den anden gruppe kun ventede i 3 minutter. Super interessant! Der er nok næppe nogen tvivl om, at dét at kunne udsætte sine umiddelbare behov i mange situationer er en stor fordel. Men det er ikke nødvendigvis det, som Marshmallow-testen beviser. Med det nye tillæg til forsøget kan det oprindelige eksperiment nemlig ligeså godt dokumentere, at børns succes senere i livet afhænger af, om de stoler på og har tillid til deres omgivelser.

---

[137] Kidd, C. et al. (2013).

Medarbejdertilfredshed og virksomhedens resultater

En af de ting, vi også ofte får galt i halsen, er retningen på kausaliteten. Altså, hvad der egentlig påvirker hvad. Jeg har selv tidligere arbejdet med forskellige målinger af medarbejdertilfredshed og lignende, og det er en veletableret "sandhed" inden for konsulentverdenen, at der er en kausal sammenhæng mellem tilfredse medarbejdere og en virksomheds resultater. Og det giver jo igen rigtig god mening. Det passer til vores forventninger. Tilfredse medarbejdere vil være mere loyale, mere motiverede og vil arbejde længere og hårdere, hvilket fører til bedre resultater. Selvfølgelig! Eller er den kausale sammenhæng i virkeligheden lige omvendt? Det kunne man ligeså godt kunne argumentere for. En profitabel virksomhed i vækst tilbyder et mere spændende og stimulerende arbejdsmiljø. Der er gang i den, der er positive vibes og fantastisk stemning, og der er større muligheder for forfremmelser, lønforhøjelser osv., hvilket vil føre til, at medarbejderne bliver mere tilfredse og motiverede. Benjamin Schneider og hans team fra the University of Maryland gennemførte i den forbindelse et ret interessant studie. De samlede data fra 35 virksomheder over 8 år og kunne påvise, at virksomheders resultater (målt på afkast af aktiverne og indtjening) faktisk påvirker medarbejdertilfredshed.[138] Det er jo super interessant, når nu den omvendte opfattelse er den dominerende.

En anden veletableret kausal "sandhed" er, at tilfredse medarbejdere medfører tilfredse kunder. Argumentationen for dette er igen, at tilfredse medarbejdere vil være mere loyale, motiverede, engagerede og parate til at gøre mere for kunderne, som så derfor får en bedre oplevelse. Men denne sandhed blev udfordret af Ann Marie Ryan og hendes forskerteam i en undersøgelse af kundetilfredshed og medarbejdertilfredshed i 142 filialer i et bilfinansieringsfirma. Resultaterne synes nemlig her at vise, at høj kundetilfredshed skabte høj medarbejdertilfredshed, mens det omvendte ikke var tilfældet.[139] Og det kan jo også lige så godt give mening. Hvis du

---

[138] Schneider, B. et al. (2003); Rosenzweig, P. (2014).
[139] Ryan, A. M. et al. (1996).

har glade og tilfredse kunder (som roser dig og dine produkter og services), så er det da lidt nemmere at komme op på arbejde en kold og regnfuld mandag morgen. Pointen er altså her, at hvis vi ikke er bevidste om, at "selvfølgelige" kausale sammenhænge også kan pege den anden vej, så kan vi hurtigt komme til at investere i de forkerte indsatser. Nu er der ikke noget galt i at have glade og tilfredse medarbejdere – det burde jo være et mål i sig selv – men hvis man tror, at det automatisk medfører tilfredse kunder og gode forretningsresultater, kan man hurtigt blive skuffet.

Lige-linje-princippet – ligefrem proportionalitet

Vi har desuden den væsentlige begrænsning, at vi som udgangspunkt opfatter kausalitet som ligefrem proportional.[140] Hermed har vi også en grundlæggende forventning om, at der er en fornuftig sammenhæng mellem indsats og resultat. Hvis vi fx går 500 skridt, forventer vi, at vi har gået ca. en halv kilometer, og hvis vi fortsætter og går 500 skridt mere, kommer vi op og runde en kilometer. Hvis ikke vi kan se denne ligefremme proportionale sammenhæng, har vi svært ved at se formålet med det, vi gør. Vi forventer at kunne se en eller anden form for fremdrift. Det er ofte frustrerende og desillusionerende at opleve ikke at komme nogle vegne. Denne indbyggede forventning om ligefrem proportionalitet præger os i mange sammenhænge. For at tingene giver mening for os, skal vi kunne se fremdrift og resultater, når vi er på arbejde, når vi træner, når vi på slankekur osv.

Det betyder også, at vi får svært ved at forstå eksponentielle kausale sammenhænge. Ja det vil sige, intellektuelt kan vi jo godt, men intuitivt så halter det. Hvis du fx forestiller dig, at du går ud af din hoveddør og tager blot 30 skridt, men for hvert skridt vil din skridtlængde blive fordoblet (1 + 2 + 4 + 8 + 16 + …). Hvor langt vil du så tro, at du er nået efter du har taget det 30. skridt? Et godt stykke uden tvivl, men at du er nået 26 gange

---

140 Rosling, H. (2018).

rundt om jorden, vil du nok ikke have forstillet dig i din vildeste fantasi. Vi kan nok godt leve med, at vi ikke kan udregne, hvor langt vi har gået efter 30 fiktive eksponentielle skridt, men der er faktisk mange "virkelige" ting, der udvikler sig eksponentielt. Tænk fx på renters rente. Vi kan ikke helt forstå, at små årlige rentetilskrivninger kan blive til rigtig mange penge over flere år, fordi der også er renter på renterne. Også den teknologiske udvikling foregår eksponentielt. Vi har også svært ved at begribe, at fordoblingsraten af menneskehedens samlede viden ligeledes accelererer eksponentielt. Omkring år 1900 blev den fordoblet på omkring 100 år, og nogle taler om, at den i dag er nede på blot 12 timer. Og nå ja, under Covid-19 havde de fleste også lidt svært ved at forstå, hvorfor et kontakttal på over 1 ville kunne få store konsekvenser.

I bagklogskabens ulideligt klare lys

Det sidste jeg vil nævne, som er lidt "lusket" ved vores kausale forståelse af verden, er, at vi som regel bliver endnu "bedre" til at se sammenhæng i tingene, når vi ser på en situation eller et givent udfald i bagklogskabens klare lys. Problemet er bare her igen, at det ikke er altid, vi finder frem til de rigtige konklusioner og får de "rigtige" aha-oplevelser og erkendelser. Vi er enormt "gode" til at tolke de forskellige forklarende hændelser, så de passer til vores forventninger. Vi kommer ofte til at glemme eller nedprioritere forhold, som ikke lige passer ind. Og som vi skal se i næste kapitel, kan vi også nogle gange komme til tilpasse vores hukommelse, så det passer bedre med det, som er sket. Når vi kender et bestemt udfald, bliver det meget sværere for os at forestille os, at de givne omstændigheder ligeså godt kunne have ført til noget helt andet.[141] Vi glemmer, at før det blev en realitet, havde vi ingen idé om, at det ville ske − og at det var en situation karakteriseret ved betydelig usikkerhed og konfliktende informationer.[142] Men når noget så er sket, har vi ofte en fornemmelse af, at "det vidste vi da godt i forvejen". Hvis vi i dag ser tilbage på finanskrisen

---

[141] Heuer, Jr., Richards J. (1999).
[142] Henriksen, K., & Kaplan, H. (2003).

i slutningen af 00'erne, er det derfor meget nemmere for os at forklare, hvad der førte til et af de største kollapser i verdensøkonomien. Og mange vil samtidig have den overbevisning, at det var forholdsvist let at få øje på alle faresignalerne. Men faktum er jo, at der kun var ganske få, der forudså, at det hele ramlede. Dette fænomen er kendt som 'hindsight bias' (bagklog-skabsbias). Og den er farlig, fordi vi får en illusion af, at vi forstår tingene og kan forudsige og kontrollere fremtiden. Vi bliver derfor ofte lidt for selvsikre og skråsikre. Vi bliver ofre for 'overconfidence bias' – og bliver endnu mere blinde, når vi bliver udsat for tvetydig information. Samtidig går det ud over læring, fordi det ikke giver os selv mulighed for at lære af de situationer, hvor vi tog fejl.[143]

Kort opsummering og refleksion

Kapitlet giver os indsigt i, at for at kunne generere forudsigelser og skabe mening, er det helt afgørende for os – vores hjerne – at udlede regelmæssigheder fra vores omgivelser. Vi ordner og strukturerer derfor helt automatisk vores verden i konceptuelle kategorier, foretager komparative sammenligninger og identificerer kausale sammenhænge. Det giver os nogle store fordele men påvirker i høj grad også vores forventninger og definerer derfor, hvordan vi opfatter vores omgivelser.

Kapitlet giver anledning til at reflektere over …

- Er du bevidst om, hvilke konceptuelle kategorier du anvender i forskellige situationer, og hvordan det farver dig? Prøv at kalde tingene noget andet. Du kan skabe store og næsten øjeblikkelige ændringer i dine egne og andres opfattelser og perspektiv.

- Tænker du over, hvordan komparative sammenligninger påvirker dig? Hvad der er en succesfuld kampagne, et vellykket projekt, en god investering osv. afhænger af, hvad du relaterer det til, og hvad

---

[143] Mahdavi, S., & Rahimian, M. (2017).

du benchmarker op imod. Husk også på, at du i al ubemærkethed kan blive påvirket af 'lokkeduer'.

- Er du opmærksom på de kausale sammenhænge, som du også helt automatisk ser overalt. Er der i virkeligheden en kausal sammenhæng? Og hvis ja, hvilken vej går kausaliteten så? Hvis du styrer din virksomhed – eller dit liv – efter nogle særlige kpi'er, er der så i virkeligheden en sammenhæng mellem dem og de ønskede resultater? Måske var der engang, men hvad med nu?

- Du kan lære utroligt meget om andre mennesker – og deres forventninger – ved at lytte til, hvilke konceptuelle kategorier og komparative sammenligninger en person eller gruppe bruger, og hvilke kausale sammenhænge, de ser. Gør du nok ud af at lytte efter det?

- Er du også bevidst om det store manipulative potentiale? Ved at bruge andre ord og sammenligninger, kan du nærmest øjeblikkeligt skabe nye associationer, nye forventninger og få andre mennesker til at se tingene i et nyt perspektiv, hvor andre spilleregler gælder.

- Tingene (job, arbejdsopgaver, beslutninger) giver mere mening, hvis den oplevede virkelighed flugter med vores forventninger. Men husker du på, at et koncept også er en forventning? Derfor giver det mening, når verden passer ind i koncepterne og opfører sig, som er forventeligt af en given konceptuel kategori.

- Det giver også mening, når der er de kausale sammenhænge mellem tingene, som vi forventer. Og fordi vi forventer, at en indsats medfører en ændring (og har et formål), så giver det ikke mening, hvis ikke der er en tydelig fremdrift. Husk det, for det er overraskende vigtigt!

Kapitel 04: Hukommelse og læring – og mening

Prøv at forestille dig, at du vågner op en morgen og ikke kan huske noget som helst. Alt det, som du har tænkt, gjort, oplevet og lært igennem livet, er pludselig væk. Du ved ikke længere, at den der bløde, varme og behagelige ting, som du ligger og godter dig under, er en dyne. Du ved ikke, at du ligger i en seng. Du ved ikke, at det er din. Du vil heller ikke vide, at det, som står og larmer ved siden af sengen, er et vækkeur ... og du ved ikke, hvorfor det larmer. BEEP, BEEP, BEEP. Du ser dig omkring men alt det, som befinder sig i rummet, er helt fremmed for dig. Bogen ved siden af sengen, læselampen, den lille flaske med vand. Du kender ikke til noget af det, som omgiver dig. Du ved heller ikke, hvordan du rejser dig op fra sengen, fordi din hukommelse for, hvordan du bevæger dig, også er væk. Du er fuldstændig hjælpeløs. Præcis som da du blev født.

At miste vores hukommelse er et ret angstprovokerende tankeeksperiment. Men det understreger, at for at kunne fungere har alle mennesker – ja stort set alle levende væsener – brug for en mekanisme, der gør os i stand til at lære af tidligere hændelser og opbygge erfaringer. Uden vores hukommelse er vi helt på herrens mark. Vi ville ikke kunne forstå noget som helst. Intet ville give mening.

Men når vores hukommelse er så vigtig for os, hvorfor er det så, at vi ofte bliver svigtet af den? Hvorfor er det, at vi nogle gange fuldstændigt sveder aftaler ud, ikke kan huske navnet på en person, eller hvor vi har lagt vores nøgler? Hvorfor er det, vi nogle gange kommer til at huske noget helt forkert? Og som vi skal se, at vi i nogle tilfælde faktisk kan huske hændelser, der aldrig nogensinde har fundet sted?

Det er som om, vores hukommelse nogle gange arbejder imod os og ikke med os, Den er ikke rigtig til at stole på. Ja, det virker næsten som om, at der er fejl i designet. En væsentlig del af forklaringen på det ligger i, at vores hukommelses vigtigste opgave ikke kun er at ihukomme fortiden. Den er også designet til, at vi kan klare os bedre i fremtiden – til at skabe forudsigelser.

Hvad er det?

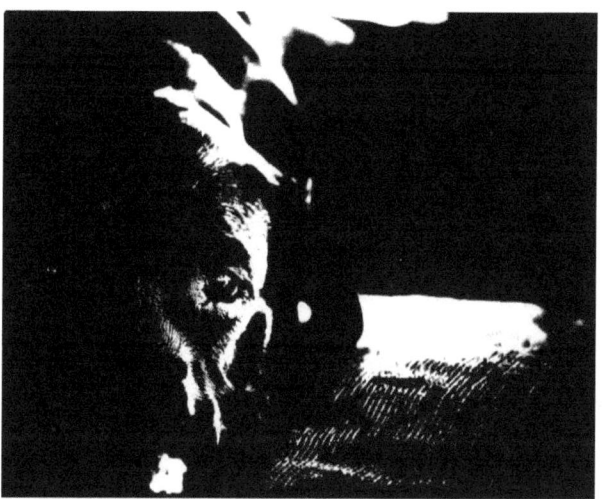

Prøv at kigge på ovenstående illustration. Hvis du ikke har set illustrationen før, vil du formentlig have svært ved at se, hvad det er. Er det et landkort? Et abstrakt kunstværk? Hvid maling, der er spildt på et sort gulv? Men prøv at kigge på billedet på side 127 og vend så tilbage hertil igen. Nu er det meget nemmere at se, hvad det forestiller. En liggende hund! Det eneste, der har ændret sig, er din hukommelse. Du har nu et koncept for, hvad du ser og kan indsætte de manglende informationer i illustrationen. Udover at det er en sjov lille gimmick, viser det, at den måde, som vi opfatter vores omgivelser på, afhænger af os selv og vores erfaringer.

Vores tre overordnede hukommelsessystemer

Jeg vil i dette kapitel dykke ned i, hvordan vi lagrer og genkalder informationer i vores hukommelse, og hvordan det påvirker vores vurderinger. For at forstå vores hukommelse – og hvordan vi lærer og skaber mening – er det først og fremmest vigtigt at forstå, at vi ikke har én hukommelse men flere hukommelsessystemer, som understøtter forskellige typer af læring og kognitive processer.[144] Det interessante er også, at disse hukommelsessystemer delvist opererer uafhængigt af hinanden. I visse situationer kan de samarbejde og komplementere hinanden og andre gange være i konkurrence mod hinanden.[145] Helt overordnet kan vores hukommelse opdeles i tre: deklarativ, emotionel og procedural hukommelse.

Deklarativ hukommelse

Når vi tænker på hukommelse, tænker de fleste nok på vores deklarative hukommelse. Den kan deles op i to: semantisk og episodisk hukommelse. Semantisk hukommelse er vores hukommelse for fakta. Det er den, der gør, at vi kan huske, at juleaften er den 24. december. At Ellens mand hedder Erik. Osv. Vores episodiske hukommelse er der, hvor informationer vedr. tidligere hændelser lagres. Altså, hvad skete der egentligt den der specifikke juleaften sidste år, og hvordan foregik det, da Ellen og Erik blev gift. Man kan også se på vores deklarative hukommelse som det system, der koder relationer mellem forskellige stimuli (S-S relationer).[146] Gennem S-S relationer opbygges associationer mellem forskellige informationer i vores hjerne. Vores deklarative hukommelse kaldes "deklarativ", fordi vi ofte bevidst kan redegøre for (deklarere), hvad den indeholder. Benævnelsen deklarativ er dog lidt misvisende, idet ny forskning kan dokumentere, at dele af det, vi lagrer (lærer) her, er mere eller mindre implicit og helt eller delvist uden for vores bevidsthed.[147]

---

144 McDonald, R.J. et al. (2004); White, N. M., & McDonald, R. J. (2002); McDonald, R. J., & Hong, N. S. (2013).
145 Schwabe, L., & Wolf, O. T. (2012).
146 White, N. M. (2007).
147 Hannula, D. E., & Greene, A. J. (2012).

Lagring og kodning – hippocampus

For deklarativ hukommelse spiller en lille struktur i det limbiske system, der kaldes hippocampus, en helt central rolle – både for lagring og for genkald af informationer. Når vi har en oplevelse, der typisk består af en kombination af forskellige synsindtryk, lyde og lugte mv., aktiveres neuroner i forskellige dele af vores cortex. Disse integreres til en samlet oplevelse ved, at der i hippocampus etableres en form for indeks af de neuroner, der er aktiveret i cortex. Når vi har en oplevelse, kan man således registrere, at der øjeblikkeligt opbygges synaptiske forbindelser mellem de aktiverede neuroner (S-S relationer) – et fysisk hukommelsesspor – både i cortex og i hippocampus.[148] Begge disse typer informationer er vigtige for, at vi kan huske noget. Hippocampus indeholder information om, hvilke neuroner i cortex der indgik i oplevelsen, og neuroner i cortex indeholder information om, hvad der rent faktisk skete – hvilke lyde, farver, objekter, lugte osv. (mentalese), der var til stede.[149] Ét individuelt neuron i cortex (eller en kombination af neuroner) kan indgå i flere forskellige hukommelsesspor.[150] Deklarativ hukommelse er således associativt opbygget. Når vi tænker tilbage på noget, aktiveres neuroner, der repræsenterer lyde, farver, lugte, ord og billeder mv. Det forklarer også, hvorfor vi, når vi tænker på én ting, meget hurtigt kommer til at tænke på noget andet. Når jeg nu siger 'banan' ... Man kalder det samlede fysiske hukommelsesspor for et 'engram', og man siger lidt populært, at neuroner, der aktiveres sammen, forbindes sammen ("neurons that fire together, wire together"). Det er disse neurale hukommelsesspor, der (re)aktiveres, når vi husker tilbage på noget eller tænker på noget.

Konsolidering

Når vi oplever noget, er hukommelsessporet indledningsvist svagt og påvirkeligt og kan let forstyrres af anden læring. Langt det meste bliver

---

[148] Kellogg, R. (2016); Hannula, D. E., & Greene, A. J. (2012); Tanaka, K. Z., & McHugh, T. J. (2018).
[149] Miry, O., Li, J., & Chen, L. (2021).
[150] Mayford, M. et al. (2012).

slettet igen efter relativt kort tid og forsvinder fra vores korttids-hukommelse. Vi lagrer og kan kun huske de oplevelser og informationer, som har betydning for os. Det er i hvert fald det, som er intentionen. For at vores oplevelser går fra vores korttidshukommelse til langtidshukom-melse, skal hukommelsessporet gennem en konsolideringsproces. For deklarativ hukommelse findes der to adskilte og på samme tid sammen-hængende typer af konsolideringsprocesser: synaptisk konsolidering og system konsolidering.

Synaptisk konsolidering

Synaptisk konsolidering begynder umiddelbart efter, vi har haft en oplevelse og kan tage minutter, timer eller dage. Repetition er her en vigtig parameter. Hvis vi oplever noget gentagne gange, fungerer det som et signal om, at denne information er vigtig. Vi kender det udmærket. Hvis vi læser til eksamen og skal lære kongerækken, det periodiske system eller noget lignende, som vi måske ikke synes er lige interessant, så kan det være svært at huske. Men ved at repetere det igen og igen, bliver det nærmest banket ind i knolden på os. Til sidst sidder det fast.

Repetition er dog ikke altid nødvendig. Nogle gange kan én eksponering (en enkelt oplevelse eller læringssekvens) være nok, hvis det, vi oplever, er uventet og meget overraskende for os (stor PE). En enkelt eksponering er typisk også nok, hvis det er en oplevelse med høj emotionel værdi. Emotionelle oplevelser er jo typisk noget, vi husker rigtig godt. Det kan være bryllupper, begravelser, fødsler eller andre store og sensationelle begivenheder. De fleste af os, som er gamle nok til det, husker helt sikkert 9/11 meget levende, da flyene fra American Airlines fløj ind i de to tvillingetårne i New York. Vi så det på tv, men vi kan også huske en masse om, hvor vi var, og hvad vi ellers lavede. Vi kalder dette for 'flashbulb' hændelser. Vi husker emotionelle oplevelser bedre, fordi vores opmærk-somhed fokuseres omkring de ting, som er særligt emotionelt ophidsende.[151] Herudover så virker udskillelse af hormoner, som adrenalin og kortisol som et signal til hippocampus om, at det, som er sket op til den emotionelt ophidsende hændelse, er vigtig information, og som derfor skal lagres.[152]

Flere studier viser, at hvis man under eller efter en læringsøvelse udsætter forsøgspersoner for stimuli, der er emotionelt ophidsende, så husker vi bedre. I et studie af Kristy Nielson og Timothy Arentsen kunne man se, at studerende på et psykologikursus huskede fagstoffet bedre, hvis de umiddelbart efter kurset, så et kort emotionelt videoklip af en kirurgisk operation (som intet havde at gøre med kurset i øvrigt).[153] I et lignende forsøg blev forsøgspersoner bedt om at huske en ordliste udenad.[154] Efterfølgende blev de vist et videoklip med indhold, der var enten emotionelt positivt, negativt eller neutralt. En uge efter var de personer, som havde set de emotionelle videoklip (både det positive og negative), markant bedre til at huske ordlisten. Forsøget vidste også, at det emotionelle videoklip skulle ses fra 0-30 minutter efter øvelsen for at have en effekt på hukommelsen. Hvis videoklippet blev vist bare 45 minutter efter, så udeblev effekten.

Det skal dog lige siges, at emotioners fremmende virkning på vores deklarative hukommelse ikke er ligefrem proportional. Der er tale om en omvendt U-formet sammenhæng. Når vi er meget emotionelt ophidsede, bliver vores opmærksomhed ofte så fokuseret og indsnævret, at vi faktisk husker en hændelse dårligere. Der er masser af eksempler på det fænomen, der kaldes 'våbenfokus', hvor mennesker, som har været udsat for et væbnet røveri (eller lignende), kun husker detaljer om det, som er særligt farligt (altså våbnet) men ikke gerningsmandens ansigt, beklædning osv.[155] Studier

[151] Phelps E. A. (2006).
[152] Cahill, L., & Alkire, M. (2003).
[153] Nielson, K., & Arentsen, T. (2012).
[154] Nielson, K. A., & Powless, M. (2007).
[155] Fawcett, J. M. et al. (2016).

viser også, at vi under et højt niveau af stress har sværere ved at relatere ny information til det, som allerede er lagret i vores hukommelse. Vores evne til at genkalde os information hæmmes også. Begge dele vil jeg komme ind på lidt senere. At stress har denne negative effekt på vores deklarative hukommelse, skyldes bl.a., at neuroner og synapser i hippocampus er meget følsomme over for stresshormonet kortisol. Høj, vedvarende stress kan skabe permanente skader.[156] Det lyder jo umiddelbart som et rigtigt dårligt evolutionært design, men det har faktisk en funktion. Det kommer jeg også tilbage til.

Emotionel hukommelse

Udover at oplevelser med høj emotionel værdi fremmer vores evne til at huske hændelser og fakta, har vi også et selvstændigt emotionelt hukommelsessystem, der opererer uafhængigt af vores deklarative (hippocampusbaserede) hukommelse. Når vi oplever noget med stor emotionel værdi, etableres der en kobling mellem vores emotionelle reaktion og de stimuli (eller den situation/kontekst), som udløser den. Amygdala er en central struktur for at etablere denne kobling.[157] Der er her tale om en S-E (også nogle gange benævnt S-Af) relation. Man kan også sige, at de givne stimuli får en 'emotionel tagging'. Det betyder, at når vi igen møder bestemte stimuli, får vi automatisk en emotionel reaktion, som kan gøre os bedre i stand til at håndtere de udfordringer eller forfølge de muligheder, som situationen repræsenterer.[158] Emotionel læring kræver få læringsforsøg og er svær efterfølgende at ændre på. Hvis man fx placerer en rotte i et bur og afspiller en høj tone, som efterfølges af et stød (denne type læring kaldes også 'klassisk konditionering'), vil den allerede efter én eller meget få eksponeringer få en forsvarsreaktion og reagere ved at 'fryse', når tonen afspilles. Rotten lærer altså meget hurtigt, at den høje tone skal forbindes med fare. Samme princip gælder mennesker. Vi skal ikke opleve vores børn

---

[156] Kim, E. J. et al. (2015).
[157] White, N. M., & McDonald, R. J. (2002); McDonald, R. J., & Hong, N. S. (2013); White, N. M. (2007); Schafe, G. E. et al. (2005); Phillips, R., & LeDoux, J.E. (1992).
[158] Nielson, K. A., & Powless, M. (2007).

falde ned af trappen mere end én gang, før at vi automatisk reagerer, når de bare nærmer sig en trappe igen. Det interessante er, at denne emotionelle tagging foregår ubevidst og kan være helt uafhængigt af deklarativ hukommelse. Hvis man fjerner hippocampus i rotten (både i venstre og højre side af hjernen), vil den stadig få en fryse-reaktion, når den hører tonen, men uden at vide hvorfor. Og omvendt, hvis man fjerner amygdala (venstre + højre), vil rotten (formentlig) nu kunne huske, at tonen efterfølges af et stød, men den vil ikke længere få en forsvars/fryse-reaktion. Studier viser, at de samme principper gør sig gældende hos mennesker.[159]

SOSU-medhjælperen og den demente kvinde

Måske kan du huske den her forfærdelige episode med en dansk SOSU-medarbejder, der havde filmet en video af sig selv og sendte den til en ven. På videoen talte han meget hårdt og truende til en svært demens-ramt ældre kvinde på et plejehjem. Det var helt forfærdeligt, det han sagde. Hvad vil du? Skal jeg smadre dig? Hold kæft hvor er du grim! Det var godt nok på engelsk, men det var stadig en meget grov spøg (hvis det er det rigtige ord?). SOSU-medarbejderen troede måske, at det var "omkostningsfrit". Kvinden var jo dement og ville derfor ikke kunne huske det kort tid efter. Men faktum er, at hun nok ikke ville kunne huske det i hendes deklarative hukommelse, men hendes emotionelle hukommelse var formentlig stadig intakt. Hun vil derfor stadig blive bange, når hun ser den pågældende SOSU-medarbejder (og måske også andre). Hun vil dog ikke kunne forklare hvorfor.

At disse to hukommelsessystemer opererer uafhængigt af hinanden, kan skabe en konflikt mellem det læringsmæssige indhold i de to systemer. Vi kan i det deklarative system godt lære, at noget ikke er farligt længere (eller kun farligt i visse situationer), mens vores emotionelle hukommelse er noget sværere at overbevise. Den tager ikke nogle chancer. Selvom vi får ændret eller slettet kodningen i hippocampus, kan kodningen i amygdala være

---

[159] Phelps E. A. (2004).

upåvirket, og vi vil fortsætte med at få en emotionel reaktion. Hvis du er bange for edderkopper og får en stærk frygtreaktion, når du ser en edderkop, vil du derfor ikke kunne ændre på det ved at "tale til" det deklarative system, fordi det er i det emotionelle system, at kodningen ligger gemt. Det samme kan gælde, hvis du vil overbevise andre om, at det er helt ufarligt med atomkraft, vilde ulve i den danske natur eller at få en vaccination. Den ubevidste emotionelle lagring påvirker med andre ord det, som giver mening for os.

Systemkonsolidering

Men lad os vende tilbage til vores deklarative hukommelse og se på den anden form for konsolidering, der kaldes 'systemkonsolidering'. System konsolidering har et andet formål end synaptisk konsolidering. Hvor synaptisk konsolidering lagrer specifikke enkelt-episoder, handler systemkonsolidering om at integrere og lære af mange enkeltstående episoder. Der er fokus på at udlede overordnede, generelle regler, mønstre og sammenhænge.[160] Synaptisk konsolidering er designet til at kunne huske, hvor vi tidligere har fundet modne nødder, frugter og bær, mens formålet med systemkonsolidering er at kunne udlede og forudse, hvor det er bedst at lede efter modne nødder, frugter og bær.[161] Der er fokus på fremtiden.

Under systemkonsolidering bliver de individuelle neurale hukommelses-spor (engrammer), der repræsenterer viden om specifikke oplevelser, reorganiseret og integreret i nye overordnede hukommelsesstrukturer, som typisk kaldes 'skemaer'. De indeholder stadig viden om enkeltepisoder (selvom visse detaljer går tabt) og samtidig mere generaliseret information om fx konceptuelle kategorier, kausale sammenhænge osv.[162]

---

[160] Dudai, Y. et al. 2015); Ghosh, V.E., & Gilboa, A. (2014).
[161] Kesteren, M.V., & Meeter, M. (2020); O'Reilly, R. C., & Norman, K. A. (2002).
[162] Dudai Y. (2004).

Systemkonsolidering foregår normalt over en længere tidsperiode end synaptisk konsolidering og kan som regel kun foregå, hvis der er flere lagrede enkelt-oplevelser at generalisere ud fra. Vi skal have flere oplevelser med hunde, før vi kan udvikle et koncept for hund. Hvor synaptisk konsolidering tager fra minutter til timer og nogle gange dage, tager system-konsolidering en del længere tid, typisk fra dage til uger, måneder og nogle gange flere år. Men som vi skal se nedenfor, kan systemkonsolidering også nogle gange foregå lynhurtigt.

Når skemaer bliver integreret med hinanden, begynder vi at kunne se nogle nye sammenhænge og får helt nye indsigter og aha-oplevelser. To eller flere 'klumper' af information, som tidligere var adskilt, kan igennem denne reorganisering blive til ét samlet hele. En hændelse som fx 9/11 kan blive integreret med en forståelse af USA's historiske ageren i Mellemøsten, og pludselig kan man se tingene i et nyt og måske større perspektiv. Det er noget tilsvarende, der sker, når vi i gennem længere tid har gået og tumlet med noget, som ikke giver mening for os. At skabe ny (alternativ) mening, kræver ofte en omstrukturering af lagret information (hukommelses-skemaer) i vores hjerne.

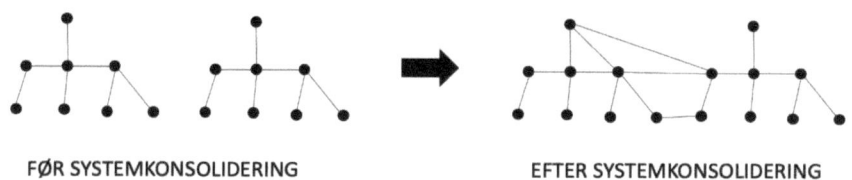

FØR SYSTEMKONSOLIDERING   EFTER SYSTEMKONSOLIDERING

Hvornår foregår konsolidering?

Systemkonsolidering foregår typisk, når vi sover, eller når vi er vågne men ikke rigtigt laver noget.[163] Det er bl.a. en af forklaringerne på, som jeg var inde på i kapitel 1, at der sker noget nærmest magisk, når vi sover eller

---

[163] Squire, L. R. et al. (2015).

holder pauser. Det er også med til at forklare, hvorfor vi pludselig kan få nye interessante ideer, når vi laver ingenting (eller når Aaron Sorkin er i bad). Det kan også forklare, hvordan det kan være, at vi vågner op om morgenen (eller nogle gange midt om natten) og har alle svarene.

Det er med andre ord vigtigt at få sin søvn og at holde pauser i løbet af dagen. Så her en lille opfordring. Når du kører i tog eller bus, eller står og venter, så gem mobiltelefonen væk og brug i stedet lejligheden til at stoppe op. Kig ud vinduet og lad tankerne vandre. Tag en lille middagslur, hvis du har mulighed for det. Vi kan se helt anderledes på verden efter en pause eller en god lur. Det kan være noget helt nyt, der pludselig giver mening.

Hukommelsesskemaer og læring

Vores hukommelsesskemaer har naturligvis helt afgørende indflydelse på vores forventninger, og hvordan vi ser på og tolker vores omgivelser. Men de har også stor indflydelse på, hvad vi husker og lærer. Hvis nye informationer er kompatible med eksisterende skemaer, så kan integration og konsolidering af ny information foregå meget hurtigt.[164] Det er altså ikke nødvendigvis dage, uger, måneder eller år, vi taler om. Det sker nærmest øjeblikkeligt. Skemaer bliver på denne måde vigtige for, hvordan vi tilegner os viden. Jeg var lidt inde på det i sidste kapitel. Det er nemmere for os at forstå, men også nemmere at huske de ting, vi kan relatere til. Hvis vi i forvejen har et koncept for Brexit, kan vi meget lettere forstå, lære og huske relaterede koncepter som Swexit eller Dexit. Læring foregår meget nemmere, hvis der er en struktur, der kan bygges videre på. Hvis vi skal forklare abstrakte koncepter til andre, er det ofte en ret god idé at relatere det til noget mere håndgribeligt, som vi kender i forvejen. Det er også en fordel at sætte 'billeder på' og bruge metaforer (som man nærmest kan se, lugte og mærke). Det er mere engagerende og aktiverer flere områder i hjernen, hvilket skaber et stærkere hukommelsesspor.

---

[164] McClelland J. L. (2013); van Kesteren, M. T. et al. (2012); Dudai Y. (2004); Tse, D. et al. (2007).

Dynamisk hukommelse

For at forstå vores hukommelse, er det også vigtigt at kende til dens dynamiske natur.

Det, vi husker, er en rekonstruktion

Når vi husker tilbage på en tidligere episode, så fungerer vores deklarative hukommelse ikke som en videooptagelse, der bliver fundet frem og nøjagtigt genafspillet. Ja, det opleves på den måde, men det er ikke sådan, det fungerer.[165] Det kan næsten ikke være anderledes. Som jeg var inde på i kapitel 2, er der mange ting, som vi slet ikke registrerer i vores omgivelser. Når vi bliver spurgt om vej, lægger vi ikke mærke til ansigtet på den person, der spørger om vej. Når vi (jeg) kommer ned i vores køkken, bemærker vi ikke rigtig den brødrister, der står i hjørnet. Vores hukommelse er fyldt med huller og består af brudstykker og vage detaljer.[166] Dette gælder også emotionelle episoder til trods for, at vi generelt husker dem bedre. Men det interessante er her, at når vi genkalder os tidligere hændelser, husker vi dem ofte levende, ubrudte og sammenhængende. Men det skyldes, at vi fylder hullerne ud, uden vi er bevidste om det. Episodisk hukommelse er derfor kun vores bedste gæt på, hvad der egentlig skete. Man kan også sige, at vores hukommelse er en rekonstruktion, på samme måde som perception er en konstruktion.

Når rekonstruerer vores hukommelse, spiller vores forventninger (ligesom med perception) en helt afgørende rolle for, hvad vi husker. Den britiske psykolog Frederik Bartlett gennemførte tilbage i 1932 et berømt studie "The War of the Ghosts", hvor han påviste, at studerende trak på deres egne erfaringer og forventninger, når de skulle genfortælle en folke-fortælling om Amerikas oprindelige befolkning.[167] William Brewer og James Treyens viste i et andet studie, at studerende, der havde opholdt sig

---

[165] Neuschatz, J. S. et al. (2015); Axmacher, N. et al. (2010); Schacter, D., & Addis, D. (2007).
[166] Hemmer, P., & Steyvers, M. (2009).
[167] Bartlett, F.C. (1932).

i et studiekontor, fejlagtigt kunne huske, at der var objekter i rummet (fx en hæftemaskine), som passede med, hvad der normalt er i et studiekontor.[168] Når vi genkalder os en episode, bliver vores hukommelse altså sammenblandet med (og "forurenet" af) vores forventninger. Og fordi vi bl.a. danner vores forventninger på baggrund af viden fra lignende hændelser, får eksisterende hukommelsesskemaer derfor ikke kun indflydelse på, hvad vi lagrer og lærer (som vi så ovenfor) men også, hvad vi genkalder os. Alt, hvad der påvirker vores forventninger, har i princippet indflydelse på, hvad vi husker. Når vi fx bliver udsat for 'stikord' – det kan være alt fra bananer, hæftemaskiner eller noget helt tredje – så bliver det nemmere for os at "huske", at det også var den del af historien.[169]

Allerede aktiverede (konkurrerende) hukommelsesspor kan også blokere for adgangen til det "rigtige" hukommelsesspor. Det har du sikkert oplevet masser af gange. Hvad er nu navnet på det der firma, som producerer corn flakes? Hvad er det nu, ham skuespilleren hedder, der spillede hovedrollen i den der film, som …? Det er jo ikke, fordi den viden pludseligt er forsvundet fra vores hukommelse. Men for at vi kan huske noget (og tænke på noget), er det nødvendigt, at der er "plads" til, at neurale netværk, med de rette informationer, kan blive "tændt".

Imaginære erfaringer = rigtige erfaringer

Vores hukommelse kan også forstyrres og forvrænges af vores fantastiske forestillingsevne. Som jeg har været inde på tidligere, har vi en ret god evne til at rejse tilbage i tiden og gennemleve en tidligere hændelse. Vi kan på den måde reflektere over, hvad der gik godt, og hvad der skulle være gjort anderledes. Det kan vi bruge, hvis noget lignende skulle ske igen. Vi kan også rejse frem i tiden og forestille os et hypotetisk scenarie, som endnu ikke er hændt. Det kan være den der fest med vennerne i den kommende weekend, at bilen går i stå på motorvejen, at der går ild i huset, eller at man

[168] Brewer, W. F., & Treyens, J. C. (1981).
[169] Axmacher, N. et al. (2010).

skal præsentere noget for 500 mennesker. Det kan være hvad som helst – og på den måde kan vi gennemtænke, hvad der er rigtigt at gøre og vigtigt at have styr på, hvis en sådan situation skulle opstå. Sat lidt på spidsen, så repræsenterer det imaginære scenarie en form for erfaring og hukommelse, som kan sidestilles med "virkelig" hukommelse.[170] Det er en kæmpe fordel for os. Vi behøver ikke sætte ild til vores eget hus for at få livsvigtige erfaringer med, hvad vi skal gøre i den kritiske situation. Men det er samtidig en vigtig pointe her, at tænkning, visualisering, imagination, hukommelse og læring foregår i den selvsamme neurale infrastruktur.[171] Det var jeg også inde på i kapitel 1. Vores neuroner er både en processor og en lagringsenhed. Derfor kan det indimellem være svært for os at adskille, hvad vi faktisk har oplevet, og hvad vi (kun) har forestillet os.

Ægteskab med en Pepsi-maskine

At det forholder sig sådan, er bl.a. dokumenteret i et interessant studie foretaget af John Seamon og kolleger, hvor de undersøgte visualiseringers effekt på vores hukommelse.[172] På en gåtur gennem universitetets campus fik studerende forskellige opgaver. De skulle enten observere en instruktør foretage en handling, selv foretage en handling eller visualisere, at de foretog en handling. Nogle af opgaverne var meget ordinære, som at tjekke Pepsi-maskinen for byttepenge. Andre var mere spektakulære og bizarre, som at fri (foreslå ægteskab) til selvsamme Pepsi-maskine. Studiet viste, at 14 dage efter var det svært for de studerende at huske, om de havde observeret, foretaget eller blot forestillet sig en handling. Dette var gældende for både for de ordinære og for de mere bizarre opgaver. Man skulle jo synes, at vi ville huske, om vi har friet til en Pepsi-maskine eller blot visualiseret det. Men det var altså ikke tilfældet.

---

[170] Bar M. (2009); Schacter, D. et al. (2008).
[171] Schacter, D. et al. (2007); De Brigard, F. (2014); Schacter, D., & Addis, D. (2009); Schacter, D., & Addis, D. (2007).
[172] Seamon, J. G. et al. (2006).

Overlærer Andersen på balkonen

Der er også et pudsigt eksempel fra den danske tv-serie Matador. Måske husker du scenen med overlærer Andersen, hvor han på bryllupsnatten (en kold vinternat) bliver låst ude på balkonen af Misse. Han var blevet som et vildt dyr og ville op i sengen til hende. Da serien første gang blev genudsendt for efterhånden mange år siden, var der nærmest seerstorm hos DR. Mange af tv-seerne var svært utilfredse med, at scenen med overlærer Andersen ude på balkonen var blevet klippet ud. Men faktum er, at scenen aldrig tidligere har været vist, den er aldrig blevet optaget, og den har aldrig været en del af manuskriptet.[173] Alligevel kunne mange meget levende "huske" den, fordi det var så let at sætte indre billeder på episoden efter, at Misse havde fortalt historien til Maude. Og en falsk, imaginær erindring om en tv-scene fik på denne måde adgang til vores alles episodiske hukommelse.

Pointen er altså her, at hver gang vi husker, tænker og forestiller os noget, kommer vi let til at bygge nye "erindringer" på et oprindeligt (og ufuldkomment) hukommelsesspor. Derfor er øjenvidner til mord, vold-tægter, bankrøverier, trafikuheld osv. ofte kun troværdige ganske kort tid efter en hændelse. Hvis der går for lang tid, og det behøver ikke være mere end en dag eller to, så har øjenvidnet genkaldt og visualiseret hændelsen mange gange. Der bliver helt uvilkårligt bygget nye elementer på, som ikke var der fra begyndelsen. Ja, bare det at blive spurgt om noget, kan sætte associationer og indre visualiseringer i gang. Elisabeth Loftus og John Palmer gennemførte et studie tilbage i 1970'erne, hvor de viste et videoklip af to biler, der støder ind i hinanden.[174] Efterfølgende blev "øjenvidnerne" delt op i to grupper og fik 20 spørgsmål på et stykke papir. Ét enkelt spørgsmål var dog forskelligt. Den ene gruppe blev spurgt om, hvor hurtigt bilerne kørte, da de 'stødte' ind i hinanden, mens den anden gruppe blev spurgt om, hvor hurtigt bilerne kørte, da de 'smadrede' ind i hinanden. Det

---

[173] https://www.bt.dk/livsstil/lise-noergaard-afviser-myte-en-gang-for-alle-scene-i-matador-findes-ikke
[174] Loftus, E. F., & Palmer, J. C. (1974).

var nok til, at de to grupper huskede episoden forskelligt. Gruppen, som fik 'smadre-spørgsmålet', huskede, at bilerne kørte en del hurtigere. Og en uge senere kunne flere også huske, at episoden indeholdt ødelagt glas. Men det gjorde den altså ikke. Det var noget, de efterfølgende var kommet til at forestille sig. Konceptet 'smadret glas' passer ind i konceptet 'smadre ind i'. Det er på den måde ret let at påvirke øjenvidner. Politiefterforskere og andre bør derfor virkelig være skarpe på, hvordan de udspørger vidner. Nu skal det siges, at spørgsmålene i studiet blev stillet umiddelbart efter video-klippet, og vores hukommelse er på dette tidspunkt stadig formbar og påvirkelig. Men der er masser af eksempler på, at øjenvidner til dramatiske begivenheder lige efter, at hændelsen er fundet sted, har stærkt begrænset hukommelse, men så langt senere meget levende og detaljeret har kunnet fortælle om den.

"Plantet" episodisk hukommelse

Elisabeth Loftus har også påvist, at der er muligt at 'plante' episodiske erindringer, som aldrig er sket.[175] Det er næsten som i filmen 'Inception' med Leonardo DiCaprio. I et berømt studie ("The Lost in the Mall Study"), hvori 24 personer i alderen 18-53 deltog, havde forskerteamet forberedt et lille hæfte til hver af deltagerne med information om hændelser fra deres barndom. Tre hændelser, som rent faktisk var sket og en opdigtet episode, der gik ud på, at forsøgspersonen som 5-årig var blevet væk i et shopping-center. De 24 personlige hæfter var blevet konstrueret sammen med forsøgspersonernes pårørende, som samtidig forsikrede om, at forsøgs-personen aldrig var blevet væk i et shopping-center. Alligevel kunne 7 af de 24 personer (29 %) huske den falske episode, hvor de var blevet væk.

Loftus' studie er på mange måder tankevækkende. Det har dog fået kritik, fordi det kunne jo godt være, at forsøgspersonerne rent faktisk var blevet væk, selvom de pårørende ikke kunne huske det. Det er jo ikke et helt

---

[175] Loftus, E.F. & Pickrell, J.E. (1995)

usandsynligt scenarie. Men i et opfølgende studie fik Loftus og kolleger studerende til at vurdere forskellige reklamer for Disney forlystelses-parker.[176] Nogle af de studerende blev eksponeret for en falsk Disney reklame, hvori Snurre Snup indgik. Og det var nok til, at 16% af deltagerne kunne huske, at de havde givet hånd til Snurre Snup, da de som barn havde været på besøg i en Disney park. Men den opmærksomme læser vil vide, at Snurre Snup er en Warner Brothers figur, så det er i hvert helt sikkert, at det aldrig er sket. I et andet studie, gennemført af Kimberley Wade og kolleger, viste man forsøgspersoner fire fotos af episoder fra deres barndom. Tre fotos viste rigtige hændelser, mens et var manipuleret i Photoshop og viste forsøgspersonen, som var oppe at flyve i en luftballon. Efter tre interview-seancer, der foregik over 1-2 uger, kunne over 50% af deltagerne helt eller delvist huske episoden med luftballonen.[177] Jo længere tid, der går, jo flere detaljer kan vi "huske" fra disse falske episoder.[178]

Falske erindringer har lige så stor effekt på vores opfattelser, præferencer og adfærd som "rigtige" erindringer og erfaringer. Der er studier, hvor man har plantet falske erindringer om, at forsøgspersoner er blevet syge af peach melba yoghurt eller æggesalat. Det nedsætter deres lyst til at spise begge dele i mange måneder efter.[179] Og i et studie manipulerede man personer til at tro, at de som børn havde været ude for, at Disney-figuren Pluto på upassende vis havde slikket dem på øret. (ligesom en vis tidligere overborgmester i København gjorde ved Annette Heick). Dette resulterede i mindre villighed til at betale for en souvenir med Pluto.[180]

---

[176] Braun, K.A. et al. (2002).
[177] Wade, K. A. et al. (2002).
[178] Heaps, C., & Nash, M. (2001).
[179] Scoboria, A. et al. (2012); Geraerts, E. et al. (2008).
[180] Berkowitz, S.R. et al. (2008).

Rekonsolidering af konsolideret hukommelse

Vores hukommelses dynamiske natur stopper dog ikke her. Det viser sig nemlig, at det i visse tilfælde er muligt helt at slette eksisterende hukommelse. Det lyder lidt som science fiction, og man kommer til at tænke på film som "Total recall" med Arnold Schwarzenegger eller 'Eternal sunshine of the spotless mind' med Jim Carrey og Kate Winslet. Men den er god nok. Det viser sig nemlig, at et allerede fuldt konsolideret hukommelsesspor i visse tilfælde overgår til en labil tilstand i forbindelse med genkald, hvorefter det skal 'rekonsolideres'. Hukommelssesporet skal bygges op på ny. Hvis denne genopbygning forstyrres i det, man kalder 'the reconsolidation window', kan man ændre på og nogle gange helt slette eksisterende hukommelse.[181] Jeg vil ikke gå så meget ind i det her men blot nævne, at den nye viden om rekonsolidering giver ny inspiration til, hvordan vi kan udfordre og ændre vores egne og andre menneskers opfattelser og syn på tingene. Især synes det at være oplagt at udvikle "rekonsoliderings-baserede" behandlings- og terapiformer fx relateret til problemer af emotionel karakter som fx stress, fobier, afhængighed og PTSD. Denne udvikling er allerede i gang. Marieke Soeter og Merel Kindt fra Universitet i Amsterdam har haft succes med at behandle edderkoppe-fobi ved først at eksponere forsøgspersoner for en levende tarantel (aktivering af hukommelssesporet) og efterfølgende indtagelse af propranolol (en betablokker), der forhindrer den fysiske opbygning af et hukommelses-spor.[182] Bruce Ecker anvender en mere psykoanalytisk tilgang, hvor han gennem samtale og visualisering hjælper sine patienter til at aktivere og ændre på problematiske hukommelsesspor.[183]

[181] Nader, K. et al. 2000); Fernández, R. S. et al. (2016); Cahill, E.N. et al. (2019); Pedreira, M. E. et al. (2004); Sevenster, D. et al. 2014); Sevenster, D. et al. (2013); Kindt, M. et al.. (2009).
[182] Soeter, M., & Kindt, M. (2015). Memory Hackers Documentary HD (2016).
[183] Ecker, B. (2015).

Procedural hukommelse

Godt! Det var noget om det deklarative og det emotionelle hukommelses-system. Lad os se lidt nærmere på vores tredje hukommelsessystem, den procedurale hukommelse, som er vores hukommelse for, hvordan vi udfører forskellige handlinger og procedurer. Procedural læring og hukom-melse er helt afgørende for, at vi kan opbygge motoriske kompetencer, så vi kan gå, løbe, binde vores snørebånd, holde balancen på en cykel og skrive med 10 fingre på et computertastatur. Vores procedurale hukom-melse fungerer ved, at vi opbygger læring om, hvad der er hensigtsmæssigt at gøre, når vi befinder os i en bestemt situation eller møder bestemte stimuli. I modsætning til d hukommelse, der etablerer S-S relationer, og emotionel hukommelse, der koder S-E relationer, etablerer procedural hukommelse relationer mellem stimuli og en relevant handlingsrespons eller en sekvens af handlingsresponser (S-R relationer).[184] Disse handlingsresponser kan aktiveres lynhurtigt i forskellige situationer.

Opdelingen mellem deklarative og procedural hukommelse blev opdaget i slutningen af 1950'erne af Brenda Milner gennem hendes arbejde med patienten Henry Molaison (ofte forkortet HM).[185] HM havde pga. en trafikulykke i sin barndom udviklet epilepsi og i et forsøg på en behandling, foretog man et kirurgisk indgreb, hvor man bl.a. fjernede hippocampus i begge sider af hjernen. Operationen var delvist succesfuld i forhold til at fjerne epilepsien, men HM mistede desværre også sin evne til at huske (sin deklarative hukommelse). HM var efter operationen dog stadig i stand til at lære nye motoriske færdigheder. Dette viste i en øvelse, hvor han skulle tegne efter figurer i et spejl ('mirror drawing'). At tegne spejlvendt er ikke sådan lige til i begyndelsen, så det kræver noget træning. HM blev hele tiden bedre til at udføre disse øvelser, men han kunne overhovedet ikke huske, at han havde lavet dem før. At vores procedurale hukommelse opererer uafhængigt af deklarativ og emotionel hukommelse skyldes, at den

---

[184] Packard, M. G., & Knowlton, B. J. (2002); White, N. M. (2007).
[185] Perera, A (2021).

er afhængig af andre neurale strukturer. Hvor hippocampus og amygdala er de centrale strukturer for deklarativ og emotionel hukommelse, så spiller især striatum og i visse tilfælde også lillehjernen en central rolle for procedural hukommelse.[186]

Gentagelse er vigtig for at opbygge procedurale kompetencer. S-R relationer opbygges gradvist gennem 'trial-and-error'/'prediction-and-prediction-error'. Når en situation opstår, eller når vi møder bestemte stimuli (S), så prøver vi at matche denne situation med en hensigtsmæssig respons (R). Det er som regel svært i begyndelsen, og det kræver ofte stor koncentration og involvering af vores hjernes eksekutiv-funktioner. Det er derfor også helt naturligt, at vi laver en masse fejl til at begynde med. Når vi er helt små og skal lære at gå, så falder vi jo hele tiden, fordi vi endnu ikke har opbygget vores gang-kompetencer. Men efter et stykke tid bliver tingene gradvist indlært og automatiseret. Vi bliver eksperter i at gå.

Konsolidering af procedural hukommelse

Procedural hukommelse skal ligesom deklarativ hukommelse igennem en konsolideringsproces, før tingene sidder fast – og der gælder her mange af de samme karakteristika. Før konsolidering kan en indøvet sekvens forstyrres af anden tilsvarende læring. Søvn spiller også en meget vigtig rolle. Faktisk viser flere studier, at procedural læring bliver accelereret under REM-søvn. Vi bliver simpelthen bedre til at løse en procedural udfordring efter, vi har sovet, end hvis vi bliver ved og ved med at øve os.[187] Jeg siger det lige igen, husk pauser og søvn! Det gælder tilsvarende, at det er nemmere at lære noget motorisk, som passer ind i det, vi i forvejen har lært.[188] Hvis vi i forvejen har opbygget mange motoriske kompetencer i forhold til at danse, er det meget nemmere for os at lære nye dansetrin. Emotioner har også har en forstærkende effekt. Hvis forsøgspersoner øver

---

[186] Poldrack, R. A. et al. 1999).
[187] Duke, R., & Davis, C. (2006); Walker, M. P. et al. (2002).
[188] King, B. R. et al. (2019).

sig i at tegne spejlvendt (samme øvelse som HM), lærer de bedre og hurtigere, hvis man samtidig viser dem billeder af vrede og skræmmende ansigter i baggrunden.[189]

Visualisering og imagination har også en stærk effekt på procedural hukommelse. Vi kan "tør-træne" vores golfsving blot ved at visualisere, at vi gør det, mens vi slapper af på sofaen. Når vi visualiserer golfsvinget, bliver synapser og nervetråde i hjerne og krop forstærket. Der er også studier, der viser, at det samme gælder for musikere, kirurger eller mennesker, der har mistet førligheden og er i genoptræning.[190] Faktisk bliver vi bedre, bare vi kigger på, at andre gør noget. Det hænger sammen med, at vores hjerne indeholder såkaldte spejlneuroner, som er en særlig type hjerneceller, der både aktiveres, når vi selv udfører en bestemt motorisk handling, og når vi observerer andre gøre det. Dvs., hvis en anden person bevæger sin arm, aktiverer det spejlneuroner i vores egen hjerne, og vi får lyst til også at bevæge vores arm.[191] Man kan fx se spejlneuronerne i funktion, når andre gaber, så smitter det. Der er ingen tvivl om, at spejlneuroner spiller en afgørende rolle i forbindelse med læring. Vi bliver gode til at imitere og kopiere andre – og det er formentlig helt afgørende for vores udvikling, at vi kan efterligne vores forældre, søskende og andre vigtige mennesker i vores omgivelser. Procedural indlæring kan derfor både foregå helt bevidst, hvor vi bruger eksekutiv-ressourcer på at øve et eller andet, men også helt automatisk uden at vi rigtig tænker over det.

Når først procedural læring er blevet automatiseret (fuldt konsolideret), har vi ofte svært ved eksplicit at forklare, hvordan vi gør det, vi gør. Hvordan forklarer vi til andre, hvordan vi holder balancen på en cykel? Eller hvordan vi binder vores snørebånd? Og selvom du måske meget hurtigt kan skrive på din computers tastatur og måske endda med 10 fingre og

---

[189] Javadi, A. H. et al. (2011).
[190] Arora, S. et al. (2011); Bernardi, N. F. et al. (2013); Frank, C. et al. (2014); Page, S. J. et al. (2001).
[191] Mara, D. (2017); Cook, R. et al. (2014).

lukkede øjne, vil du alligevel have lidt svært at fortælle, hvor præcis et 'k' er placeret. Du skal i hvert fald lige tænke lidt over det. Du vil også have svært ved at fortælle, hvordan dine fingre får ramt de rigtige taster, og ordene nærmest opstår af sig selv på skærmen. Procedurale opgaver er på denne måde ikke noget, vi skal bruge bevidste mentale ressourcer på at udføre. Vi er gået fra at være bevidst inkompetente, til bevidst kompetente og til ubevidst kompetente. Det bliver naturligt for os at gøre tingene på en bestemt måde, og vi bliver derfor ved med at gøre det. Den er i øvrigt også sådan, vi opbygger vaner på. Gode såvel som dårlige. Det bliver unaturligt at gøre det anderledes. Det føles ikke rigtigt. Det giver ikke mening.

Procedurale kognitive kompetencer

Procedural hukommelse er ikke kun afgrænset til motoriske kompetencer. Vi bruger også vores procedurale hukommelse – og etablerer S-R relationer – når vi opbygger kognitive rutiner for, hvordan man regner noget ud i hovedet, foretager analyser af noget eller spiller skak.[192] Vi opbygger hele tiden erfaringer med, hvilken type kognitiv respons der passer til forskellige situationer. Hvis vi, som de store skakmestre, har spillet rigtig mange skakpartier, fortæller vores procedurale hukommelse os, at når skakbrikkerne står på en bestemt måde på skakbrættet (S), er det en god idé at foretage et bestemt træk (R). Hvis vi gentagne gange har løst en analytisk opgave, bliver det på tilsvarende vis naturligt for os at følge en bestemt analytisk fremgangsmåde. Hvad vi begynder med. Hvem der skal involveres. Hvilke spørgsmål vi skal stille. Hvad der skal prioriteres. Det samme gælder vores sociale kompetencer. Fordi vi har været i mange sociale sammenhænge, lærer vi automatisk, hvad der er passende at gøre i forskellige situationer. Hvor tæt man bør stå på folk, hvor meget kraft der skal lægges i et håndtryk, hvor højt man taler osv. Vi opdager ofte først, hvor meget social adfærd, der er automatiseret, når vi indgår i nye sociale sammenhænge, hvor man har andre sociale normer. Det er super interessant og spændende at møde

---

[192] Graybiel A. M. (2008).

nye mennesker fra andre lande og kulturer, men det er også krævende. Vi skal hele tiden koncentrere os om, hvad der er det rigtige at gøre. Procedural hukommelse er på denne måde ofte meget styrende for, hvordan vi intuitivt (naturligt og "kulturligt") reagerer i forskellige situationer – og hvad der giver mening. På denne måde kommer de kognitive reaktioner og fremgangsmåder, vi har tillært os i gennem livet, til at minde utroligt meget om personligheds- og karaktertræk. Iflg. Michael Cohen og Paul Bacdayankan kan man også opfatte rutiner i organisationer som et udtryk for fælles, mellem-menneskelig procedural hukommelse.[193] Organisatoriske rutiner opbygges jo også gennem et gentagende match mellem en given situation (udfordringer og opgaver) og en hensigtsmæssig respons, og over tid bliver det til organisatoriske vaner. Det, man plejer at gøre …

Ændring af procedural hukommelse

Vores procedurale hukommelse tager lang tid at bygge op, og det er ofte noget, som kan være svært at ændre. Dette kan synes som en ulempe, men det er sådan set ret praktisk. Når vi først har lært at gå, løbe eller holde balancen på en cykel, er det jo ikke noget, vi sådan lige glemmer. Når vi først har lært at løse en opgave effektivt, skal vi ikke til at genopfinde en ny dyb tallerken, hver gang vi skal i gang med en ny opgave. Det sidder "på rygraden". Det betyder dog ikke, at procedural hukommelse ikke kan ændres. Men fordi procedural hukommelse opererer implicit, så kræver det en bevidsthed om, hvad vi egentlig gør i forskellige situationer, og hvad der udløser vores adfærd.

James Clear, som har skrevet super-bestselleren "Atomic Habits" gør opmærksom på, at for at ændre vaner er det helt afgørende, at det er synligt for os, hvad det er, vi gør (forkert). Han anbefaler også at lave en konkret plan for, hvordan og hvornår vi vil udføre den nye vane.[194] Med en konkret

---

[193] Cohen, M. D. & Bacdayan, P. (1994).
[194] Clear, J. (2018).

plan kan vi begynde og øve (visualisere), hvordan vi vil gøre det, og det bliver gradvist mere naturligt.

Vaneændringer kræver en vedholdende indsats. Den kendte britiske tv-læge Michael Mosley (som desværre døde på en vandretur i Grækenland) fortæller i BBC-programmet "Trust me, I'm a doctor", at han havde erkendt, at han var meget ængstelig anlagt og havde lært sig selv en kognitiv procedure, hvor han kiggede efter det negative frem for det positive. I udsendelsen forsøgte han at ændre på det ved, at han hver dag i 7 uger brugte 10-20 minutter på, i et computerprogram, at finde det ene glade ansigt blandt en masse vrede ansigter. Mosley blev gennem de 7 uger markant hurtigere til at identificere de glade ansigter, hvilket kunne tyde på, at han generelt var blevet bedre til at fokusere på det positive. Han blev i bedre humør og fik også delvist kureret et 20 år gammelt søvnproblem.[195] Michael Mosley ændrede formentlig ikke det eksisterende procedurale hukommelsesspor men opbyggede derimod et nyt hukommelsesspor, der kunne "tage kampen op" med det gamle. Men det tager lang at opbygge. Og i perioden indtil det er opbygget, er det mest naturligt – og giver mest mening – at gøre som tidligere. Derfor er det i begyndelsen – og lang tid efter – "let at falde i" og gå tilbage til de gamle vaner og rutiner.

Samarbejde mellem hukommelses-systemer
Vores procedurale hukommelse samarbejder i høj grad med vores deklarative hukommelse om at løse forskellige opgaver. Et godt eksempel er vores evne til at tale. For at vi kan lære at tale et sprog, er deklarativ hukommelse en forudsætning for, at vi kan lære betydningen af forskellige ord (S-S relationer). Men et sprog består også af en række sekvenser af ord, der efterfølger hinanden efter nogle givne grammatiske regler, og her er det nødvendigt at kunne trække på den procedurale hukommelse. Når vi fx kan høre, at et verbum i infinitiv ("at-form") næsten altid ender på et "e"

---

[195] BBC (2013). The Truth About Personality, Horizon 2012-2013, Episode 17 of 18.

og i nutid på et "r" (at skriv_e, jeg skriv_er), er det netop et udtryk for det. Samtidig kræver udtale af ord motoriske kompetencer, så vi kan koordinere tunge, læber, kæber, luftstrømme mv.[196]

Konkurrence mellem hukommelses-systemer

Men der er også eksempler på, at hukommelsessystemerne konkurrerer mod hinanden, og hvor procedural eller emotionel hukommelse bliver dominerende og overtager kontrollen. Som jeg var inde på tidligere, er hippocampus meget følsom over for stress-hormonet kortisol. Lave niveauer har en fremmende effekt på vores evne til at lagre og genkalde information, mens høje niveauer har en hæmmende effekt – og kan i visse tilfælde få vores deklarative hukommelse til helt at slå fra.[197] Jeg har hørt flere historier om meget stressede mennesker, der sidder i et møde med kolleger, som de har arbejdet sammen med i årevis og lige pludselig, så kan de ikke huske, hvad kollegerne hedder. Der er også flere studier, der viser, at vi under stress bliver betydeligt dårligere til at relatere ny information til eksisterende information. Det, vi lærer, kommer til at 'stå alene'.[198] Det lyder jo umiddelbart, som en noget dum ting (og som et dårligt evolutionært design), men det kan faktisk være en fordel for os, hvis vi står i en akut, farefuld situation. Her skal der ofte reageres lynhurtigt, og responsfokuseret, procedural (og emotionel) hukommelse er derfor mere velegnet. Hvis vi fx kommer kørende på cykel og er ved at styrte, er det vigtigt hurtigt at have adgang til en indøvet, hensigtsmæssig, automatisk respons, så vi kan rette op og genskabe balancen. Det er bedst, hvis den deklarative hukommelse ikke "blander sig". Så kommer vi til at tøve, og så går det galt. I sådanne situationer fungerer kortisol som en 'switch', der automatisk overlader kontrollen til den indøvede respons.[199] Som udgangspunkt er det en rigtig god mekanisme, men det er naturligvis klart, at det er en stor ulempe, hvis vi går rundt i en kronisk stress-tilstand. Det er, som nævnt

---

[196] Quam, C. et al. (2018); Lee, J. C., & Tomblin, J. B. (2015); Ullman M. T. (2004).

[197] Schilling, T. M. et al. (2013); Ackermann, S. et al. (2013), Joëls, M. et al. (2006), Shaw, J. (2016).

[198] Quaedflieg, C., & Schwabe, L. (2018); Vogel, S., & Schwabe, L. (2016); Vogel, S. et al. (2018).

[199] Schwabe, L. et al. (2010).

ovenfor, meget uheldigt i en lærings- og uddannelsesmæssig sammenhæng. Det er også en kæmpe ulempe, hvis vi under stort tidspres skal tage hurtige, men også kloge beslutninger inden for helt nye problemstillinger. Stress gør vores handlingsrespons ufleksibel og rigid. Blandt både børn og voksne kan det dokumenteres, at vi bliver ved med at følge indøvede procedurer og vaner, selv om der findes helt åbenlyst bedre muligheder.[200] Derfor er det utroligt vigtigt at træne beslutningsprocedurer i stressede og tidspressede situationer. Det er det, man gør, i brandvæsenet, når man laver brand-øvelser. Man gør det i forsvaret. Og man bør måske også i endnu højere grad gøre det på direktionsgangene og i ministerkontorerne …

At vores deklarative hukommelse slår fra under stress, er helt klart noget, som desværre udnyttes. Når moderne svindlere ringer op til deres ofre – fx under dække af at de er fra offerets bank – og fortæller, at offerets bankkonto er ved at blive hacket, er det netop denne dynamik, de aktiverer. Offeret går i panik og får ikke længere adgang til informationer i deres deklarative hukommelse og kan ikke tænke klart. Og hvis svindleren samtidig er dygtig til at opbygge tillid – og det er de som regel – kan det ende meget galt.

Hund eller … ?

[200] Seehagen, S. et al. (2015); Schwabe, L., & Wolf, O. T. (2009).

Kort opsummering og refleksion

Med introduktionen til de forskellige hukommelsessystemer får vi en mere nuanceret forståelse af, hvordan vi husker og lærer. Og vi bliver opmærksomme på, hvordan hukommelsessystemerne både samarbejder med og konkurrerer mod hinanden.

I kapitlet bliver det klart, at vi er helt afhængige af vores hukommelse for at kunne forstå og skabe mening med vores omgivelser. Tidligere hændelser, opdragelse, viden og opbyggede kompetencer er styrende for, hvordan vi ser på os selv, og hvordan vi ser på verden. Vi bliver også opmærksomme på, at eksisterende viden og kompetencer har indflydelse på, hvad vi lærer (og lagrer), men også hvad vi husker. Igen bliver det klart, at vores forventninger spiller en helt central rolle.

Vi får også indsigt i vores hukommelses dynamiske og foranderlige natur, og at vi indimellem kan have svært ved at kende forskel på, hvad vi reelt har sanset, og hvad vi har forestillet os.

Kapitlet giver anledning til at reflektere over ...

- I forbindelse med opgaveløsning og beslutningstagning er det altid relevant at forholde sig til, om du selv har den rigtige viden og kompetencer. Men afklar også, om der er noget, der forvrænger dine vurderinger. Er der noget, du har brug for at aflære?

- Prøv at blive opmærksom på dine egne kognitive vaner, når du ser på en problemstilling, eller løser forskellige opgaver. Hvad gør du helt konkret – og er det den bedste fremgangsmåde?

- Pas på med stress. Det forringer din evne til at lære og til at tænke nyt, klogt og ud af boksen. Er du procesmæssigt forberedt til næste gang, du står i en tidspresset situation, hvor du skal tage en klog beslutning og tænke ud af boksen?

- Det er generelt mest effektivt, hvis ny information matcher eller bygger videre på eksisterende viden og kompetencer. Når du skal kommunikere til andre, gør du så nok for at forstå modtagerens viden og erfaringer. Bruger du det aktivt?

- Hvilke udfordringer men også muligheder giver det, at vores hukommelse er dynamisk? Hvordan kan du fx bruge visualisering?

- Inden ny læring er konsolideret, kan den forstyrres og ødelægges af anden læring. Overvej om du indimellem er for ambitiøs i en læringssituation? Husk at holde pauser og gør plads til konsolidering og reorganisering. Det kan godt betale sig.

- Er du opmærksom på, hvornår du kan "nøjes" med ny information og instruktion – og hvornår er det nødvendigt med et længere forløb for at ændre opfattelser og adfærd?

- I forbindelse med uddannelse kan du optimere læring ved at anvende materiale med høj emotionel værdi. Husk også at gøre tingene konkrete og brug billeder og metaforer.

Kapitel 05: Når det flyder ...
– Om kognitiv fluency og mening

For at forstå, hvordan vi kommer frem til vores vurderinger og forud-sigelser og skaber mening med verden, er det også vigtigt at forstå det begreb, der på engelsk hedder 'cognitive fluency', og som jeg i det følgende vil fordanske til 'kognitiv fluency' i mangel af et passende dansk begreb.[201]

Kognitiv fluency er en mental tilstand, hvor vores kognitive processer (perception, tanker, hukommelse mv.) opfattes som flydende og foregår uden besvær. Altså en tilstand, hvor det er let og hurtigt for os at opfatte og tænke over noget, forestille os noget og regne noget ud.[202]

Normalt har vi en forestilling om, at vi foretager vores vurderinger og beslutninger på baggrund af, *hvad* vi ved og kan huske om en given pro-blemstilling på et givent tidspunkt. Altså de informationer, som er aktiveret og til rådighed. Dette flugter med indsigterne fra forrige kapitel. Men det viser sig, at vores oplevelse af, hvor let og flydende vores hjerne bearbejder informationer, også har en afgørende indflydelse.[203] Vi lægger med andre ord ikke kun vægt på, *hvad* vi tænker, men også *hvordan* vi tænker. Fx bruger vi oplevelsen af 'kognitiv fluency' til at bedømme, om noget er rigtigt og sandt, hvor lang tid siden en hændelse har fundet sted, om noget er svært, eller hvor hyppigt det forekommer, hvor godt vi kan lide noget, og om vi

---

[201] Nogle kalder også kognitiv fluency for 'cognitiv ease' eller kognitiv lethed, fx Daniel Kahneman. At vores kognitive processer opleves som lette er en del af 'fluency oplevelsen', men det fanger det ikke helt, fordi der med 'ease' indikeres en eller anden form for afslappethed. Ofte kan kognitiv fluency faktisk være forbundet med en tilstand, hvor der er fuldt drøn på det mentale maskineri. Fx når vi er i en tilstand af 'flow'.
[202] Novemsky, N. et al. (2007).
[203] Song, H. (2009); Schwarz, N. (2004).

synes, at det er smukt. Indrømmet, det lyder lidt mærkeligt, men det giver faktisk meget god mening. Igen handler det om vores forventninger.

Eksempel: Hvis vi skal svare på et spørgsmål, som hvad hedder regentparret i Danmark, så er det ret let for os. Det er jo Frederik og Mary. Det er ikke noget, vi skal tænke videre over. Det er information, der er let at genkalde fra vores hukommelse. Når vi skal komme op med svaret, foregår det derfor lynhurtigt. Det er velkendt viden, når man bor i Danmark. Vi kan også uden at skulle anstrenge os svare på, at 2+2 = 4. Og vi er ikke i tvivl om, at det er sandt. Gennem livet opbygger vi den erfaring, at der ofte er en sammenhæng mellem, at noget er rigtigt og oplevelsen af, at vores kognitive processer er flydende og ubesværede. Vi får derfor en intuitiv forventning om, at vi kan tolke på denne oplevelse og sætter automatisk lighedstegn mellem høj kognitiv fluency og sandhed. Vi vænner os til, at når noget er rigtigt, er det let at komme i tanke om. Og omvendt, når noget er ukendt, så tager det længere tid og er forbundet med besvær.

Vi lytter især til vores kognitive processer, når vi er lidt usikre på, om noget er rigtigt. Hvis nu nogen fx fortæller os, at "lynlåsen blev opfundet i Norge" (som jo godt kan være sandt), vil vi ofte lytte til vores kognitive processer. Og hvis de er flydende, vil vi forvente, at udsagnet er rigtigt. Vi har en tendens til at tolke, at det har vi da vist hørt før. Det er naturligvis nødvendigt, at det ikke er i konflikt med konkret viden, vi har i forvejen.[204] Hvis du nu tilfældigvis er en lynlås-nørd og ved, at lynlåsen blev opfundet af Whitcomb Judson i USA i 1890'erne, så er det noget andet.

Det, vi konkluderer på baggrund af kognitiv fluency, er ikke begrænset til, hvad vi tror, der er sandt.[205] Vi opbygger en lang række forskellige erfaringer om og forventninger til, hvordan vi kan bruge kognitiv fluency

204 Dechêne, A. et al. (2010).
205 Alter, A. L., & Oppenheimer, D. M. (2009a); Schwarz, N. (2004).

som rettesnor for vores vurderinger.[206] Lad mig give et par eksempler. Der er ofte en sammenhæng mellem, hvor let vi kan huske detaljer om en hændelse, og hvor lang tid lang tid siden, hændelsen er sket. Er det let at huske (høj fluency), er det som regel en nylig hændelse. Er det svært at huske, er det sket for lang tid siden. Det giver os en forventning om, at kognitiv fluency kan bruges som en tidsindikator. Der er ofte også en kobling mellem, hvor hyppigt noget forekommer, og hvor let vi kan komme i tanke om eksempler på, at det er sket. Vi får derfor en forventning om, at hvis vi har let ved at huske, at der fx har været indbrud i vores nabolag – jamen så sker det nok tit. Vi bruger også kognitiv fluency til at tolke, om noget er familiært. Vi har en forventning om, at hvis vi oplever høj fluency, når vi møder en person (personen er let at forholde sig til), så er det, fordi vi har set eller mødt vedkommende før et eller andet sted.

Vi vil også typisk have en forventning om, at hvis vores kognitive processer opfattes som flydende, når vi tænker på et eller andet emne, jo mere vil vi vide om det. Der er en tilsvarende sammenhæng mellem kognitiv fluency og valgsituationer. Jo lettere, vi har ved at vælge noget, jo mere vil vi være overbeviste om, at det er det helt rigtige valg. Vi har også en forventning om, at lette opgaver er lettere at forholde sig til og overskue end svære opgaver. Vi danner på denne måde alle mulige forventninger til, hvad vi kan tolke ud af kognitiv fluency, og det kan blive udslagsgivende for vores vurderinger, især når vi ikke har anden information til rådighed. Det interessante er, at det ikke er noget, vi er særligt opmærksomme på. Det er en forventning, som vi genererer helt ubevidst. Men alligevel er det en ganske udmærket mekanisme. Der *er* jo ofte en sammenhæng mellem, hvor let og hurtigt det er for os at huske noget, opfatte noget, tænke over noget, forestille os noget, og hvor rigtigt det er, hvor godt vi kender til det, hvor lang tid siden det er sket osv.

---

[206] Unkelbach C. (2006); Unkelbach C. (2007).

Mange ting kan give os oplevelsen af kognitiv fluency

Der er dog en stor udfordring, som komplicerer tingene. Der er flere forskellige ting, der kan påvirke, om vores kognitive processer opleves som flydende, og som derfor også kan forvrænge vores intuitive vurderinger.

Jeg har allerede været inde på, at vi kan blive påvirket (primet) af "stikord" fra omgivelserne. Når vi bliver eksponeret for stimuli, aktiverer det automatisk visse dele af vores hukommelse. Det, som er "tændt", er det nemmere at huske og tænke på, og det bliver derfor hurtigere og lettere mentalt at processere denne information.[207] Hvis vi først er blevet eksponeret for BANAN, vil vi have lettere ved at tænke på gul eller en let sødlig duft. Og hvis vi skal udfylde det manglende bogstav i GU_ vil vi også hurtigere tænke på GUL At blive eksponeret for ordet BANAN betyder altså, at GUL opfattes som mere "rigtigt" end andre alternativer. Der er tilsvarende også eksempler på, at spørgsmålsformuleringer kan prime os og påvirke vores vurderinger. I et ofte anvendt eksempel blev besøgende på San Francisco Exploratorium stillet ét af to spørgsmål. 1) Er det højeste rødtræ over eller under 1200 fod? *Eller* 2) Er det højeste rødtræ over eller under 180 fod? Efterfølgende skulle de angive, hvor højt det højeste rødtræ er. Forskellen på disse svar var meget bemærkelsesværdig. De besøgende, der blev stillet det første spørgsmål svarede i gennemsnit 884 fod, mens den anden gruppe landede på 282 fod. Altså en forskel på hele 562 fod (170 meter), som alene kan forklares via den ubevidste påvirkning, som de var blevet udsat for. Når først referencepunktet er sat til 1200 fod, bliver det nemmere at forestille sig et tal i den høje ende. Vi var også inde på denne dynamik i forrige kapitel. Hvis vi bliver spurgt om, hvor hurtigt bilerne kørte, da de 'ramte' eller 'smadrede ind i' hinanden, aktiverer det forskellige associationer (og koncepter), som så bliver lettere at forestille sig – og dermed mere "sande".

---

[207] Alter, A. L., & Oppenheimer, D. M. (2009a).

Alle kan påvirkes af denne mekanisme. I et studie kunne man påvirke dommeres strafudmåling med noget så simpelt som et kast med to terninger. Høje kast førte til lange straffe, og lave kast gav korte.[208] Det er derfor vigtigt at være opmærksom på, hvad vi bliver eksponeret for i omgivelserne. Problemet er naturligvis her, at det er noget, der sker hele tiden. Vi kan blive påvirket (primet) af ord, spørgsmål, billeder, lyde, musik, lugte, film, avisartikler, reklamer, andre mennesker – ja stort set alt, hvad vi møder på vores vej. Man skal i den forbindelse huske på, at vi bliver mere påvirket af ting, der er overraskende eller har et stærkt emotionelt indhold. Hvis nu vores naboer lige har været udsat for indbrud, så er det tæt på, og det påvirker os mere. Det kan få os til at tro, at indbrud sker langt hyppigere, end hvad faktisk er tilfældet. Og det kan jo føre til nogle forkerte beslutninger, fx indkøb af et alt for overdimensioneret tyveri-sikringsanlæg – eller unødige bekymringer. De aktiverede dele af vores neurale netværk kan samtidig blokere for aktivering af andre associationer, som så vil være sværere at behandle mentalt. Altså, når vores naboer lige har haft indbrud, er det sværere at forestille sig, at andre ting kan gå galt. Det kunne jo være, at du i stedet skulle se at få udskiftet dine gamle vandrør, fordi de er ved at være tærede. Men denne tanke er der ligesom ikke 'plads til', og det opfattes derfor som mindre sandsynligt.

Når falsk bliver til sandt

Tidligere eksponeringer kan også påvirke vores oplevelse af fluency – og det er lige meget, om de er sande eller ej. I et studie deltog en gruppe af unge og en gruppe af ældre forsøgspersoner med et aldersgennemsnit på henholdsvis 21 år og 77 år. Man viste dem udsagn, som godt kunne være sande, fx "hajbrusk er godt mod gigt", "lynlåsen er opfundet i Norge" og "Osorno ligger i Chile".[209] For hvert udsagn var det meget tydeligt markeret, om det var "sandt" eller "falsk". Nogle udsagn blev gentaget 3 gange og andre kun en enkelt gang. Ikke overraskende ville begge grupper,

[208] Englich, B. et al. (2006).
[209] Skurnik, I. et al. (2005).

umiddelbart efter visningen, ikke acceptere, at et udsagn var sandt, hvis de lige havde set det med påtegnelsen "falsk". Dette gjaldt både for de yngre og de ældre – jo flere visninger, jo flere korrekte svar. Men det var kun tilfældet, hvis de blev spurgt umiddelbart efter forsøget. Hvis man ventede 3 dage, havde de ældre svært ved at huske, hvordan et udsagn havde været markeret. Til gengæld kunne de godt fornemme, at de var blevet eksponeret for det før. Dette gav dem en oplevelse af høj fluency. 28% af de falske udsagn blev således vurderet som sande, når de var blevet vist 1 gang, og hele 40% blev vurderet som sande, når de var blevet vist 3 gange. Hvis nu forsøget var forsat flere uger, er jeg sikker på, at de unge i forsøget også ville have glemt, hvordan et udsagn var markeret. Det paradoksale er altså her, at advarsler om falske påstande nogle gange kan komme til at virke stik imod hensigten.

Perceptuel fluency

Kognitiv fluency kan også opstå, hvis noget er let at behandle visuelt. Det kalder man 'perceptuel fluency'. Rolf Reber og Norbert Schwarz gennem-førte en række studier, hvor de også præsenterede forsøgspersoner for de her udsagn, som "Hajbrusk er godt mod gigt".[210] Udsagnene blev præsenteret på en hvid baggrund, men skrevet med forskellige farver, som gjorde det enten let eller svært at læse. Der kunne ses en klar tendens til, at det, der var skrevet med farver med høj kontrast, blev vurderet som mere sandt. Der er også lavet forsøg med forskellige skrifttyper. Song og Schwarz sammenlignede, hvordan studerende bedømte en fysisk opvarmnings-øvelse. Beskrivelsen var skrevet med enten Arial eller Brush, der er svær at læse. Resultaterne af forsøget pegede igen i samme retning. Øvelsen blev bedømt til at vare næsten dobbelt så lang tid, når den var skrevet med Brush, og de studerende var i øvrigt mindre villige til at gennemføre den.[211]

---

[210] Reber, R., & Schwarz, N. (1999).
[211] Song, H., & Schwarz, N. (2008a).

Tuck your chin into your chest, and then lift your chin upward as far as possible. 6-10 repetitions. Lower your left ear toward your left shoulder and then your right ear toward your right shoulder. 6-10 repetitions. (8,2 minutter)

Tuck your chin into your chest, and then lift your chin upward as far as possible. 6-10 repetitions. Lower your left ear toward your left shoulder and then your right ear toward your right shoulder. 6-10 repetitions. (15,1 minutter)

Song og Schwarz har lavet lignende forsøg med madopskrifter og med samme resultat. Madopskriften (som var tilberedningen af en japansk forårsrulle) blev bedømt til at tage 36 minutter, når den blev beskrevet med en svært læselig skrift og kun 23 minutter, når teksten var let at læse. Man var også her mest villig til at lave den letlæselige version, og den blev samtidig bedømt til at kræve færre kompetencer udi kokkekunsten. Oplevelsen af kognitiv fluency skabes ligeledes, hvis man præsenterer et tekstudsagn sammen med et foto, selvom dette foto egentlig ikke indeholder ekstra information. Hvis man fx præsenterer udsagnet "macadamianødder er i den samme evolutionære familie som ferskner" sammen med et foto af en skål med macadamianødder, vil flere tro, dette er sandt, end hvis udsagnet blev præsenteret alene. Fotoet gør teksten lidt lettere at processere.[212]

Kognitiv fluency skabes ligeledes af sætninger, der rimer eller er fyndige. De er lettere at forholde sig til, lettere at huske, og vi køber mere ind på dem.[213] På engelsk har man rigtig mange af sådanne rimende, bevingede ord, fx: "Birds of a feather flok together". "It takes one to know one". "Woes unite foes". "Haste makes waste". "Happy wife, happy life". Men også i Danmark kan vi være med: "Hvo som intet vover, intet vinder". "Mange bække små, gør en stor å". "Uden mad og drikke, duer helten ikke". "Djævlen ligger i detaljen". Eller hvad med Piet Heins elegante lille

[212] Newman, E. J. et al. (2015).
[213] McGlone, M. S., & Tofighbakhsh, J. (2000).

gruk: "Husk at elske, mens du tør det. Husk at leve, mens du gør det". Og pointen er altså her, at fordi de rimer og selvfølgelig også, fordi vi har hørt dem mange gange før, så bliver de til generelle, socialt accepterede sandheder. Og man ser derfor også fluency-effekten anvendt flittigt i reklamebranchen i forbindelse med slogans. Haribo – den er go'. Selvfølgelig!

Kognitiv fluency påvirkes også af, hvor lette eller besværlige ord og sætninger er at udtale. Og i modsætning til, hvad mange (især højtuddannede) nok vil tro, så bliver vi ikke nødvendigvis opfattet som mere intelligente, blot fordi vi bruger fine og flotte fremmedord. Selvom der typisk er en klar sammenhæng mellem en persons intelligens og et stort ordforråd, så er det ikke altid en fordel at formulere sig avanceret og komplekst. Dette kunne konkluderes på baggrund af en række studier gennemført af Daniel Oppenheimer, der sammenlignede tekster, hvor visse 'almindelige' ord var blevet erstattet med mere 'avancerede' ord.[214] Ord, som vi har svært ved at udtale, er sværere for os at processere og bliver ofte opfattet som mindre sande, mindre overbevisende – og personen, der fremfører dem, vil ofte også blive opfattet som mindre overbevisende. Det samme gælder kompleksiteten af information. Enkle og forsimplede budskaber bliver ofte opfattet som mere sande end budskaber, der går mere i dybden og har mere substans.[215] Kombineret med fyndige og rimende budskaber bliver det enkle og forsimplede derfor en slagkraftig (og farlig) kombination. Det må dog ikke blive for simpelt. Så bliver det for kedeligt. Husk på, at vi også gerne vil udfordres og overraskes.

Fluency i forbindelse med beslutningstagning og valg

Mængden af information kan også påvirke vores vurderinger og adfærd i en valgsituation. Ofte synes vi jo, at det er godt at have et stort antal valgmuligheder. Vi kan godt lide at komme på restauranter med et stort og varieret menu- og vinkort. Vi foretrækker butikker med mange forskellige

---

[214] Oppenheimer, D. M. (2006).
[215] Alter, A. L., & Oppenheimer, D. M. (2009a).

varer på hylderne. Vi kan godt lide at have mange muligheder i forbindelse med vores studier, vores job og generelt i livet. At have mange muligheder er ofte stærkt motiverende, men det kan også virke stik modsat. Det skyldes, at vi har en forventning om, at når det er let for os at vælge noget, så er det, fordi det er det helt rigtige valg. Vi forventer, at det rigtige valg er en 'no-brainer'. Og mange valgmuligheder gør valget svært. Især hvis mulighederne ligger tæt på hinanden. Det kan ses i et berømt studie af Sheena Lyengar og Mark Lepper.[216] De opstillede to stande i et supermarked, hvor forbipasserende kunder kunne smage på forskellige typer af syltetøj. På den ene stand kunne man vælge mellem hele 24 forskellige varianter fra "Wilkin and Sons". Den anden stand havde kun et begrænset udvalg af 6 varianter fra samme mærke. Resultaterne viste, at standen med det store udvalg var klart bedst til at tiltrække kunder. Her ville man gerne hen. Det var spændende. 60% af kunderne stoppede op og fik smagsprøver, mens kun 40% stoppede op ved standen med det lille udvalg. Men det var standen med de få varianter, der var bedst til at sælge, fordi her var det lettere for kunderne at vælge. 30% af kunderne købte her, mens kun sølle 3% af kunderne fra den store stand kom hjem med syltetøj i indkøbskurven. Med for mange valgmuligheder ender det ofte med et ikke-valg. Dette hænger også sammen med, at det mange gange kan gøre ondt at vælge fra. Det kommer jeg i øvrigt mere ind på i næste kapitel, der går i dybden med emotioners påvirkning af meningsskabelse.

I et andet studie fik studerende i en psykologiklasse muligheden for at skrive en 2-sides supplerende opgave mod at få ekstra studiepoint. De blev delt op i to grupper, der kunne vælge et emne på en liste med henholdsvis 6 eller 30 forskellige opgaveemner. Igen viste det sig, at et stort antal emner gjorde det svært for de studerende at vælge. 60% af de studerende, der fik mange valgmuligheder, valgte at skrive den ekstra opgave, mod 74% af de studerende i gruppen med 6 alternativer. Det var også interessant, at disse

---

[216] Lyengar, S. S., & Lepper, M. R. (2000).

opgaver bare var bedre. De studerende, der havde få emner at vælge imellem, oplevede, at deres valg bare var det helt rigtige for dem! Det selvsamme emne kan altså være mere motiverende og give et bedre resultat, hvis det er valgt ud fra et begrænset antal muligheder. Det er meget tankevækkende. Og prøv i øvrigt at reflektere over disse resultater set i relation til den eksplosion af valgmuligheder, som unge har i dag, og hvad det har af potentielle implikationer.

Fluency og argumenter

Man kan se den samme fluency-dynamik, når vi selv skal finde på gode argumenter, der kan støtte op omkring en konkret holdning, vurdering, beslutning eller handling. Som vi hørte ovenfor, konkluderer vi som regel (og ofte korrekt), at hvis vi let kan finde på mange eksempler på noget, vil det understøtte, at det er sandt, rigtigt, hyppigt forekommende osv. Men paradoksalt nok kan denne forventning ende i en situation, hvor mange eksempler faktisk virker modsat hensigten.[217] Hvis du forestiller dig, at du skal til et jobinterview, men bøvler lidt med din selvtillid. Du vil virkelig gerne have jobbet, men er bange for, at din manglende selvtillid vil skinne igennem i jobinterviewet og begrænse din chancer. Du vælger derfor at besøge en coach, som beder dig om at skrive 10 ting ned, der kan bekræfte dig i, at du er et fantastisk menneske og den perfekte kandidat til jobbet. Det lyder umiddelbart som en rigtig god idé. Ved at skrive 10 ting ned, kan du virkelig dyrke alle de mange gode sider af dig selv. Og jo flere eksempler, du kan finde på, jo bedre er det jo. Men måske er det bedre, hvis din coach nøjes med at bede dig om at finde på 3 gode ting … Det lyder mærkeligt og helt omvendt, men forklaringen findes netop i effekterne af kognitiv fluency. Selvom du måske godt kan komme i tanke om 10 ting, vil det blive oplevet som lidt besværligt. Men at finde på 3 ting kan du hurtig gøre. Sådan der. Høj fluency! Herved vil du sidde tilbage med en helt anden oplevelse.

---

[217] Schwarz, N. (2004); Schwarz, N. et al. (1991).

Tilsvarende, hvis du har problemer i dit parforhold. Lad være med at lytte til jeres parterapeut, hvis I har sådan en, hvis vedkommende foreslår jer at lave en lang liste med alle de gode ting, der er i jeres forhold. Det er sandsynligvis bedre at lave en kort liste (hvis I altså ønsker at fortsætte). Man kan se denne dynamik i mange sammenhænge. Fx i forhold til holdninger til aktiv dødshjælp, offentlig transport, pensionsordninger eller sågar opfattelsen af den tidligere britiske premierminister Tony Blair.[218] Det dog vigtigt at være opmærksom på, at det her kun gælder, hvis vores holdninger eller præferencer er moderate.[219]

Præ-mortem øvelsen – pas på hvordan du gør det ...

I de senere år er det blevet moderne i erhvervslivet at gennemføre en såkaldt 'præ-mortem øvelse' i forbindelse med projekt- eller strategiarbejde. Formålet med øvelsen er at udfordre strategiplanen og identificere potentielle svagheder og trusler. Præ-mortem øvelsen fås i flere versioner, men grundlæggende handler det om, imaginært, at spole tiden frem til det tidspunkt, hvor et projekt eller en strategi er afsluttet. Man forestiller sig så, at projektet eller strategien er blevet en fiasko og prøver at finde på årsager til, at det er endt sådan. Hermed kan man dyrke nogle af de potentielle svagheder ved strategien, som man normalt ikke kan få øje på. Det er en rigtig fin arbejdsmetode. Det ændrer fuldstændigt perspektivet. Udfaldet (eller forventningen) er nu, at det er gået galt, og man ser derfor på tingene på en anden måde. Bevisbyrden er vendt om. Men øvelsen kan også få det modsatte resultat end det ønskede, hvis man prøver at finde på så mange årsager som muligt til, at projektet eller strategien er gået galt. Det vil jo være forbundet med kognitivt besvær, hvilket derfor vil virke som en bekræftelse på, at strategien er helt rigtig.

---

[218] Haddock, G. et al. (1996); Haddock G. (2002); Wänke, M. et al. (1996); Schwarz, N. (2004).
[219] Haddock, G. et al. (1999).

Kognitiv fluency, præferencer og æstetik

Det måske mest besynderlige ved kognitiv fluency er, at det også har indflydelse på, hvad vi godt kan lide, og hvad vi synes, der er attraktivt og smukt. Det er faktisk noget, man har vidst i et stykke tid. Allerede tilbage i 1960'erne udførte den amerikanske socialpsykolog Robert Zajonc en række eksperimenter, hvor forsøgsdeltagere blev eksponeret for forskellige neutrale stimuli som ord, geometriske mønstre og figurer, kinesiske skrifttegn mv. Resultaterne af forsøgene pegede i én retning. Vi kan bedst lide det, som vi er blevet eksponeret for før. Zajonc navngav denne sammenhæng for 'The Mere Exposure Effect' (MEE – den blotte eksponeringseffekt).[220] Den er efterfølgende blevet dokumenteret i mere end 200 studier og kan ses i næsten alt. Symboler, mønstre, tøj, lyde mv.[221] Det er desuden interessant, at MEE også virker ubevidst – altså når eksponeringen er så kort, at vi ikke kan nå at registrere den. Og mange gange har denne ubevidste eksponering større effekt.[222] Det er en vigtig pointe – mere herom senere. Resultaterne af forsøgene udfordrer igen vores almindelige antagelser om, hvordan vi foretager vurderinger og danner vores præferencer. Det er naturligvis også super interessant og relevant for folk i reklamebranchen, og der gik i mange år rygter om, at bl.a. Coca Cola påvirkede forbrugerne ved at indsætte ekstra billeder (som man ikke ville opdage) ind i spillefilm i amerikanske biografer. Men det er altså en skrøne.[223]

Kognitiv fluency er en behagelig følelse

Der er flere forklaringer på, hvorfor MEE opstår. En af de mest populære går ud på, at det er en evolutionær forsvarsmekanisme.[224] Vi kan bedst lide det, vi kender, fordi det ikke er farligt. Det kendte er altid mere sikkert. Det giver jo egentlig udmærket mening. Der er dog flere ting, der tyder på,

---

[220] Zajonc, R. B. (1968)., Kunst-Wilson, W. R., & Zajonc, R. B. (1980).
[221] Bornstein, R. F., & D'Agostino, P. R. (1992).
[222] Bornstein, R. F., & D'Agostino, P. R. (1994).
[223] Florea, M. (2016); Bargh, J. (2018).
[224] Zajonc, R. B. (1968).

relationen mellem eksponering og præferencer også skyldes, at eksponering skaber kognitiv fluency, og det i sig selv er en behagelig følelse.[225] Når vi ser et objekt og samtidig oplever kognitiv fluency, så overfører vi den positive følelse til objektet. Vi tilskriver, at den positive følelse stammer fra det. At det forholder sig sådan, understøttes af flere eksperimenter, hvor der er anvendt udstyr, som kan måle den elektriske aktivering af forskellige muskler (en såkaldt elektromygraf). Kognitiv fluency aktiverer vores smile-muskler, og det er en forholdsvis klar indikation af, at fluency er forbundet med nydelse.[226]

Igen er det interessant, at der er mange forskellige forhold, ud over forudgående eksponeringer, der kan påvirke vores præferencer. I princippet har alle de forhold, som jeg tidligere har været inde på (tydelig skrift, høj kontrast, ord der rimer osv.) den samme effekt. Der er dokumenteret af flere studier, hvor man har manipuleret oplevelsen af kognitiv fluency på forskellig måde.[227] Vi kan også generelt bedre lide personer med navne, der er lette at læse og udtale. Vi opfatter politiske kandidater med 'flydende' efternavne mere positivt.[228] Og i en analyse i amerikanske advokatfirmaer kunne man se, at advokater med let-udtalelige navne ofte bestred de højeste stillinger. Alter og Oppenheimer har påvist, at også kurserne for ny-udstedte aktier bliver påvirket af oplevelsen af kognitiv fluency. I begyndelsen, når der ikke er så meget anden håndfast information at vurdere ud fra, er tiltroen til aktier med nemme navne størst.[229] Det lyder helt tosset. Hvis nu din investeringsrådgiver giver dig det råd, at du skal investere i ny-udstedte aktier blot pga. deres navn, vil du nok seriøst overveje, om det ikke er tid til at finde en ny rådgiver. Men den er altså god nok.

---

[225] Winkielman, P. et al. (2003); Reber, R. et al. (2004); Topolinski, S., & Strack, F. (2009a).
[226] Winkielman, P., & Cacioppo, J. T. (2001); Harmon-Jones, E., & Allen, J. J. B. (2001).
[227] Winkielman, P. et al. (2003).
[228] Laham, S.M. et al. (2012).
[229] Alter, A. L., & Oppenheimer, D.M. (2006).

Der er også lavet eksperimenter med navne på tilsætningsstoffer i fødevarer, og vi foretrækker også her helt klart tilsætningsstoffer med navne, der er lette at udtale. Tilsætningsstoffer med svære navne opfattes generelt som mere risikable og skadelige.[230] Der er tilsvarende eksempler på, hvordan man opfatter forskellige former for medicin. Er det svært at læse og udtale, er det mere farligt. Det kan også være med til at forklare, hvorfor aktier med svære navne vælges fra. Alter og Oppenheimer har desuden påvist, at vi opfatter 'fluent' omgivelser, som mindre risikofyldte. Fx undersøgte de, hvor villige vi er til fortælle om pinligheder om os selv på et website kaldet www.grouphug.us.[231] Websitet ændrede under forsøget design fra grå skrift på sort baggrund til sort skrift på hvid baggrund (fra lav til høj fluency). Det betød, at de personlige bekendelser blev mere ærlige og oprigtige.

Kognitiv fluency og oplevelsen af mening

Det er også interessant, at vi har præference for det, som er i overensstemmelse med vores viden og erfaringer. Med reference til de forrige kapitler, kan man generelt sige, at vores kognitive processer vil være lette og flydende, når noget passer ind i vores hukommelsesskemaer (kapitel 4), når det er i overensstemmelse med vores etablerede konceptuelle kategorier og opfattelser af kausale sammenhænge (kapitel 3), og når det, som sker, passer til vores forventninger (kapitel 2). Vi kan bedre kan lide en sætning som "the stormy sea tossed the boat", end sætningen "the stormy sea tossed the lamp".[232] Det er meget lettere at forholde sig til den første sætning, fordi den passer til vores forventninger, mens den anden ikke rigtig giver nogen mening. Tilsvarende har Topolinski og Strack dokumenteret, at vi bedst kan lide ord-triader, som er konceptuelt sammenhængende, altså fx: "bølge-skum-hav" fremfor "glas-ringbind-bukser".[233] Studiet kunne i øvrigt også fastslå, at vores opfattelse af sammenhæng kan manipuleres

---

[230] Song, H., & Schwarz, N. (2009).
[231] Alter, A. L. (2013); Alter, A.L., & Oppenheimer, D.M. (2009b).
[232] Whittlesea, B.W. (1993); Winkielman, P., & Cacioppo, J. T. (2001).
[233] Topolinski, S., & Strack, F. (2009a); Topolinski, S., & Strack, F. (2009b).

på forskellig måde, fx med højere kontrast og gentagne eksponeringer. Høj (kunstigt skabt) fluency kan få os til at vurdere tilfældige ord-triader (glas-ringbind-bukser) som betydningsmæssigt sammenhængende, og samtidig kan det få os til at lide dem bedre. Det er ligeledes meget interessant, at vi i vores intuitive vurdering tillægger oplevelsen af kognitiv fluency større vægt, end at der rent faktisk er en konceptuel sammenhæng mellem ordene i ord-triaden.

Der er flere interessante konklusioner i kølvandet på ovenstående.

- Der er en sammenhæng mellem vores oplevelse af kognitiv fluency og vores opfattelse af, at vores forventninger bliver mødt – og dermed også, om vi opfatter, at noget giver mening.
- Kognitiv fluency er en behagelig tilstand. Det kan forklare, hvorfor vi bedst kan lide det, som passer til det, vi forventer – når tingene giver mening. Når en tilstand med lav fluency bliver afløst af høj fluency, giver det os et boost af velvære.
- Og fordi kognitiv fluency kan frembringes "kunstigt" fx gennem brug af høj kontrast, rim osv., kan oplevelsen af, at noget giver mening, også frembringes "kunstigt" gennem brug af de samme virkemidler.

Skønhedens lidelige lethed

Der er også en sammenhæng mellem kognitiv fluency, og det, vi synes, er smukt. Det er de samme principper, der er gældende her. Rolf Reber og kolleger gennemførte således eksperimenter med figurer, som blev vist på en baggrund med høj eller lav kontrast. Figurer med høj kontrast er lettere visuelt at bearbejde og bliver derfor vurderet som smukkere.[234] Der er også lavet forsøg med symmetriske ansigter, der som regel bliver vurderet som mere attraktive end asymmetriske. Der har været teorier om, at denne præference skyldes, at et symmetrisk ansigt repræsenterer reproduktiv

---

[234] Reber, R. et al. (2004).

attraktivitet. Mennesker med symmetriske ansigter har bedre gener, de får bedre og sundere børn, og derfor synes vi, at de er lækre og smukke. Det giver mening, og det kan meget vel være, at det er sådan, det er. Men der er også meget, der tyder på, at det er lettere at forholde sig til et symmetrisk ansigt. Det er lettere at 'forudsige'. Det indeholder mindre information og medfører derfor kognitiv fluency. Derfor har vi som regel også en forkærlighed for symmetriske mønstre, figurer mv.[235]

Der er på tilsvarende vis lavet forsøg med prototypiske ansigter. Det viser sig, at de ansigter, som bedst passer ind i den konceptuelle kategori 'ansigter', opfattes som pænest. Dette gælder også for andre kulturer end vestlige.[236] Igen har den evolutionær-psykologiske forklaring været, at prototypiske ansigter repræsenterer reproduktive fordele. Men der er også lavet forsøg med fugle, fisk, hunde, armbåndsure og biler, hvor reproduktion ikke burde være en afgørende faktor. Og her ser man samme tendens. Vi kan bedst lide de prototypiske udgaver.[237] Derfor må vi se os om efter en anden, eller i det mindste en supplerende forklaring. Og igen synes koblingen mellem kognitiv fluency og opfattelsen af skønhed at ligge ligefor.

Kognitiv fluency kan forklare flere ting ...

Med kognitiv fluency får vi en forståelse for, at det, som opleves som kognitivt fluent, opfattes som mere rigtigt og sandt. Vi kan bedst lide det og synes, det er smukkest. Denne indsigt kaster lys over flere ting.

Det bliver tydeligt, hvorfor det kan være svært at ændre vaner. Vaner, som måske er indøvede og lagret i vores procedurale hukommelse gennem et helt liv, er jo forbundet med høj fluency. Det er let, og det virker helt rigtigt. Men når vi skal lære noget nyt, eller gøre tingene på en anderledes måde, er det en helt anden

---

[235] Reber, R., & Schwarz, N. (2006).
[236] Rhodes, G. et al. (2001).
[237] Winkielman, P. et al. (2006); Halberstadt, J., & Rhodes, G. (2003).

historie. Det er svært. Det er træls. Det er krævende. Det er forbundet med lav fluency, og det virker som om, at det er forkert. Dette gælder også vanetænkning. Den måde, vi er vant til at tænke om tingene på, virker ofte som den rigtige. Vi har sværere ved at forestille os ting og scenarier, som ikke passer ind i vores mentale struktur. Det bliver mindre fluent og derfor også mindre sandt og sandsynligt.

Vi får også en forklaring på, hvorfor vi har en stærk tendens til at tro, at andre tænker det samme som os selv. Det, vi selv tænker, er lettere at forholde sig til. Det er mere rigtigt og sandt, mere "kendt" og mindre risikabelt. Så hvordan kan andre tænke på en anden måde? Der er utrolig meget rigtigt i ordsproget: "Tyv tror, hver mand stjæler". Hvis man selv er meget motiveret af at tjene penge, vil man have svært ved at forstå, hvorfor andre ting (også) kan være motiverende.

Kognitiv fluency giver også indblik i, hvorfor det ofte er en god idé at involvere mennesker i udviklingen af de løsninger, som de skal arbejde videre med. Når vi selv er med fra begyndelse og deltager i at tage beslutninger, vil en løsning opfattes som mere fluent og derfor give mere mening.

Vi får også et nyt 'take' på det klassiske "not invented here" syndrom (NIH), der dækker over, at mennesker og organisationer typisk prøver at undgå løsninger, som de ikke selv har udviklet. Vi bliver også opmærksomme på, hvorfor det er så svært at gennemføre såkaldte 'best practice' projekter, hvor man identificerer de bedste løsninger på forskellige udfordringer, og derefter forsøger at overføre og implementere disse løsninger i andre organisationer. Som regel finder man i disse organisationer på alle mulige undskyldninger for og "gode" grunde til, at disse løsninger ikke kan fungere her. Ofte fordi det er forbundet med lav fluency. I stedet investeres der mange penge og ressourcer i at udvikle egne løsninger. Mange "dybe tallerkner" er blevet udviklet på den konto. Men måske lidt manipuleret kognitiv fluency kunne gøre tricket?

Vi får også indblik i, hvorfor det er så svært at se ud over det, som er oppe i tiden, det som også kaldes for 'dominerende narrativer' i samfundet. Når vi konstant i medierne, ved frokostbordet i kantinen eller blandt venner bliver bombarderet med de samme "stikord", er det noget, som påvirker kognitiv fluency og dermed i sidste ende, hvad vi synes er rigtigt og passer til situationen. Hvis alle fx taler om, at der kan opnås store effektiviseringsgevinster gennem digitalisering eller brug af AI, bliver det svært at forestille sig, at det ikke er en god idé.

Det står også klart, hvorfor 'fake news', der gentages igen og igen, bliver til noget, som mange kommer til at tro på, og ender med at blive "sandheden". Det er ikke ligegyldigt, om typer som Donald Trump og russiske internettrolde får uhindret lov til at poste falske nyheder på sociale medier. Ja, selv velmenende oplysnings-kampagner, der advarer mod falske oplysninger, kan (som vi så) meget let virke mod hensigten.

Det bliver desuden tydeligt, hvorfor det er så farligt (og kan være så for-vrængende) med et for snævert nyhedsmix. Hvis vi kun ser Fox News eller får nyheder fra såkaldte 'ekko-kamre' på sociale medier, jamen så kommer vi til at se verden på en helt speciel måde. I kapitel 2 omskrev jeg Sherlock Holmes citatet "there's nothing more deceptive than the obvious fact.". Der er intet mere vildledende, bedragerisk og forførende end "beviser", der støtter op omkring en stærk hypotese. Man kan også være frisk og gøre det her. "There is nothing more deceptive than the cognitive fluent fact".

Kan der være fordele ved lav fluency?

Okay, så der er en klar tendens til, at kognitiv fluency skaber præferencer for et givent objekt. Betyder det så også, at man – hvis man fx er reklamemand og skal sælge et produkt – altid skal stræbe efter høj kognitiv fluency? Skal man altid sørge for, at alt er symmetrisk eller er skrevet med en let læselig skrifttype? Skal man altid udvikle navne til produkter og brands, der er nemme at udtale og finde på slogans, der er fyndige og rimer? Nej det gør ikke! Verden er (desværre eller heldigvis …) ikke altid så enkel. Lav kognitiv fluency er faktisk en fordel i visse tilfælde. Hvis du nu har fået til opgave at finde på et navn til en helt ny og meget vild rutsjebane i Tivoli, så vil lav fluency faktisk være en fordel. Ja! Rutsjebaner med navne, der er svære at udtale, vil jo blive opfattet som mere farlige og risikable – og det er jo attraktivt i den sammenhæng. Når vi skal ud køre i rutsjebane, er det ikke det kendte og det behagelige, som vi er ude efter. I stedet søger vi gys og spænding.[238] Det samme gør sig gældende i forhold til luksusprodukter. Her kan høj fluency også være en ulempe. Når et produkt er kendt og familiært, er det også almindeligt – og almindeligt rimer ikke med luksus. Lav fluency vil også være en fordel, hvis man vil have noget til at fremstå som nyt eller innovativt. Høj kognitiv fluency indikerer jo, at det er noget, vi kender i forvejen. Men der er selvfølgelig flere ting i spil her. Hvis lav fluency bliver frembragt af en gammeldags skrifttype, vil det naturligvis trække i den modsatte retning. Om vi foretrækker høj eller lav fluency, er også afhængig af den situation, som vi befinder os i.[239] Er vi i usikre og utrygge omgivelser, vil vi have større motivation for at søge mod det sikre, kendte og forudsigelige, mens det trygge og forudsigelige bliver kedeligt i sikre omgivelser.

Fluency og tænkemåde

I fortsættelse af ovenstående er det også interessant, at lav fluency fungerer som en form for 'kognitiv alarm', der får os til at tænke analytisk og refleksivt. Lidt på samme måde som prediction errors i øvrigt. Det hænger sammen med, at vi normalt forbinder høj fluency med noget kendt, sikkert og let. Velkendte informationer og situationer er noget, som vi kan håndtere uden at skulle igennem en trættende analytisk og reflekteret tankeproces. Vi står over for den der 'no-brainer'.[240] Omvendt er lav fluency forbundet med noget ukendt, potentielt risikabelt og svært. Det er en indikation på, at der er et eller andet, som ikke stemmer, og som kræver ekstra analyse. Her er noget, som kræver, at vi er oppe på dupperne. Dette er sådan set en ganske udmærket mekanisme. Som regel er der jo en rigtig god sammenhæng mellem oplevelsen af kognitiv fluency og om en situation eller problemstilling er velkendt. Problemet er naturligvis her, at vores

---

[238] Song, H., & Schwarz, N. (2009).
[239] Winkielman, P. et al. (2012).
[240] Alter, A. L. et al. (2007); Simmons, J. P., & Nelson, L. D. (2006).

'kognitive fluency alarm' også kan blive manipuleret af de forskellige forhold, som er beskrevet ovenfor (høj kontrast, mange eksponeringer, symmetri osv.). Dvs., vi kan komme til at stå i en situation, hvor vi "blot" tænker intuitivt, men hvor det er nødvendigt at være mere opmærksom og reflekteret.

Lad mig give et eksempel. Jeg fortalte tilbage i kapitel 1 om Moses-illusionen, som langt de fleste af os falder i. Vi opdager ikke, at det er et trick-spørgsmål, fordi både Moses og Noah er bibelske karakterer. Men hvad så, hvis vi manipulerer lidt med skrifttyper? Song og Schwarz under-søgte netop dette, og du har sikkert allerede gættet svaret.[241] Med en let læselig skrifttype kunne de genskabe Erikson og Mattsons resultater. 88% svarede "to" på Moses-spørgsmålet og opdagede ikke fejlen. Men hvis de skrev spørgsmålet med en svært læselig skrifttype faldt fejlraten til 53%. Lav kognitiv fluency fik mange af deltagerne til at tænke sig mere om.

Denne effekt er naturligvis noget, som kan bruges aktivt. Adam Alter foreslår, at man kan bruge det i forbindelse med undervisning. Der er studier, der dokumenterer, at studerende, der undervises med materiale med lav fluency, klarer sig bedre til en efterfølgende eksamen.[242] Det er dog ikke helt uden problemer. Vi er jo ikke er i stand til at tænke fokuseret og analytisk hele tiden. Et undervisningsmateriales evne til at aktivere refleksiv tænkning virker kun, hvis vi har ledig mental kapacitet. Hvis vi er mentalt udkørte (ego depletion), så udebliver effekten.[243] Men vigtigst af alt, så er der jo også en klar tendens til, at vi ikke kan lide materiale, der frembringer lav kognitiv fluency. Vi vægter kilder og informationsmateriale højere, hvis de fremstår 'fluent'. Og det hænger jo sammen med, at det opfattes som mere rigtigt, sandt og troværdigt.[244]

---

[241] Song, H., & Schwarz, N. (2008b).
[242] Diemand-Yauman, C. et al. (2011).
[243] Schwarz, N. (2004).
[244] Shah, A., & Oppenheimer, D.M. (2007).

Discounting

Effekterne af kognitiv fluency er med andre ord ret omfattende. Men det er ikke altid, at oplevelsen af høj eller lav kognitiv fluency påvirker os. Det er nødvendigt, at vi har en forventning om, at vi kan bruge oplevelsen af fluency er relevant for vores vurderinger. Hvis du har svært ved at komme i tanke om fodboldspillere i den danske Superliga, der har scoret mere end 10 mål i sidste sæson, vil du ikke nødvendigvis konkludere, at det er, fordi der er få spillere, der har scoret mere end 10 mål. I stedet vil du formentlig bare blive bekræftet i, at du overhovedet ikke er interesseret i dansk Superligafodbold, at du ikke lige har fulgt med, eller noget helt tredje. Herudover er det nødvendigt, at vores oplevelse af kognitiv fluency er relateret til vores vurdering og ikke skyldes andre forhold. Hvis vi fx får at vide, at en tekst er svær at læse pga. skrifttypen, så udebliver effekten.[245] Det kan også forklare, hvorfor ubevidste eksponeringer i 'the mere exposure effect' er mest effektive i forhold til at skabe præference. Når vi bevidst kan opfatte gentagne eksponeringer, får vi intuitivt en mistanke om, at det kan påvirke vores vurderinger – og at vi måske bliver forsøgt manipuleret. Samtidig begynder vi at kede os. Der opstår det, som i reklamebranchen kaldes for 'wear-out'.

Kort opsummering og refleksion

Kapitlet giver en ny og nuanceret indsigt i, hvordan vi foretager intuitive vurderinger gennem en tolkning af vores egne kognitive processer. Vi bruger vores erfaringer med, at der er en sammenhæng mellem et bestemt udfald – fx at noget er rigtigt – og oplevelsen af kognitiv fluency. Samtidig er det en behagelig tilstand, der betyder, at vi ofte har præference for det, som er fluent – og vi synes, det er smukkere. Vi bliver ligeledes opmærksomme på, at kognitiv fluency kan være forbundet med en oplevelse af mening, fordi kognitiv fluency opstår, når det, som sker i vores omgivelser, matcher vores forventninger.

---

[245] Novemsky, N. et al. (2007)

Kapitlet viser også, at der en lang række forhold i vores omgivelser, som kan påvirke vores oplevelse af kognitiv fluency.

Kapitlet giver anledning til at reflektere over …

- Når du foretager vurderinger og beslutninger, er du så opmærksom på, hvad det er for "stikord" i omgivelserne, du bliver eksponeret for? Husker du også på såkaldte dominerende narrativer? De behøver ikke være 'sandheden' og svaret alle vegne.

- I forbindelse med research vil ny information, der ikke matcher dine forventninger, blive oplevet som mindre 'fluent' og dermed mindre sandt og rigtigt. Hvad kan du gøre for at imødekomme det?

- Vær også opmærksom på, at det – pga. fluency effekter – nogle gange er svært at "dræbe" dine egne gode ideer, kæpheste og 'darlings'.

- Fluency effekter er et stort problem i forbindelse med forandringsprojekter, fordi 'det nye' – nye informationer, nye procedurer og fremgangsmåder, nye koncepter – som udgangspunkt vil være forbundet med lav fluency. Derfor vil det opleves som mindre rigtigt – og give mindre mening. Hvad gør du ved det? Kognitiv fluency er også en udfordring i forhold til vaneændringer.

- Er du opmærksom på, hvordan du kan bruge kognitiv fluency manipulativt? Der er ingen grund til at bruge "de forkerte" skrifttyper, hvis du ønsker at påvirke din målgruppe.

- Er du også opmærksom på, at lav kognitiv fluency nogle gange er en fordel?

Kapitel 06: Emotioner og mening
Den emotionelle mentale model

Vi mennesker er bevidste og tænkende væsener, men vi er i høj grad også emotionelle væsener. Vi kan blive glade, sure, skuffede, misundelige, kede af det og jaloux. Flove, irriterede, skamfulde, entusiastiske, bange, bekymrede ... Og ofte er emotioner forbundet med en kropslig oplevelse. Vi kan syde af arrigskab, blive stive af skræk, boble af glæde eller være så nervøse, at vi nærmest ikke kan stå op.

Det er svært at forestille sig et liv uden emotionelle følelser. De er en helt naturlig og integreret del af at være menneske. Og selvom emotioner indimellem kan opleves som forstyrrende, er der ikke særligt mange, der vil undvære dem. Hvem kunne tænke sig at være ligesom karakteren Data fra Star Trek, som er helt blottet for emotionelle følelser. Nej vel! Emotioner giver farve til vores hverdag. På godt og ondt.

De fleste af os ved godt, at vi nogle gange er meget styrede af vores emotioner – og at det ikke (altid) er en god idé at tage beslutninger, når vi er emotionelt ophidsede. Men emotioner påvirker også vores vurderinger på måder, der er langt mindre åbenlyse, og som vi har svært ved at gennemskue. Det vil jeg komme ind på dette kapitel.

o-o-o

Selvom emotioner er noget, vi alle kender til, er det et forskningsområde, der er præget af meget stor faglig uenighed. Der findes flere emotionelle "skoler", men hvis man skærer ind til benet, har den mest centrale diskussion været mellem et darwinistisk, funktionalistisk perspektiv og det konstruktivistiske perspektiv.[246]

Det darwinistiske perspektiv

Det darwinistiske perspektiv er det mest udbredte og det letteste at forstå. Det kan spores helt tilbage til Charles Darwin i 1872 i hans på det tidspunkt banebrydende bog *'The Expression of the Emotions in Man and Animals'*.[247] Man har her den opfattelse, at vi har en række basale, emotionelle eller affektive systemer, som er udviklet og nedarvet gennem millioner af års evolution. Det er noget, vi deler med alle andre mennesker på tværs af kulturer, og i et vist omfang også med alle pattedyr. Emotioner ses som naturlige, og at de har deres udspring i det limbiske system og i hjernestammen. Det er opfattelsen, at emotioner har en klar funktion, og der argumenteres for, at de aktiverer forholdsvist specifikke kropslige og adfærdsmæssige reaktioner. Formålet er at gøre en organisme bedre i stand til at tilpasse sig udfordringer og muligheder i sine omgivelser. Hvis vi møder en bjørn i skoven aktiveres en række fysiologiske reaktioner, som gør det lettere for os at flygte eller kæmpe. Man mener også, at emotioner i deres grundform er forholdsvist lette at skelne fra hinanden – og er forbundet med et emotionelt ansigtsudtryk, som vi let kan genkende. Ekmans teori om, at der findes 6 primære emotionelle tilstande (vrede, afsky, frygt, glæde, sorg og overraskelse) med hvert deres ansigtsudtryk – og at øvrige sekundære emotionelle tilstande er en form for mix af disse – er typisk darwinistisk-funktionalistisk.

Det konstruktivistiske perspektiv

Den darwinistiske tilgang til emotioner udfordres dog af det konstruktivistiske perspektiv. Her argumenteres for, at emotioner er en psykologisk

---

[246] Dalgleish T. (2004); Panksepp, J., & Watt, D. (2011a); LeDoux J. (2012); Adolphs, R., & Andler, D. (2018); Adolphs R. (2017); Barrett, L. F. (2017a); Panksepp, J. (1998); Barrett L. F. (2006); Lindquist, K. A. et al. (2013); Barrett, L. F. et al. (2007).
[247] Dalgleish T. (2004);

og social-kulturel konstruktion.[248] Hermed siger man også, at den måde, vi mennesker oplever emotioner på, er særlig for os mennesker. I princippet er emotioner noget unikt for hvert enkelt menneske. Konstruktivisterne afviser altså den præmis, at emotioner er evolutionært nedarvede, universelle, automatiske reaktioner. Man mener heller ikke, at hver emotion har sit eget ansigtsudtryk.[249] Et af hovedargumenterne er, at hvis emotioner var nedarvede, ville man kunne forvente langt større ensartethed i de emotionelle reaktionsmønstre på tværs af mennesker, kulturer og arter. Men emotioner viser sig med meget stor variation ved aktivering. Fx viser frygt sig ved en adfærd, hvor man enten fryser, flygter eller kæmper, afhængigt af situationen. Emotioner ses altså i højere grad som individuelle og skræddersyede til en given kontekst eller situation. Samtidig argumenteres der for, at der er stor forskel på, hvordan emotionelle reaktioner viser sig i forskellige kulturer. Det konstruktivistiske synspunkt har også en del år på bagen og kan spores tilbage til William James i 1884 i hans skelsættende artikel 'What is an Emotion?'. Her argumenterede han bl.a. for, at vi ikke flygter, fordi vi er bange (som darwinisterne vil sige), men at vi er bange, fordi vi flygter.[250] Omkring det samme tidspunkt fremkom danske Carl Lange med et lignende synspunkt, og derfor kaldes denne teori også for James-Lange teorien.

Denne faglige konflikt i forhold til emotioner – ofte refereret til som "the Emotion War" – har stået på ganske længe. Ja faktisk helt tilbage til Darwin og James. Men hvem har så ret? Tjah. For mig at se, vil det være meget mærkeligt, at vi mennesker – hvis man ellers tror på evolutionsteorien – skulle være fundamentalt anderledes end alle andre levende væsener på denne lille klode. Man kan finde emotionslignende adfærd i alle organismer. Selv i en-cellede bakterier er der mekanismer, der ligner emotionelle reaktioner.[251] Dette taler helt klart for det darwinistiske perspektiv. På den

---

[248] Lindquist, K.A. (2013); Barrett L. F. (2017b).
[249] Barrett, L. F. (2017a).
[250] Dalgleish T. (2004); Damasio, A. (2011).
[251] LeDoux J. (2012).

anden side har konstruktivisterne en vigtig pointe. Hvis vi, som vi hørte i kapitel 2, er i stand til at konstruere symptomer, der matcher forskellige sygdomme (som vi forventer, vi har), er vi nok også i stand til at konstruere forskellige emotionelle tilstande. For mig at se, har begge perspektiver derfor fat i noget rigtigt. Det er i den forbindelse interessant, at med en forståelse for teorien om den prædiktive hjerne, kan der bygges bro mellem de to perspektiver. Lad mig gå lidt mere i dybden.

Homeostatiske systemer

For at overleve har alle levende organismer behov for at opretholde et mere eller mindre konstant indre miljø inden for forholdsvis snævre grænser. Der er brug for ligevægt og balance, også kaldet homeostase. Det gælder naturligvis også for os mennesker. Derfor har vi en række automatiske mekanismer, der via det autonome nervesystem regulerer vores temperatur, blodtryk, hjerterytme, blodsukkerniveau, væskebalance, ilt-niveau i blodet mv. Opretholdelse af homeostase har ikke noget at gøre med emotioner. Vi kan have en følelse af at være tørstige eller sultne, men de fleste kalder jo ikke dette for emotionelle eller følelsesmæssige reaktioner. Alligevel er det vigtigt at være opmærksom på, at det er tilstande, der påvirker os og vores emotionelle tilstand. De fleste kender udmærket til, at vi kan blive irritable og vrede, når vi er sultne (vi kan blive "hangry"), har lavt blodsukker, er trætte eller har ondt et eller andet sted.

Affektive systemer

Udover opretholdelse af den indre kropslige ligevægt, er det vigtigt for vores organisme at kunne tilpasse sig de udfordringer og muligheder, som varierende omgivelser repræsenterer. Vi har derfor, udover homeostatiske mekanismer, også en række basale affektive systemer, som ved aktivering ofte forbedrer vores muligheder for at overleve, men som også indebærer, at vores organisme bringes midlertidigt ud af sin ligevægt.[252]

---

[252] LeDoux J. (2012); Levenson, R. W. (1999); Damasio, A. (2011).

Fare-systemet

Et de mest studerede er det affektive system, der aktiveres i forbindelse med fare, og som typisk er forbundet med bevidste emotionelle følelser som frygt og ængstelse. Når faresystemet er aktiveret, sker der flere fysiologiske ting, Vores puls og blodtryk øges, vi får et hurtigere åndedræt, og blodkarrene i muskler, hjerte og lunger udvides. Der frigives energidepoter, som er lagret i lever, muskler og fedt. Vores blod bliver således beriget med mere ilt og energi – det får et 'højere oktantal' – og er dermed med til at give vores krop et "ekstra gear". Vi bliver stærkere og kan løbe hurtigere.[253] Centralt for denne fysiologiske proces er udskillelse af hormonet adrenalin. Det skal dog lige siges, at vi også udskiller adrenalin, når vi er positiv opstemte og forventningsfulde og skal præstere, fx til en fodboldkamp eller lignende.

Samtidig sker der det, at blodtilførslen til vores mave og tarmsystem reduceres. I en akut faresituation skal der ikke bruges ressourcer på at fordøje mad. Vi kan derfor opleve, at vores mave snører sig sammen, og at vi får en klump i maven. Faresystemet får også vores blod til at trække sig væk fra vores blodkar i huden. Fordelen er bl.a., at vi bløder mindre ved overfladiske rifter. Vi kan derfor blive ligblege og opleve, at det løber os koldt ned af ryggen, og at vi får gåsehud, så hårene rejser sig på kroppen. Der sker også det, at produktionen af slim i vores slimhinder ophører. Det forklarer, hvorfor vi ofte bliver tørre i munden, når vi er nervøse.

Udover adrenalin udskilles også forøgede mængder af stresshormonet kortisol, som også giver flere fordele i en akut faresituation. Kortisol modvirker virkningen af insulin, så der ikke opbygges lagre af energi i lever og muskler, men i stedet frigives store mængder blodsukker. Kortisol gør også vores blod en smule tykkere, så vi bløder mindre, hvis uheldet er ude. Desuden dæmper kortisol inflammation ved at hæmme immunforsvaret, som har skabt inflammationen. Lidt afhængig af situationen, og i hvor høj

---

253 Panksepp, J. (1998); LeDoux J. (2012).

grad faresystemet bliver aktiveret, vil vi instinktivt reagere ved enten at flygte eller ved at fryse eller stivne – heraf udtrykket at være stiv af skræk. Det kan være en fordel at stivne, fordi mange rovdyrs øjne er bedst til at registrere bevægelse. Aktivering af faresystemet er også forbundet med et særligt ansigtsudtryk, som er let genkendeligt. Når vi ser en 'frygt-emoji', så er vi sjældent i tvivl om, hvad det betyder.

Vores faresystem er en genial mekanisme, som på kort sigt forbedrer vores chancer for at overleve, hvis vi møder noget farligt. Men denne uligevægt er ved længerevarende aktivering (stress) meget usund. Især vil forhøjede niveauer af kortisol have en meget negativ virkning på både vores immunsystem og vores hukommelse. Det omtalte jeg også i kapitel 4. Længerevarende aktivering kan også resultere i kronisk forhøjet blodtryk, insulinresistens, fedtopbygning, åreforkalkning, nedbrydning af knogler og muskler og give os tynd hud.[254]

Aktivering af faresystemet medfører dog ikke kun fysiologiske, kropslige reaktioner. Det har også stor indflydelse på en række kognitive processer. Generelt bliver vi mere sensitive over for potentielt farlige ting, fordi vores tærskelværdi for, hvad der er farligt, bliver sænket. Vi kender det godt, når vi er ængstelige og bange, bliver vi "jumpy" og kan blive skræmt af blot den mindste, ukendte lyd i huset. I visse tilfælde – ved høj aktivering – kan faresystemet helt tage over og fuldstændigt monopolisere vores tanker. Du har måske hørt om udtryk som "amygdala hijack", som indikerer, at vores "frygtcenter" (amygdala) har overtaget styringen. Men faktisk er det et noget misvisende udtryk, fordi amygdala har en central funktion i forhold

[254] LeDoux, J. (2002).

til stort set alle emotionelle reaktioner, herunder også emotionel hukommelse.[255]

Det er her en vigtig pointe, at hormoner som adrenalin og kortisol bliver i vores blodbane et stykke tid efter, at faresystemet er deaktiveret. I denne tidsperiode vil vi stadig være fokuseret på fare. Denne 'carry-over effekt' gælder i øvrigt alle vores affektive systemer. Selvom en emotionel aktivering oftest er forholdsvis kort, vil den altså påvirke os og vores humør i nogen tid efter aktivering. Derfor kan det indimellem være svært for os at identificere årsagen til, at vi oplever en specifik emotionel tilstand eller er i et bestemt humør.[256] Det er også interessant, at langt de fleste af os fra tid til anden helt bevidst opsøger aktivering af faresystemet. Vi ser gyserfilm, springer i faldskærm og i elastik. Eller vi kan finde på at gøre et eller andet, som vi ikke må – især som børn. At vi har denne hang til gys og fare, hænger bl.a. sammen med, at vi får et adrenalin-kick, når faresystemet er aktiveret, og det varer ved et stykke tid efter, at faren er drevet over. Vi er stadig sprængfyldt med den energi, som den farlige situation har udløst. Vi føler, at vi er i live. Samtidig med adrenalinen frigives, er der også endorfiner i hjernen, som gør os "høje" og euforiske.

ANDRE AFFEKTIVE SYSTEMER
Udover vores faresystem har vi en lang række andre affektive systemer, der på tilsvarende vis skaber kemiske, hormonelle, fysiologiske og kognitive ændringer.

Aggression
Vores aggressionssystem, som er forbundet med emotionelle følelser som vrede, frustration eller irritation, aktiveres typisk, hvis nogle har gjort os uret, eller noget står i vejen for vores målopfyldelse.[257] Når aggressions-

---

[255] Celeghin, A. et al. (2017); Barrett, L. F. (2017a); Kringelbach, M. L. (2007).
[256] Lerner, J. S. et al. (2004); Bargh, J. (2018); Schwarz, N. (2012); Schwarz, N., & Clore, G. L. (2007); Clore, G. L. et al. (2001).
[257] Panksepp, J. (1998).

systemet aktiveres, udskilles en forøget mængde adrenalin, som vi så det i forbindelse med faresystemet. Vi oplever derfor nogle lignende fysiologiske reaktioner. Centralt for aggressionssystemet er ligeledes hormonet testosteron, der også skaber en forøgelse af puls og blodtryk, men også en stigning i kropstemperaturen, heraf udtryk som at eksplodere af vrede, syde af raseri mv. Testosteron kaldes det mandlige kønshormon, fordi det findes i større mængder i mænd end kvinder. Dette forklarer, hvorfor mænd fra naturens hånd ofte er mere aggressive (og voldelige) end kvinder. Der er en meget tæt sammenhæng mellem vores faresystem og vores aggressions-system, og de kan aktiveres samtidig, hvis vores chance for at overleve er størst ved aggressivt at forsvare os i stedet for at fryse eller flygte. I modsætning til faresystemet, gør aggressionssystemet os mindre sensitive over for potentielle farer, og vi opfatter derfor generelt vores omgivelser som mindre farefyldte. Dette er helt nødvendig for, at vi er i stand til at nærme os noget farligt og kæmpe imod det. Aggressionssystemet har også sit helt eget let genkendelige ansigtsudtryk. Hvis du sender denne her emoji i en sms, er ingen i tvivl om, hvad det betyder.

Et system for væmmelse

Vi har også et affektivt system, typisk forbundet med afsky og væmmelse, der fungerer som et forsvar mod potentielt skadelige stoffer i vores omgiv-elser. Det virker ved at aktivere fysiologiske reaktioner, så vi bedre kan undgå vira og bakterier i vores omgivelser, fx i fordærvet mad, afføring mv. Systemet nedsætter vores blodtryk og får os automatisk til at fjerne os, udånde, udstøde, spytte, og når det er helt grelt, så har vi en overproduk-tion af spyt og får opkastfornemmelser. Systemet har også sit helt eget let genkendelige ansigtsudtryk, hvor vi vrænger på næsen, klemmer øjne, næsebor og mund sammen eller nedad og trækker hovedet tilbage – og på denne måde minimerer vi risikoen for, at skadelige stoffer fra omgivelserne kan trænge ind i os.[258] Vi er utroligt følsomme over for andre, der udtrykker væmmelse over for noget. I jæger-samler samfundet var mange sygdomme dødelige, og vores forfædre kunne derfor beskytte sig ved at være opmærksomme på det, som andre udviste afsky over for.[259]

Også her er der forskel på mænd og kvinder. Kvinder oplever lettere afsky end mænd, hvilket formentlig hænger sammen med, at kvinder (mødre) i en evolutionær sammenhæng ikke kun skulle passe på sig selv, men også undgå, at deres børn blev udsat for infektioner og skadelige stoffer.[260]

Systemet kan også aktiveres i sociale sammenhænge, når andre mennesker ikke overholder gruppens normer, opfører sig anderledes eller blot er anderledes.[261] Sidstnævnte hænger nok sammen med, at mennesker, der ikke tilhører vores egen gruppe, kan smitte os med fremmede bakterier og vira, der er potentielt dødelige. Derfor har vi også en indbygget tendens til at vrænge på næsen af "de anderledes", og fjerne os fra dem. Oplevelsen af afsky kan være så stærk, at vi har svært ved at være tæt på ting eller mennesker, som vi afskyr.[262] Bruce Hood fortæller om, at han engang medbragte en sweater til et foredrag. Han bad nogle af tilhørerne om at tage den på. Ingen problemer eller indvendinger. Men da han fortalte, at sweateren havde tilhørt en bestialsk morder, var der ingen, som ville røre ved den. De ville have den så langt på afstand som muligt.[263] Rationelt ved vi godt, at vi ikke bliver smittet af en morders sweater, men altså, det er svært at styre.

---

[258] Phillips, M. L. et al. (1998); Curtis, V., & Biran, A. (2001); Curtis, V. et al. (2004).
[259] Bargh, J. (2018).
[260] Al-Shawaf, L. et al. (2018); Fessler, D. M. T. et al. (2004).
[261] Curtis, V., & Biran, A. (2001); Vicario, C. M. et al. (2017).
[262] Stavrova, O. et al. (2016).
[263] Hood, B. (2009).

Det seksuelle system

For at sikre artens overlevelse har vi naturligvis også et affektivt system, der sørger for at gøre os seksuelt opstemte, når vi støder på attraktive muligheder for forplantning. Testosteron spiller her en central rolle for både mænd og kvinders libido. Det bemærkes, at testosteron også har en central rolle i relation til aggression, hvilket kan tyde på en evolutionær sammenhæng mellem disse to systemer. Aggression og forplantning er ofte noget, som optræder samtidigt hos mange dyr.[264] Når vores seksuelle system er aktiveret, sænkes vores tærskelværdier for, hvad vi synes er seksuelt attraktivt. Vi bliver mere eller mindre parate til at have sex med "alt, der har en puls". I et noget anderledes studie gennemført af Dan Ariely og George Loewenstein, blev det undersøgt, hvordan seksuel ophidselse påvirkede unge mandlige studerende.[265] I forsøget skulle de unge mænd vurdere om fx kvindesko var erotiske, om de var tiltrukket af en 12-årig pige (!!), om de ville have sex med kvinder på henholdsvis 40, 50 og 60 år, eller kvinder, der var ekstremt tykke. Vurderingerne blev foretaget i både en neutral tilstand og i en seksuelt ophidset tilstand. Ja, man bad dem simpelthen om at onanere. Og der var (ikke overraskende) ret stor forskel på svarene. Seksuel ophidselse betød, at stort set alt fik større seksuel appel. Kvindesko, unge piger, ældre kvinder, tykke kvinder … you name it! I forsøget undersøgte Ariely også, hvor langt de unge mænd var parate til at gå for at få sex. Og uha, de unge mænd var nærmest klar på alt, når de var seksuelt ophidsede. Det kunne fx være at opfordre en kvindelig date til at drikke alkohol, fortælle at de elsker hende eller give hende 'date rape drugs' (!!) Aktivering af det seksuelle system giver en form for tunnelsyn, hvor i hvert fald unge mænd er villige til at overtræde sociale normer, som de ellers opfatter som moralsk anstødelige.

---

[264] Panksepp, J. (1998).
[265] Ariely, D., & Loewenstein, G. (2006).

Sociale affektive systemer

Som mennesker har vi stor fordel af at være en del af en gruppe. Derfor virker det naturligt, at vi har et eller flere affektive systemer, der motiverer os til at indgå i tætte relationer med andre mennesker. Vi har systemer, der belønner os, når vi får omsorg og bliver påskønnet, men også når vi selv yder omsorg til andre mennesker. Hormonet oxytocin spiller her en central rolle. Det udløses, når andre (eller vi selv) er venlige, smiler til os eller roser os, og ved berøringer, kram, kys og sex. Oxytocin kaldes derfor også kærlighedshormonet. Det får os til at føles os varme indeni. Vi får varme følelser for andre. Det får os til at stole mere på andre. Oxytocin har også en stærk beroligende og anti-stressende effekt. Oxytocin findes naturligt i større koncentrationer i kvinder end i mænd, hvilket kan være med til at forklare, hvorfor kvinder ofte er mere omsorgsfulde end mænd.

At tætte, sociale relationer er ekstremt vigtige for os, understreges af, at vi oplever smerte, når vi mister vores tætte relationer, eller bliver socialt isolerede. Vi bliver enormt triste og kede af det. Social smerte aktiverer nogle af de sammen neurale netværk i vores hjerne, som fysisk smerte.[266] Det viser, at evolutionen virkelig mener det her alvorligt. Smerten ved at miste relationer er derfor ikke noget, vi bare "bilder os ind". Den er reel og kan registreres på hjerne-scanninger. Under Corona-pandemien blev vi alle bevidste om, hvor meget det egentlig betyder at være i selskab med andre og kunne give vores nærmeste et kram. Smerten kan være så stærk, at vi kan dø af den. Det kan ses hos ældre ægtepar, der har været sammen hele livet. Når den ene af ægtefællerne dør, mister den anden ofte helt lysten til at leve. Længere tids isolation og ensomhed kan medføre hjerte-karsygdomme, Alzheimers, depression, forhøjet blodtryk, søvnforstyrrelser, mm. Ensomhed er lige så usundt som rygning.

---

[266] Panksepp, J., & Watt, D. (2011b); Lieberman, M. D. (2015);

Vi oplever også social smerte, hvis blot vi bliver afvist. Det er interessant, fordi det kan forklare en hel del af vores adfærd. Det bliver åbenlyst, hvorfor 'kold kanvas' (den disciplin, hvor man ringer ud til folk på eget initiativ for at sælge dem noget, og hvor man ofte bliver afvist) er noget, næsten alle hader. Smerten ved social afvisning er også årsagen til, at langt de fleste mennesker bliver nervøse, når de skal præsentere noget i større forsamlinger. Her er der jo risiko for at dumme sig, og blive afvist af mange på samme tid.

SEEKING – vores interesse-system

Som jeg også kort var inde på i kapitel 2, har Jaak Panksepp også identificeret et affektivt system, som han kalder 'the SEEKING system'. SEEKING motiverer os til at interagere med og afsøge vores omgivelser for informationer og muligheder.[267] I modsætning til de affektive systemer, der har at gøre med vores overlevelse her og nu (fx fare og aggression), har SEEKING en gavnlig funktion på længere sigt. Det tilskynder os til at forstå og lære af vores omgivelser og finde ud, hvordan tingene hænger sammen. Det giver os derfor værdifulde erfaringer og forbedrer vores muligheder for at få adgang til livsvigtige ressourcer.

Når SEEKING er aktivt, er vi typisk meget nysgerrige, entusiastiske, ivrige, energiske og lettere maniske. Et aktiveret SEEKING-system ses fx meget tydeligt hos hunde, som kommer ind i nye omgivelser og med stor iver løber rundt og sniffer til alting. De kan slet ikke styre sig. SEEKING er en fed tilstand. Det gør os fulde af gå-på-mod og giver os en følelse af at kunne klare hvad som helst. Vi oplever, at vi har stor kontrol med vores egen situation. Vi har agency. Vi er intenst interesserede i vores verden og har lettere ved at se sammenhænge – og vi oplever derfor ofte denne tilstand som meningsfuld.

---

[267] Panksepp, J. (1998); Davis, K. L., & Montag, C. (2019); Alcaro, A., & Panksepp, J. (2011).

Centralt for SEEKING er signalstoffet dopamin. Dopamin er tidligere primært blevet opfattet som hjernens belønningsstof, altså et stof, der udløses, når vi modtager en belønning og opnår vores mål. Som jeg tidligere fortalte, har nyere forskning dog vist, at dopamin ikke kun udløses ved *selve* belønningen, men derimod især, når vi har en forventning om en belønning. Dette opleves dog som en belønning i sig selv – og det er dét, som motiverer os til at afsøge vores omverden for muligheder. Det skal dog i parentes siges, at dopamin er forbundet med mange andre hjerne-funktioner, herunder opmærksomhed, vores evne til at fokusere, motorisk bevægelse mv. Aktivering af SEEKING-systemet kan kunstigt skabes ved indtagelse af stoffer som kokain, og det er ikke svært at se, hvorfor det kan være stærkt afhængighedsskabende. Fordi SEEKING er særdeles aktivt, når vi har en forventning om, at noget spændende kommer til at ske, kan vi alene af den grund faktisk også blive afhængige af vores mobiltelefoner og SoMe. Vi skal hele tiden lige ind og se, om der er sket noget nyt. Men husk nu at lægge den væk indimellem!

Legesystemet (PLAY)

Panksepp har udover SEEKING også identificeret et affektivt system, han kalder PLAY – vores legesystem.[268] Aktivering af PLAY-systemet ses mest tydeligt hos børn – eller dyreunger – når de tumler omkring i leg. PLAY er meget vigtigt for vores læring og udvikling. Vi afprøver os selv, opbygger ressourcer og erfaringer og udvikler vores fysiske, sociale, intellektuelle og psykologiske færdigheder. Hvor SEEKING typisk aktiveres, når vi befinder os i nye og ukendte omgivelser, aktiveres PLAY under velkendte og sikre rammer. PLAY er ikke så aktiv hos voksne mennesker (desværre). Når det aktiveres hos voksne, har det ofte karakter af fantasier og kreative tanke-eksperimenter, hvor der "leges" med begrænsninger, og hvor etablerede konceptuelle kategorier og kausale sammenhænge udfordres. På den måde kan vi ofte se tingene i et nyt perspektiv. Det siges, at PLAY var særligt

---

[268] Panksepp, J. (1998); Power, P. (2011).

udviklet og aktivt hos Albert Einstein. Det var netop fantasifulde tankeeksperimenter, som at "lege", hvordan det ville være at ride på en lysstråle, der førte til udviklingen af både den specielle og den generelle relativitetsteori.

Hvem har så ret, Darwin eller James?

Hvis vi vender tilbage til diskussionen mellem det funktionalistiske og det konstruktivistiske perspektiv, er der meget – hvis man tager udgangspunkt i ovenstående – der peger i retning af, at det funktionalistiske perspektiv har fat i den lange ende, og at vi rent faktisk har flere grundlæggende affektive systemer, som har deres udspring i de dybereliggende dele af vores hjerne. (Det kan i øvrigt ikke afvises, at der findes flere af disse grundlæggende affektive systemer, end jeg har nævnt her).

Det kan bl.a. anføres, at det i laboratorieforsøg er muligt at aktivere forskellige affektive systemer kunstigt ved hjælp af fx dopamin, testosteron og oxytocin, eller gennem elektrisk stimulation.[269] Aktivering kan fremkalde forholdsvis specifikke fysiologiske og kognitive reaktioner. Et tungtvejende argument er også, at emotionelle reaktioner kan skabes uafhængigt af cortex og dermed "konstruktivistiske, kognitive processer". Forsøgsdyr, der har fået fjernet cortex, kan stadig udvise emotionelle reaktioner i forbindelse med stimulation af hjernestammen og det limbiske system.[270] Og som jeg også berørte i kapitel 4, mister vi evnen til at opleve visse specifikke emotioner, hvis fx amygdala er beskadiget i både i højre og venstre hjernehalvdel.[271]

Et argument for det funktionalistiske perspektiv er desuden, at helt små babyer (som ikke endnu har opbygget social læring om forskellige emotioner) også kan få meget specifikke emotionelle reaktioner og ansigts-

---

[269] Panksepp, J. (1998); Davis, K. L., & Montag, C. (2019).
[270] Montag, C., & Davis, K. L. (2018); Merker B. (2007). Davis, K. L., & Montag, C. (2019).
[271] Feinstein, J. S. et al. (2011).

udtryk.[272] Det kan herudover konstateres, at flere affektive systemer kan arbejde sammen med varierende intensitet. Fx kan faresystemet og aggressionssystemet være aktiveret samtidig. Det betyder, at en frygt-reaktion både kan være at fryse (stivne), løbe væk, eller angribe. Dette åbner op for, at relativt få affektive systemer kan skabe mange kombinations-muligheder (sekundære emotioner) og resultere i meget nuancerede responsmønstre.

Aktivering af emotionelle systemer

Men der også flere ting, der taler i konstruktivisternes retning. Det er nemlig også vigtigt at forstå, hvordan emotionelle tilstande aktiveres. I et funktionalistisk perspektiv vil man sige – under normale omstændigheder, hvor vi ikke befinder os i et emotionslaboratorium, hvor affektive systemer kan aktiveres kemisk eller elektrisk – at affektive systemer bliver aktiveret af stimuli, der repræsenterer farer, udfordringer eller muligheder. En aktivering kan udløses både på baggrund af tillærte erfaringer (kapitel 4) eller på baggrund af medfødte instinkter. Lugten af rådden mad eller afføring vil fx automatisk aktivere vores væmmelsessystem på tværs af kulturer.[273] Der er på samme måde visse kvindelige feromoner, der ubevidst fortæller mænd, at en kvinde har ægløsning, og det aktiverer det seksuelle system.[274]

Men denne forståelse af emotionel aktivering er ikke helt korrekt. Hvis vi holder fast i, at vores hjerne opererer ud fra prædiktive principper (og det er der utroligt meget, der tyder på), så er der ikke en direkte relation mellem eksterne stimuli, som lugten af rådden mad, og affektiv aktivering. Det er derimod vores mentale model – vores forventninger – der aktiverer vores affektive systemer. Eksterne stimuli (fx lugten af rådden mad) påvirker vores mentale model. Og "bare" vores forventninger om, at noget kommer

272 Haviland, J.M., & Lelwica, M.L. (1987).
273 Tybur, J.M. et al. (2013).
274 Eagleman, D. (2011).

til at ske, kan aktivere forskellige affektive systemer. Husk her på, at store dele af vores mentale model er ubevidst.

Så langt så godt … og nu bliver det en lille smule kringlet. Udover at vores mentale model automatisk opdateres af input fra omgivelserne, så foregår der også en tolkning af de signaler, vi får fra vores egen krop, herunder input fra vores affektive systemer. Vores emotionelle tilstand bliver derfor til i en gensidig vekselvirkning mellem vores affektive systemer og vores mentale model. Et aktiveret affektivt system er både et *output* af vores mentale model og på samme tid et *input* til vores mentale model. Lad mig give et eksempel. Vi eksponeres for stimuli, der skaber en forventning om, at vi bliver udsat for noget farligt. Dette aktiverer faresystemet, som igangsætter forskellige reaktioner, fx udskillelse af adrenalin og kortisol, som påvirker os fysiologisk og kognitivt. Vi får hjertebanken, maven snører sig sammen, det løber os koldt ned ad ryggen, vi får det særlige ansigtsudtryk, der viser, vi er bange. Samtidig fokuseres vores tanker og opmærksomhed mod potentielle farer, og vi bliver "jumpy". Vi (vores mentale model) tolker på disse signaler fra os selv og bliver bekræftet i, at vi er bange, som så igen skaber en affektiv aktivering. Alt det her foregår nærmest øjeblikkeligt og på samme tid.

At der er denne interaktion, kan også forklare, hvorfor der er en klar sammenhæng mellem vores ansigtsudtryk, vores kropssprog og vores emotionelle tilstand. Dette kaldes også 'facial feedback-mekanismen'. Det er en sammenhæng, der vel at mærke går begge veje. Når vi er glade, så smiler vi. Og når vi smiler, bliver vi glade, fordi vi automatisk tolker på vores eget smil og får en forventning om, at vi er glade.[275] Tilsvarende, når vi er vrede, klemmer vi øjenbrynene sammen og får de kendte vredesrynker – og når vi klemmer øjenbrynene sammen, bliver vi vrede. Når vi er begejstrede, tager vi ofte hænderne over hovedet. Måske endda med

---

[275] Hennenlotter, A. et al. (2009).

knyttede næver. Det ser man tit til en fodboldkamp eller lignende. Og når vi tager hænderne over hovedet, bliver vi begejstrede. Prøv lige at gøre det selv! Når vi er afslappede og veltilpasse, har vi et roligt åndedræt. Og når vi har et roligt åndedræt, bliver vi afslappede. Signaler fra vores egen krop skaber forventninger. Man kan også sige det på en anden måde: Vi flygter, fordi vi bliver bange *og* bliver bange, fordi vi flygter.

Vores emotionelle tilstand er (også) en konstruktion

I dette "dobbelte" perspektiv står det samtidig klart, at vores emotionelle tilstand (også) er en konstruktion på samme måde, som vores opfattelse af verden er det. Det bliver særligt interessant, når signalerne fra vores affektive systemer er tvetydige og kan tolkes i forskellige retninger. Her bliver vores forventning ofte styrende for, hvilken emotionel tilstand vi får.

Dette blev faktisk allerede påvist i berømt studie af Schacter og Singer tilbage i 1962 (selvom de på det tidspunkt formentlig ikke kendte til principperne bag den prædiktive hjerne).[276] I forsøget fik forsøgspersoner en indsprøjtning med adrenalin. Husk her på, at adrenalin udskilles, både når vi er frygtsomme eller vrede, men også når vi er positivt ophidsede. Adrenalin er derfor et tvetydigt signal. En gruppe forsøgspersoner blev informeret om, at de fik adrenalin og om stoffets fysiologiske virkning, mens en anden gruppe blev fortalt, at de fik en ny synsforbedrende medicin. Derefter blev de sat sammen med en person, der udviste enten vrede eller eufori. Personer, der var uvidende om adrenalinindsprøjtningen, blev følelsesmæssigt meget påvirkede af den anden persons humør. De blev vrede, hvis de var sammen med en vred person, og euforiske, hvis de var sammen med en glad person. Men de personer, der vidste, de fik adrenalin, fik ikke en emotionel reaktion. De forventede det og tillagde deres fysiologiske tilstand adrenalinens virkning.

---

[276] Schachter, S. & Singer, J. (1962).

Emotioners indvirkning på vores vurderinger

Der er dermed en tæt sammenhæng mellem vores tanker, vores forvent-ninger og emotionelle følelser. De kan i praksis ikke rigtig adskilles. Ja, rent faktisk kan man argumentere for, at vores emotionelle tilstand er en *integreret* del af vores mentale model. Vi kan derfor også forvente, at den specifikke emotionelle tilstand, vi befinder os i, generelt (og nærmest øjeblikkeligt) vil påvirke vores vurderinger, præferencer og beslutninger – og at vi samtidig kan have svært ved at gennemskue, at vores reflekterede beslutninger blive farvet af disse emotionelle input.[277]

Der er flere interessante forskningsresultater, der dokumenterer netop det. Forskerduoen Raghunathan og Pham gennemførte fx en række studier, der viser, at bekymrede forsøgspersoner synes, at væddemål med lav risiko, men også lav mulig gevinst, er de mest attraktive.[278] De foretrækker også jobs med høj jobsikkerhed, selvom lønniveauet er lavere. Når vi er bekym-rede, bliver vi mere sensitive over for fare, og vi har et mere pessimistisk syn på fremtid og økonomi. I studierne indgik også en gruppe, der var påvirket til at være triste. Men i modsætning til de bekymrede, foretrak de både væddemål og jobs med høj mulig gevinst til trods for høj risiko. Det kan måske lyde lidt overraskende, men når vi er kede af det, tror vi, at en belønning kan "reparere" på vores humør. Du kan sikkert genkende det i dagligdagen hos dig eller hos andre. I triste øjeblikke kan vi let komme til at (trøste)spise eller shoppe lidt for meget. Så selvom tristhed og ængste-lighed ligner hinanden lidt, er der ret stor forskel på, hvordan de påvirker vores vurderinger og adfærd. Og vi har svært ved at se igennem det.

Lad os tage et andet eksempel. I forbindelse med terrorangrebet på World Trade Center den 11. september oplevede millioner af mennesker enten vrede eller ængstelse.[279] Det var her påfaldende, at vrede personer typisk

---

[277] Andrade, E.B., & Ariely, D. (2009).
[278] Raghunathan, R. & Pham, M. T. (1999).
[279] Lerner, J. S. et al. (2003).

støttede en konfrontatorisk politik, hvor de mente, at angrebet skulle hævnes – og at det i øvrigt ikke indebar stor risiko. Ængstelige personer gik derimod ind for en mere forsonende fremgangsmåde med forebyggende aktiviteter til at forhindre nye angreb. Gengældelse blev vurderet som alt for risikofyldt, fordi det kunne føre til en eskalering. Igen kan man altså se det samme mønster. Når vi er bange og ængstelige søger vi lav risiko, mens tingene er helt anderledes, når vi er vrede.

Der er ligeledes studier, der viser, at også det underliggende grundtema, som er associeret med en specifik emotionel tilstand, påvirker vores opfattelser af en situation.[280] Vi bliver typisk vrede, når noget forhindrer os i at nå vores mål, og vi får i derfor let en opfattelse af, at det er andres skyld, at der er sket en uheldig hændelse. Men hvis vi er frygtsomme eller kede af det – følelser, der er forbundet med hjælpeløshed og mangel på kontrol – vil vi typisk mene, at den uheldige situation skyldes forhold, som vi ikke selv har indflydelse på.

Vores emotionelle tilstand kan også påvirke vores vurderinger i forhold til køb og salg. Et studie viste, at personer, der var påvirket til at føle afsky, ønskede at sælge ud af det, de ejede. Samtidig accepterede de lave salgspriser.[281] Når vi fyldes med afsky, vil vores automatiske, instinktive reaktion være at holde afstand, og det motiverer os til at ville af med vores ejendele. I studiet indgik også personer, der var påvirket til at føle sig triste. Og her kunne man se det helt omvendte mønster (som også fremgik af Raghunathan og Pham's studier). De ville have en belønning og ønskede at erhverve sig ting og til en høj pris.

---

[280] Keltner, D. et al. (1993); Lerner, J. S., & Keltner, D. (2000).
[281] Lerner, J. S. et al. (2004).

Emotioner og tabsaversion

Der er også studier, der viser, at vores emotionelle tilstand påvirker, i hvor høj grad vi oplever tabsaversion. Tabsaversion er det asymmetriske forhold mellem vores vurdering af gevinst og tab. Hvis vi fx bliver præsenteret for et fordelagtigt væddemål, hvor vi kan vinde 1500 kr. eller tabe 1000 kr. ved at slå plat og krone, vil de fleste af os fravælge væddemålet. Som regel skal man op på en potentiel gevinst på ca. 2000 kr., for at de fleste accepterer det.[282] Tabsaversion er interessant, fordi det 'i sig selv' har en emotionel oprindelse. Det kan bl.a. ses ved, at personer med skade på amygdala ikke oplever tabsaversion.[283] Når vi fravælger ovenstående væddemål, er det, fordi vi automatisk tænker frem i tiden og forestiller os, hvordan vi vil have det med udfaldet af de to scenarier. Her vil den smertelige, emotionelle følelse ved at tabe noget ofte opleves som større sammenlignet med glæden ved at vinde. Vores motivation for at undgå et tab bliver derfor dominerende. Tabsaversion har stor indflydelse på mange vurderinger og kan få os til at forsikre os mod tab, som har meget lille risiko for at blive til noget. Det er helt sikkert noget, der (kan) udnyttes af forsikringsselskaberne. I og med at tabsaversion er emotionelt motiveret, kan den derfor variere med vores emotionelle tilstand.[284] Når vi er ængstelige, bliver vi mindre risikovillige, og tabsaversion bliver endnu mere udtalt. Når vi er vrede (og sikre på os selv), er vi omvendt generelt mere parate til at satse.[285]

Tabsaversion i tilbud, betting og forhandlinger

Tabsaversion er allestedsnærværende og påvirker utroligt mange af vores beslutninger. Tabsaversion ses (og udnyttes) i mange forskellige "forklædninger". Når vi ser tilbud præsenteret som 'sidste chance', 'kun 1 værelse tilbage til denne pris', 'kun i dag' osv. bliver et helt almindeligt tilbud rammesat som et potentielt tab. Lige om lidt mister vi jo muligheden for at købe det til den særlige pris. Dette "tab" har vi svært ved at håndtere, og så bliver vi jo bare nødt til at slå til.

---

[282] Kahneman, D. & Tversky, A. (1979); Kahneman, D. (2011).
[283] De Martino, B. et al. (2010).
[284] Schulreich, S. et al. (2020).
[285] Lerner, J. S., & Keltner, D. (2001); Habib, M. et al. (2015).

Tabsaversion kan ligeledes være med til at forklare, hvorfor vi har svært ved at vælge mellem ligeværdige valgmuligheder. For ethvert valg indebærer også et fravalg og et tab af handlemuligheder. Derfor er det også ofte meget sværere at vælge '1 mulighed ud af 10' i forhold til '1 mulighed ud af 3'. Succesfulde sælgere begrænser derfor bevidst antallet af valgmuligheder over for deres kunder. Tabsaversion har stor indflydelse på vores adfærd i forhold til de mål, vi sætter os. Mål (hvis de er realistiske) fungerer som referencepunkter. Det opleves som et tab ikke at nå et mål, og en gevinst at overgå det. Kahneman fortæller, hvordan det påvirker taxichauffører i New York.[286] De har som regel et mål for, hvor meget de skal køre ind om dagen. Dette indtjeningsmål er meget nemt at nå på dage med regnvejr, hvor der er mange kunder i butikken. Men de stopper alligevel tidligt, fordi den oplevede gevinst ved at blive ved med at arbejde ikke er så høj. Problemet er dog, at på dage med godt vejr skal chaufførerne arbejde uforholds- mæssigt meget længere for at nå dagsmålet. Hvis man skulle tilrettelægge mål- styringen efter effekterne af tabsaversion, burde man i stedet have med en længere tidshorisont, og chaufførerne kunne opnå det samme resultat med en langt mindre arbejdsindsats. Jeg er ret sikker på, at man kan finde mange lignende tilfælde andre steder i erhvervslivet. Pointen er, at virksomheder og deres medarbejdere vil have meget forskellig adfærd afhængigt af den økonomiske rapportering.

Tabsaversion kommer også til udtryk, hvis vi står til at tabe en masse penge på en dårlig investering. Ofte vil vi have en tendens til at kaste endnu flere "gode" penge efter "de dårlige" for at undgå den smertelige følelse ved at realisere et tab.[287] Det er helt sikkert også noget, som udnyttes af diverse betting-firmaer (selvom de siger noget andet).

Man kan også se elementer af tabsaversion, hvis vi har taget en beslutning, som med stor sandsynlighed efterfølgende viser sig at være forkert. Her har vi alligevel en tendens til at holde fast i, at det er den rigtige beslutning, fordi vi har svært ved at håndtere tabet af status og prestige, hvis vi indrømmer og erkender, at det alligevel var en forkert beslutning.

---

[286] Kahneman, D. (2011).
[287] Mei, D. et al. (2021).

Emotioner og tænkemåde

Emotioners påvirkning slutter på ingen måde her. På samme måde, som vi så det med kognitiv fluency, påvirker vores emotionelle tilstand også, om vi primært tænker refleksivt og analytisk eller bruger vores intuition. Som du måske husker fra kapitel 1, kræver reflekteret tænkning aktivering af vores eksekutiv-ressourcer. Det er derfor forbundet med anstrengelse og fordrer, at vi er motiverede. Denne motivation vil variere med vores emotionelle tilstand. Når vi er glade og tilfredse, opfatter vi typisk vores omgivelser som gunstige og sikre. Vi er optimistiske og har sværere ved at forestille os, at noget dårligt kan ske. Vores motivation for reflekteret tænkning er derfor lav, og vi stoler mere på vores umiddelbare, intuitive indskydelser. Vi er generelt mere godtroende og hopper i med begge ben, når vi bliver udsat for Moses-illusionen og lignende. [288]

Det er noget andet, når vi er i en negativ emotionel tilstand, som tristhed eller ængstelse. Her ser vi vores omgivelser som usikre og ugunstige. Vi har et ønske om at ændre på denne situation og er derfor motiverede for at reflektere mere over tingene. Det er dog vigtigt med en nuanceret tilgang, hvor man kigger på den specifikke emotionelle tilstand. Det handler ikke kun om positiv eller negativ emotionel valens. Vrede sænker jo vores følsomhed over for fare. Vi oplever at være i kontrol med omgivelserne og har derfor mindre motivation for at tænke analytisk. Det er heller ikke alle positive emotionelle tilstande, der er forbundet med intuitiv tænkning. Når vi er meget interesserede i noget (især SEEKING og PLAY) eller håbefulde, har vi ofte stor motivation for at bruge eksekutiv-ressourcer.[289]

---

[288] Schwarz, N. (2012); Schwarz, N., & Clore, G. L. (2007); Clore, G. L. et al. (2001).
[289] Isen, Al. M. (2001).

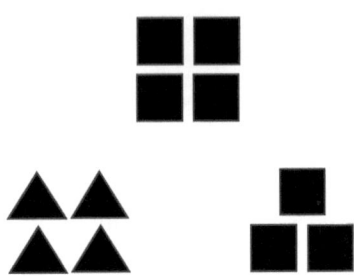

Et 'bredt' eller 'snævert' mindset?

Hvad synes du minder mest om hinanden af ovenstående figurer? Figuren med de 4 firkanter og figuren med de 3 firkanter? Eller Figuren med de 4 firkanter og figuren med de 4 trekanter? Svaret kan afsløre lidt om, du er generalist (ser skoven) eller er detaljeorienteret (ser træerne). Men det kan faktisk også fortælle noget om din nuværende emotionelle tilstand. Hvis vi er ængstelige, bekymrede eller vrede, vil vi have en tendens til at synes, at figurerne med firkanterne minder mest om hinanden. Hvis vi er i godt humør (fx SEEKING og PLAY), vil vi i højere grad have tendens til at synes, at figurerne med de fire firkanter og de fire trekanter minder mest om hinanden. Vi ser i højere grad det overordnede 'brede' billede.[290]

Bred eller snæver tænkning

Vores emotionelle tilstand har iflg. Barbara Fredrickson, der har udviklet 'the Broaden and Build hypothesis', også indflydelse på, om vi tænker 'snævert' eller 'bredt'. Affektive systemer, som fare- eller aggressionssystemet, har til formål at overkomme potentielt livstruende situationer, hvor tidsskalaen er kort. Vi har brug for at kunne tænke og handle hurtigt. Derfor har vi udviklet et snævert tanke- og handlingsrepertoire, der er fokuseret på at håndtere den umiddelbare trussel. Vi får kun adgang til associationer og erfaringer, der er relevante i forhold til truslen. Vores kategorisering af verden bliver tilsvarende mere indsnævret, og vores

---

[290] Fredrickson B. L. (2004); Gasper, K., & Clore, G. L. (2002).

handlemønstre bliver mere instinktive (flygt eller kæmp). Og nå ja, du kan sikkert genkende lidt af denne dynamik fra kapitel 4. Når vi er udsat for fare, lukker vores associative, deklarative hukommelse delvist ned, og vores responsorienterede, procedurale og emotionelle hukommelse tager over. Omvendt forholder det sig, når positive systemer som fx SEEKING og PLAY er aktiveret. De skal ikke håndtere umiddelbare trusler, men har i stedet til formål at udvikle os. Derfor er vores tænkning helt anderledes. Vi er mere fleksible og åbne og kan se tingene fra flere perspektiver.[291] Vi får usædvanlige associationer og har mere udvidede definitioner af forskellige konceptuelle kategorier. Fx viste et studie, at vi vurderer, at en kategori som 'køretøjer' godt kan inkludere kameler og elevatorer.[292] Vi kan ofte se langt flere overraskende sammenhænge.

Vi kommer derfor også frem til mere kreative løsninger, når vi er i en positiv emotionel tilstand. Vi er langt bedre til at tænke "ud af boksen". Dette er bl.a. dokumenteret af Alice Isen og kolleger i deres studie af 'the candle stick problem'.[293] Her får forsøgspersoner udleveret et stearinlys, en tændstiksbog og en æske med tegnestifter. De bliver bedt om at fastgøre stearinlyset på en væg (bestående af kork) og tænde lyset, så det ikke drypper ned på gulvet. De får 10 min. til at løse problemet og må kun bruge de udleverede rekvisitter. Løsningen er at tømme æsken med tegnestifter, bruge en eller flere tegnestifter til at fastgøre æsken til korkvæggen (vandret, så den udgør et plateau), sætte stearinlyset på plateauet og tænde det med en tændstik. At komme frem til denne løsning kræver, at man i bogstavelig forstand tænker "ud af boksen". Det er nødvendigt ikke kun at se (kategorisere) æsken med tegnestifter som en boks, der indeholder tegne-stifter men også som noget, der kan understøtte et stearinlys. Det var forsøgspersoner i en positiv emotionel tilstand meget bedre til. Hele 75% kunne løse problemet, mens kun 20% af emotionelt neutrale og 13% af

---

[291] Power, P. (2011); Fredrickson, B. L., & Branigan, C. (2005); Fredrickson, B. L. (2003).
[292] Isen, A.M., & Daubman, K.A. (1984).
[293] Isen, A. M. et al. (1987).

personer i en negativ emotionel tilstand var i stand til at gøre det. Det er en voldsom forskel. Studiet viste også, at en positiv emotionel tilstand (og den efterfølgende kreative løsning) kan skabes ved noget så simpelt som at se et kort filmklip med lidt god comedy, eller ved at give en forsøgsperson en lille chokoladebar umiddelbart før forsøget. Der skal egentlig ikke så meget til for at blive genial.

I et andet studie undersøgte man emotioners effekt på hospitalslægers evner til diagnosticering.[294] Man kunne her se, at læger i en positiv emotionel tilstand hurtigere kom frem til en korrekt diagnose end en emotionelt neutral kontrolgruppe. Samtidig havde de lettere ved at integrere ny information i deres vurderinger (det støtter op omkring konklusionerne i kapitel 4). De havde mindre tendens til for tidligt at lægge sig alt for meget fast på en (forkert) konklusion. En lignende sammenhæng går igen i et studie med fokus på forhandlingsprocesser.[295] Forhandlere i en positiv emotionel tilstand var her langt bedre til at skabe forhandlingsresultater, hvor begge parter blev tilfredse. Dette kræver ofte, at man tænker i helt nye kreative baner, og ikke blot søger et kompromis, hvor parterne kun bliver delvist tilfredse.

Sekundære emotioner
Vores emotionelle tilstand har altså meget stor indflydelse på vores vurderinger og adfærd. Dette gælder også for mere komplekse og sammensatte sekundære emotioner.[296] Når vi er forelskede (som formentlig er en kombination af sociale og seksuelle systemer), bliver vi fuldstændigt opslugt af den anden person. Vi kan ikke lade være med at tænke på hinanden, røre ved hinanden. Vi kan slet ikke se den anden persons fejl og mangler. Kærlighed gør blind. Når vi er opslugt af jalousi, bliver vi motiveret til at beskytte vores egne ejendele og situation. Men det kan også få os til at se

---

[294] Estrada, C. A. et al. (1997).
[295] Carnevale, P.J., & Isen, A.M. (1986)
[296] Fessler, D.M., & Haley, K.J. (2003); Hareli, S., & Parkinson, B. (2008); Robins, R.W., & Schriber, R.A. (2009); Keltner, D., & Buswell, B. N. (1997); Ketelaar, T., & Tung Au, W. (2003); O'Connor, C. (2016).

utroskab alle vegne. Når vi er misundelige på andres succes, kan vi blive mindre samarbejdsvillige. Vi kan blive skadefro, hvis det går dårligt for dem, som vi er misundelige på. Men det kan også motivere os til at gøre en ekstra indsats. Hvis andre er kommet ud for en ulykke, og det ikke er deres egen skyld, oplever vi typisk medlidenhed og vil gøre næsten alt for at hjælpe. Vi viser os fra vores bedste side. Det er noget, der kan spilles på i forbindelse med indsamlingskampagner og lignende. Vi kan blive taget som "emotionelle gidsler". Det samme gælder, når vi er taknemmelige. Vi får en næsten uovervindelig trang til at give noget (godt) igen. Når vi har gjort noget rigtig, rigtig godt – og når vi ved, at andre også ved det – så bliver vi stolte. Vi ranker ryggen, hovedet let bagud, hænderne på hoften eller foldet over brystet. Vi har fortjent at blive set og har opnået retten at dominere. Omvendt, når vi skammer os, fordi vi har overtrådt gruppens normer – og vi ved, at de andre ved det – så føler vi os værdiløse og mindreværdige. Vi kigger ned og er parate til at krybe ned i et lille hul. Frygten for at blive udskammet og foragtet af de andre er utrolig kraftfuld og får os ofte til at overholde de gældende normer. Det var også noget, som der blev spillet på under Covid-19. Når vi føler os skyldige (fordi vi er kommet til bevidst eller ubevidst at skade andre), har vi ofte en stor motivation for at kompensere og gøre tingene godt igen. Igen er det noget, der også spilles på!

Der er masser af sådanne sammensatte, sekundære emotionelle tilstande. Det er også tydeligt, at de har stor betydning for vores evne til og mulig-heder for at indgå i avancerede sociale sammenhænge (samfund), hvorfor flere også kaldes for sociale emotioner. Og pointen er, at selv milde aktiveringer af vores affektive systemer ligger som "underlægningsmusik" og "sætter tonen" i mange situationer. Når vi står midt i det, er det meget svært at se ud over og distancere sig fra. Studier viser også, at vi ofte undervurderer, hvor meget vores emotionelle tilstand påvirker os.[297]

---

[297] Ariely, D., & Loewenstein, G. (2006).

Emotioner er vigtige for vores beslutninger

At emotioner påvirker vores vurderinger er ikke nødvendigvis en dårlig ting. Som regel er der jo en grund til, at vi får de emotionelle reaktioner, som vi gør. Det er en rigtig god idé at være på vagt i farefulde omgivelser. Det er vigtigt at følge vores emotionelle impulser, når vi lugter til rådden mad.

Emotionelle reaktioner kan være ret gode som input til beslutningsprocesser, når der er kort tid til at tage en beslutning, når beslutninger er komplekse, eller når der er få informationer til rådighed. Via emotionelle reaktioner får vi besked fra vores ubevidste, intuitive processer om, hvad der er op og ned i en problemstilling. Der er masser af eksempler på, at emotionelle input kan være reflekteret, analytisk tænkning overlegen.

I Malcolm Gladwell bestselleren *'Blink – The Power of Thinking without Thinking'* introduceres vi til historien om en græsk kouros-statue, som J. Paul Getty Museet i Californien havde anskaffet til deres samling.[298] Statuen var (og er) meget sjælden og i helt perfekt stand, hvilket er meget usædvanligt. Derfor foretog museet en masse avancerede, videnskabelige analyser før indkøbet. Men da statuen blev vist frem for en række erfarne eksperter i græske statuer ved en lille eksklusiv fernisering, kunne de øjeblikkeligt intuitivt fornemme, at der var noget galt. Flere reagererede ved at føle væmmelse ved den. Den så simpelthen ikke rigtig ud, uden at de dog helt kunne forklare det. Den prøvede at "snyde" og det fyldte dem med afsky. Efterfølgende har det vist det sig, at dokumentationsbrevene er falske, og at den minder utroligt meget om en anden statue, der kommer fra en fupmagers værksted i Rom. Så der er meget, der kunne indikere, at videnskaben (og den reflekterede, analytiske tænkning) her har taget fejl.

---

[298] Gladwell, M. (2006).

Der er også flere ting, der tyder på, at vi slet ikke er i stand til at tage beslutninger uden emotionelle input. Antonio Damasio fortæller om en af hans patienter (anonymiseret under navnet Eliot), der fik konstateret en hjernesvulst.[299] Den kunne heldigvis opereres væk, men under operationen var man nødt til at overskære nogle vigtige neurale forbindelser mellem det limbiske system, hjernestammen og det præfrontale cortex. Efter operationen klarede Eliot sig ligeså godt i tests af IQ, hukommelse og opmærksomhed som før. Men han kunne ikke længere tage beslutninger – især af personlig eller social karakter. Han kunne uden problemer fremlægge rationelle fordele og ulemper ved enhver problemstilling, men han kunne ikke bedømme, hvad der var det bedste at gøre. Han manglede input af emotionel karakter. Han blev også ved med at begå de selvsamme fejl, hvilket understreger, at der er en vigtig relation mellem emotioner, beslutninger, hukommelse og læring.

Når det går galt ...

Når det er sagt, skal vi selvfølgelig huske på, at vores aktuelle emotionelle tilstand også kan skyldes irrelevante forhold eller noget, der er sket tidligere, og som intet har at gøre med det, vi skal tage stilling til.[300] Der er jo den her 'carry-over effect'. Vi kan let blive påvirket af visuelle stimuli, billeder, fotos, lyde. Også vejret påvirker os. Flere studier har vist, at aktiemarkederne har tendens til at stige på dage, hvor solen skinner om morgenen, fordi det gør os (og aktiestrategerne) optimistiske.[301] Rent faktisk kan noget så banalt som at holde en varm kop te eller suppe i hånden, få os til at synes bedre om en anden person. Normalt vil det affektive sociale system udskille oxytocin, når vi er sammen med mennesker, som vi holder af, og varmen fra koppen vil blive forvekslet med denne varme. Det får os til at tro, at det er en person, vi godt kan lide og kan stole på.[302] Vi skal naturligvis heller ikke være blinde over for, at vores

---

[299] Damasio, A. (2006).
[300] Schwarz, N., & Clore, G. L. (2007); Clore, G. L. et al. (2001); Schwarz, N. (2012).
[301] Hirshleifer, D., & Shumway, T. (2001).
[302] Bargh, J. (2018).

påvirkelighed er noget, der kan udnyttes. Ved at "tale til følelserne" kan mennesker, der ikke vil os det godt, få os til at købe produkter, vi ikke har brug for, eller donere penge til projekter, vi ellers ikke ville støtte. Vores 'emotionelle intuition' kan også fortælle os noget, som slet og ret fører til dårligere beslutninger og løsninger. Der er mange sociale situationer, hvor det at følge vores emotionelle indskydelser vil være ganske upassende og føre til socialt selvmord. Hvis vi bare gjorde det, som vores emotioner fortæller os, vil det ende helt galt. Med unødvendige diskussioner, konflikter, slagsmål, krænkende adfærd eller utroskab. Der er nok også mange, som helst vil være fri for at blive alt for nervøse, hvis de fx skal tale for større forsamlinger – eller undgå at blive vrede, jaloux, flove eller kede af det.

Så hvordan skal vi forholde os til vores emotioner?

Det er med andre ord indimellem en fordel for os at kunne håndtere vores egne emotionelle reaktioner. Der er flere forskellige teknikker, der er velegnede. Pga. den gensidige sammenhæng mellem emotioner og krops-sprog kan vi fx trække vejret dybt og roligt og på den måde berolige os selv. Eller fortælle en joke. Latter er fantastisk til at løsne op. Omsorg og tæt selskab med andre har også en beroligende effekt. Vi kan distrahere os selv fra den emotionelle tilstand ved at gøre noget andet, der optager os. Vi kan også fortælle os selv – eller andre – at tingene ikke er så slemme. Hvis vi skal holde oplæg for en større forsamlinger, kan vi forestille os publikum i undertøj for ikke at blive så nervøse. Den er vist meget brugt. Men det er noget, som vi ofte kun kan gøre i korte perioder. Det optager mentale ressourcer, så vi ikke har mentalt overskud til at tænke og fokusere på andre ting. Ved at holde vores emotioner nede, får vi heller ikke på samme måde adgang til den intuitive visdom, som emotionelle input også kan repræsentere.

Jeg tror derfor personligt ikke, at man skal forsøge at løbe væk fra vores emotionelle tilstand, men i stedet gøre lige modsat og forbedre vores emotionelle kompetencer. Altså opbygge en viden om, hvordan forskellige specifikke emotionelle tilstande påvirker os – og forstå hvordan, og hvornår de opstår. Det er du jo allerede i gang med ved at læse dette kapitel. Det gør det muligt at forudsige, hvordan vi emotionelt vil reagere i forskellige situationer.

Vi kan også prøve at undgå at bringe os selv i uheldige emotionelle situationer. Situationskontrol er ofte lettere end selvkontrol. Måske kan vi endda lave en personlig strategi og opsætte regler for, hvordan vi bør agere. I Homer's Odysseen fortælles det om Odysseus, at han kom sikkert forbi Sirenerne og deres sang ved at lade sig selv binde til masten af sit skib og tilstoppe ørerne på sine sømænd. Han var nysgerrig på at høre Sirenernes smukke og lokkende sang, men han havde også den selvindsigt, at han ikke ville kunne styre sig selv emotionelt, når han hørte dem.[303] Og mange af os gør jo noget tilsvarende allerede. Vi ved jo godt, at vi skal vente med at sende sure, kritiske mails til dagen efter. Efter en god nats søvn ser tingene helt anderledes ud.

Vi kan også forbedre vores fokus på, hvad vi emotionelt føler lige nu – og hvor den emotionelle tilstand stammer fra. Er den relevant i forhold til en given vurdering, en given situation? Eller skyldes den en hændelse, som er sket tidligere? Ligesom det er tilfældet med kognitiv fluency, holder vi nemlig helt automatisk op med at bruge vores emotioner som input, når vi bliver opmærksomme på, at det er irrelevant. Det er der flere forsknings-studier, der viser.[304] Vi kunne også se det i Schacter og Singer studiet. De personer, som var blevet oplyst om, at de havde fået adrenalin, lod sig ikke påvirke af de kropslige input, som skyldtes indsprøjtningen.

Det måske lidt ejendommelige er, at nyere forskning kan dokumentere, at vi også kan dæmpe vores emotionelle reaktioner ved at sætte en label på

---

[303] Eagleman, D. (2011).
[304] Keltner, D. et al. (1993); Schwarz, N., & Clore, G. L. (2007).

dem. Altså at tænke, sige eller skrive, at jeg er vred, nervøs, ked af det osv. Dette gælder i øvrigt både for negative emotionelle tilstande såvel som positive.[305] Det skyldes formentlig, at det medfører en forhøjet selvbevidsthed. Vi kan distancere os fra os selv og se os selv i 'meta'. I fMRI studier kan det ses, at vi aktiverer andre dele af vores hjerne.[306] Det er en hurtigere og meget mindre mentalt krævende strategi. Hvis vi skal holde en præsentation over for et stort publikum, kan det derfor være en bedre mental strategi at fortælle sig selv: "Pyh ha, jeg er da godt nok nervøs", end at bruge kræfter på at forestille sig publikum i undertøj. Det er også interessant, at de fleste af os synes, at dette er stærkt kontra-intuitivt. Vi tror, at det vil gøre det værre. At vi bliver mere nervøse. Mere ængstelige. Mere kede af det.

Det er dog vigtigt her at være opmærksom på, hvad der virker for dig (det handler om, hvad du forventer). Der er nemlig også forskning, der viser, at vi kan manipulere vores egen emotionelle tilstand, netop ved at sætte en label på dem. I et studie af Alison Wood Brooks kunne 'ængsteligt nervøse' forsøgspersoner, som skulle holde tale for en stor forsamling, ændre deres emotionelle tilstand til at være 'positivt spændt' ved at sige til sig selv: "Jeg er spændt" (I am exited).[307] Dette skyldes, at de kropslige emotionelle reaktioner ligner hinanden. Vi er i begge tilfælde let ophidsede og anspændte og får sommerfugle i maven. Derfor vil den følelse, vi oplever, afhænge meget af vores forventninger. Og det kan godt betale sig, for de positivt spændte forsøgspersoner talte i længere tid og blev opfattet som mere overbevisende, kompetente og selvsikre. Det kunne også ses, at vi (forsøgspersonerne) har nemmere ved at ændre en emotionel tilstand fra ængstelig nervøs til at være positivt spændt, end fra nervøs til rolig og afslappet. Nervøsitet og afslappethed ligger nemlig langt fra hinanden i deres ophidselsesgrad og kræver derfor en ret stor mental indsats.

---

[305] Lieberman, M. D. et al. (2011).
[306] Torre, J. B., & Lieberman, M. D. (2018); Lieberman, M. D. et al. (2007); Lieberman, M. D. et al. (2011).
[307] Brooks A. W. (2014).

Emotioner og personlighed

Ved at opbygge vores emotionelle kompetencer kan vi også få et større indblik i vores egen og andres personlighed. Det viser sig nemlig, at der er en stærk sammenhæng mellem emotioner og personlighed.[308] Når vi bruger emotionelle udtryk, som fx aggressiv, forsigtig, ængsteligt anlagt, social, legesyg osv. minder det jo meget om udtryk, som vi også bruger om personlighedstræk. Det mest anvendte koncept for inddeling af menneskelige personlighedstræk er fem-faktor-modellen, også kaldet "the big five" eller OCEAN. Den består af 5 dimensioner. Openness (åbenhed) beskriver personer, der er åbne over for nye oplevelser (fx inden for mad, rejser og kultur). Conscientiousness (samvittighedsfuld) beskriver en punktlig, flittig og samvittighedsfuld person. Extraversion (udadvendthed) kendetegner personer, som er socialt udadvendte, høje på selvtillid og til tider selvhævdende. Agreeableness (venlighed) dækker over personlighedstræk, som er associeret med venlighed, at være team-player og høj empati. Neurotism (bekymret) beskriver personer, som kan være emotionelt ustabile, ængstelige og frygtsomme.

Det interessante er her, at det kan påvises, at 4 af disse dimensioner har stærk korrelation med primære affektive systemer.[309] Openness kan relateres til SEEKING, Extraversion til PLAY, Agreeableness til sociale systemer (det, som Panksepp kalder CARE) og Neurotism kan især kobles til faresystemet. Denne stærke korrelation kan indikere, at vi er prædisponerede for at opleve forskellige emotionelle tilstande. Man kan også sige, at personlighedstræk er for emotionelle tilstande, hvad klimaet er for vejret. I et varmt klima er det mere sandsynligt, at der opstår hedebølger, mens der i et koldere klima er større sandsynlighed for snestorm. Denne sammenhæng fremgår fx et studie gennemført af Revelle og Scherer, hvor de undersøgte, hvordan personlighedstræk påvirker emotionelle tilstande. I studiet kunne de bl.a. påvise, at hvis man ligger højt på personligheds-

---

[308] Lazarus, R. S. (1991).
[309] Davis, K. L. et al. (2003); Montag, C., & Panksepp, J. (2017); Hiebler-Ragger, M. et al. (2018).

trækket 'ængstelighed' (neurotism), vil det være næsten 3 gange så sandsynligt for, at man havde været ængstelig dagen før.[310]

Det er derfor en god idé at være opmærksom på egne og andres personlighedstræk, fordi så kan du gøre noget ved det. Hvis du fx ligger højt på 'Neurotism', så vil du have en tendens til at se pessimistisk på tingene, være overforsigtig og ikke gribe de chancer, som livet byder en. Hvis du i stedet ligger højt på 'Openness' og 'Extraversion', vil du kunne have en tendens til at have et for overoptimistisk syn på tingene, og der vil være risiko for, at du kaster dig ud i for risikable eventyr.

Kort opsummering og refleksion

Kapitlet giver et nyt perspektiv på emotioner. Vi bliver introduceret til, at vi har en række grundlæggende affektive systemer, der motiverer os til en bestemt adfærd i forskellige situationer. Men det står også klart, at vores emotionelle tilstand bliver til i en konstruktiv proces, hvor vores forventninger i høj grad bestemmer, hvilke specifikke emotionelle tilstande vi oplever.

Vi får også indsigt i, at emotioner øjeblikkeligt og fundamentalt kan ændre vores tilgang til og syn på tingene og påvirke vurderinger, motivation og performance. Emotioner har også indflydelse på, om vi tænker reflekteret eller intuitivt, bredt eller snævert − og påvirker dermed kreativitet og vores evne til at tænke ud af boksen. Vi bliver ligeledes opmærksomme på, at fordi emotioner er en integreret del af vores mentale model, kan det være svært for os at gennemskue, hvor meget de påvirker os, når vi står midt i det.

---

[310] Revelle, W., & Scherer, K.R. (2009); Scherer, K.R. et al. (2004).

Kapitlet giver anledning til at reflektere over …

- Er du opmærksom på de store fordele, som du kan få ved at opbygge dine emotionelle kompetencer og være bevidst om, hvordan du har det emotionelt i forskellige situationer – og hvad det skyldes?

- Har du også fokus på, hvordan andre mennesker påvirker dig emotionelt – både ubevidst og bevidst?

- Du kan selv påvirke din emotionelle tilstand og herigennem opnå en række fordele. Prøv at eksperimentere med, hvad der virker for dig.

- Ved at opbygge din emotionelle kompetence kan du også blive bedre til at forudse og tage hensyn til andre menneskers motiver, fokus og adfærd. Hvornår er det særligt relevant?

- Prøv at eksperimentere med, hvordan du kan bruge emotioner i din kommunikation og i dit samarbejde med andre – og på den måde påvirke deres vurderinger, motivation og performance. Det kan være overraskende nemt at gøre.

- Emotionelt baseret motivation er ikke "langtidsholdbar" og kan ændres nærmest øjeblikkeligt af andre emotionelle tilstande. Hvis du udelukkende baserer implementering af nye strategiske initiativer på gejst, vil du hurtigt blive skuffet, fordi gejsten ikke holder evigt. Og hvad gør du ved det?

Kapitel 07: Den sociale dimension

Den 11. marts, 2020 blev Danmark lukket ned. Pandemien havde nu også ramt Danmark. Vi måtte samles max 10 personer og måtte ikke længere give hånd eller en god krammer. Jobbet blev udført i hjemmekontoret. Møder og undervisning foregik på Teams eller Zoom. Vi kunne ikke længere hyggesludre med kollegerne i kantinen, mødes til fodbold, få os en pølse nede i badmintonhallen eller en kold fadøl på den lokale bar. Vi skulle blive i vores sociale boble og holde afstand til de andre nede i Netto. Underholdningen bestod af Netflix og de evindelige pressemøder fra statsministeriet – og vi vidste pludselig alt om kontakttal, mRNA-teknologi og PCR. Kan du huske det? Det var helt forfærdeligt. Vi følte os helt magtesløse. Alle fik pludselig en stor lyst til et større hus, en større lejlighed eller et sommerhus. Vi købte nye fladskærme og køkkener i et væk, indtil forsyningskæderne brød sammen. Hundekennelerne måtte melde udsolgt – for en lille hund skulle vi også have. Selvfølgelig! (og en sådan emotionel reaktion kan jo ikke overraske os nu) … Og hvis vi ikke vidste det i forvejen, blev vi opmærksomme på, hvor meget andres selskab egentligt betyder for os. Vi har en dyb motivation for at være forbundet med andre mennesker. Vi har brug for at have en oplevelse af at høre til. Dette skyldes, som jeg var inde på i forrige kapitel, at vi er udstyret med affektive systemer, der motiverer os til at have tætte, sociale relationer med andre mennesker. Men vi er i høj grad også skabt til at kunne agere og navigere socialt. Til at samarbejde. Til at interagere og kommunikere. Vi er 'social by design'.

Jeg vil dette kapitel dykke ned i, hvordan også dette 'sociale design' påvirker vores vurderinger, beslutninger og adfærd – og hvad der giver mening for os. Også denne dimension påvirker os meget mere, end vi forestiller os.

0-0-0-0

Hypotesen om den sociale hjerne

Har du nogensinde fået at vide, at vi mennesker udviklede vores store hjerne og høje intelligens for at blive bedre til problemløsning og dermed også bedre til at tilpasse os forskellige udfordrende og foranderlige livsbetingelser? Det har du formentlig, fordi det har været (og er måske stadig) den fremherskende teori bag evolutionen af den menneskelige hjerne. Denne teori kaldes også 'the ecological intelligence hypothesis', Og det giver jo rigtig god mening. Høj intelligens og fantastiske evner til at løse problemer har betydet, at vi har kunnet udvikle maskiner og teknologi, etablere landbrug og sende mennesker til månen. Det er denne egenskab, som har gjort os til den mest udbredte og dominerende art på jorden. Det er en teori, der passer godt til vores selvopfattelse som mennesker. Vi er jo Homo sapiens – den vise mand.[311] Men der er noget, der ikke stemmer. For hjernevæv bruger som bekendt store mængder energi, og så er det samtidigt skrøbeligt og sårbart. Der er med andre ord store ulemper forbundet med en stor hjerne. I et evolutionært perspektiv er derfor usandsynligt, at arter udvikler meget store hjerner, blot fordi de kan.[312] Ulemperne skal modsvares af tilsvarende fordele. Og det taler imod 'problemløser-teorien' (i hvert fald som hele forklaringen), at da vores forfædre begyndte at udvikle store hjerner, levede de som primitive jæger-samlere. Deres udfordringer var simple og bestod af at jage og samle frugt og anden føde med det højeste energiindhold. Og det er dyr med meget mindre hjerner også fint i stand til. Sat lidt på spidsen, er det først i forbindelse med den neolitiske revolution for ca. 12.000 år siden, hvor vi begyndte at dyrke landbrug og leve i store civilisationer, at vi har haft "behov for" at kunne løse komplekse problemstillinger for at overleve.

På denne baggrund introducerede en række forskere (fx Burne, Whitten og Dunbar, m.fl.) i slutningen af 1980'erne en alternativ teori – 'the social brain theory '. Man lægger her vægt på, at den primære evolutionsmæssige

---

[311] Lieberman, M. D. (2015).
[312] Dunbar, R.I. (1998).

årsag til primaters og især menneskets store hjerne er af social karakter.[313] Vores meget tidlige forfædre var for 2-3 mio. år siden langt fra det største eller stærkeste dyr på den afrikanske savanne. De begyndte derfor at leve sammen i større grupper. På den måde kunne de samarbejde om at løse udfordringer, som de ikke kunne håndtere individuelt. De kunne bedre forsvare sig mod fjender, koordinere indsamling af føde, jage større bytte mv. Det gav dem en stor fordel.[314] At samarbejde er dog ikke noget, man bare gør. Det kræver høj intelligens. Store grupper, som bestod af intelligente individer, der kunne kommunikere effektivt med hinanden, lære af hinanden, specialisere sig og arbejdsdele, blev bedre til at overleve og kunne udkonkurrere (mindre) grupper, der ikke var så gode til det. Det førte til et stort evolutionært pres på gruppeniveau henimod udvikling af en større hjerne.[315]

At leve tæt sammen i en stor gruppe repræsenterer dog samtidig en intensiveret konkurrencesituation på individniveau. Der er større konkurrence om magt, mad, ressourcer og mager.[316] Dette giver umiddelbart de stærkeste hanner en fordel og for at undgå, at de blot tog for sig af retterne (og kvinderne), var det nødvendigt at kunne indgå i komplekse sociale alliancer med andre (mod andre). Det var en nødvendighed at kunne "spille det sociale spil". Man skulle kunne holde styr på, hvem der var allieret med hvem. Hvem man kunne man stole på. Hvem der var ude på at snyde. Og nogle gange var det også nødvendigt at kunne regne ud, hvem man selv kunne narre. Dette stillede også store krav til intelligens og bidrog yderligere til et evolutionært pres (på individ-niveau) mod en større hjerne. Pga. denne konkurrence-relaterede dimension kaldes 'the Social Brain Hypothesis' også nogle gange 'the Machiavellian Intelligence Hypothesis' (efter den italienske renæssanceforfatter Niccolò Machiavelli, kendt for "Fyrsten", der handler om list, bedrag og manipulation).

---

[313] Dunbar, R. (2008).
[314] McDonald, M. M. et al. (2012).
[315] Boyd, R., & Richerson, P. J. (2009); Dunbar, R.I. (1992).
[316] Byrne, R. W., & Corp, N. (2004).

Det er naturligvis svært at afgøre, hvad der præcist er årsagen til, at vi udviklede vores store hjerne. Det er nok en kombination af flere faktorer. Men hvis man accepterer, at også sociale dynamikker har spillet væsentligt ind – og det er der meget, der tyder på – bliver vi også nødt til at se på os selv i dette perspektiv. Ved at forstå, at vi både er udviklet til at samarbejde med og hjælpe andre mennesker, men også konkurrere mod dem – og at det ligger dybt i os – så er der mange ting, der falder på plads.

Avancerede sociale kompetencer

Ligegyldigt hvad, er der ikke nogen tvivl om, at vores store og højtudviklede hjerne i høj grad besidder de kompetencer, som er nødvendige for at indgå i komplekse sociale sammenhænge. Vores automatiske, intuitive, prædiktive hjerneprocesser gør det meget let for os at "læse" andre mennesker. Vi skal blot se på en anden persons ansigt eller kropssprog for at vide, om de er glade, vrede eller kede af det. Vi kan meget hurtigt afkode tonen i det, som andre siger. Er de ærlige, troværdige, laver de sjov, eller er de sarkastiske? Vi kan lynhurtigt placere andre mennesker i konceptuelle kategorier og afgøre, om de tilhører vores gruppe. Er de ven eller fjende? Vi er også utroligt gode til at se mønstre i andres adfærd og forstå de samspil, som foregår mellem mennesker.

Vores højtudviklede selvbevidsthed og vores store præfrontale cortex giver også store fordele i en social sammenhæng. Når andre mennesker gør noget overraskende, kan vi reflektere over, hvad der mon er årsagen til det. Vi kan være strategiske og lægge (listige) planer med andre, imod andre. Samtidig kan vi i et vist omfang kontrollere vores egne impulser og lægge bånd på os selv. Det er også helt essentielt i sociale sammenhænge. Og fordi vi er bevidste om os selv og kan forholde os til os selv, har vi evnen til at udlede, at andre mennesker nok *også* er selvstændige, bevidste individer, der tænker og føler og har motiver, mål og intentioner – og at de kan være forskellige fra vores egne. Det giver os mulighed for at se tingene fra andres perspektiv. Dette kaldes også, at vi har en 'Theory of Mind' (ToM).

189

Vores sociale hjerne har dog endnu et es i ærmet – vores spejlneuroner. Spejlneuroner er utroligt vigtige for, at vi kan lære af andre gennem imitation. Men de giver os også evnen til at kunne føle det, som andre mennesker føler. Dette skyldes, at vi nærmest pr. automatik imiterer det ansigtsudtryk eller kropholdning, vi observerer hos en anden person, og gennem feedback-mekanismer påvirker det vores egen emotionelle tilstand.[317] Vi bliver kede af det, når vi kigger på et bedrøvet ansigt. Det er svært ikke at smile igen og blive glad, hvis vi bliver mødt med et dejligt smil. Vi bliver på denne måde automatisk "smittet" med andre personers emotionelle sindstilstand. Og jo, mennesker, der får botox i ansigtet for at modvirke rynker, bliver dårligere til at afkode andre mennesker. I og med botox lammer deres ansigtsmuskulatur og mimik, kan de ikke længere spejle andres ansigtsudtryk. De bliver derfor mindre empatiske.[318]

Samlet set gør kombinationen af avancerede intuitive og refleksive mentale processer samt affektive input (via spejlneuron-systemet) os enormt gode til at forstå andre mennesker. Det er noget, som udvikles utroligt hurtigt. Allerede i en alder af 12-14 måneder kan vi forstå andres mål og intentioner.[319] Vi er nærmest født til at være tankelæsere. Det er dog vigtigt at huske på, at selvom vores (sociale) kompetencer er avancerede, er de på ingen måde perfekte.

Vi interesserer os for hinanden
At vi er 'social by design' viser sig også ved, at vi er naturligt interesserede i andre mennesker. Vi er ekstremt motiverede for at forstå dem og de relationer, de indgår i. Det gør os bedre til at forudsige deres adfærd. Når vi taler sammen, er det som regel om sociale emner.[320] Når vi mødes nede ved kaffemaskinen på jobbet, er det naturligvis interessant at drøfte faglige problemer, som vi sidder og bokser med. Men der er ikke noget, der kan

317 Singer, T., & Lamm, C. (2009); Hamilton, A. et al. (2016); Praszkier, R. (2016).
318 Neal, D. T., & Chartrand, T. L. (2011).
319 Warneken, F., & Tomasello, M. (2009); Tomasello, M. et al. (2005).
320 Beersma, B., & Van Kleef, G. (2012).

stikke, hvis snakken drejer ind på, hvad Gitte og Henning lavede ude i kopirummet til julefrokosten. Iflg. Robin Dunbar handler omkring 2/3 af al kommunikation mellem mennesker *om* andre mennesker.[321]

Vores store interesse og nysgerrighed for andre mennesker er helt klart noget, som kan udnyttes. Og det bliver det. Når online nyhedsmedier skriver teasere som: "Kendt milliardær taget for spritkørsel" eller "S-profil skal i retten i sag om bedrageri", er det næsten ikke til at lade være med at klikke videre …

Derfor er det på ingen måde tilfældigt, at sladderblade og ikke mindst sociale medier har så stor succes. De giver os mulighed for at have relationer til et stort antal mennesker. Vi kan kommunikere med hinanden, og vi får informationer om, hvad andre går og laver. Vi bruger oceaner af tid på det. Vi skal lige ind og tjekke. Det kunne jo være, at der er sket noget nyt og spændende. Du har i den forbindelse sikkert også hørt om FOMO, Fear Of Missing Out. Vi har alle en frygt for at gå glip af aktiviteter, muligheder og informationer om andre. Og hvis man på de sociale medier samtidig giver mulighed for at få påskønnelse og accept fra andre via 'likes', har man en enormt afhængighedsskabende cocktail. Behovet for at kunne navigere socialt er meget stærkt hos unge. Og noget af det det værste − og mest skadelige − man kan gøre er at isolere dem socialt. Man kan derfor i et socialt perspektiv se, hvorfor deres mobiltelefoner er helt "nødvendige" for dem. Men husk nu … læg den nu væk indimellem alligevel!

Naturligt prosociale
Vores sociale orientering viser sig også ved en stor motivation for at hjælpe andre mennesker og samarbejde med dem. Vi er som udgangspunkt 'prosociale', som det så fint hedder. Vi vil som regel gerne dele med andre, trøste og bidrage med ideer og arbejdskraft. Vi er næsten altid parate til at

---

321 Dunbar, R. I. M. (2004).

hjælpe, hvis der er en person, der er styrtet på cykel, har brug for vejanvisninger eller mangler lidt penge til aftensmaden. At være prosocial er helt naturligt for os. Man kan se denne adfærd allerede hos helt små børn. Fx hjælper de med at pege på det, som en anden person leder efter. Eller de rækker ud efter tøjklemmer eller skriveredskaber, som en voksen taber ved et fingeret uheld og ikke kan nå.[322] Det er også almindeligt, at de trøster andre børn, der er kede af det. Og i et studie af Rudolfo Barragan og kolleger kunne man se, at kun 19 måneder gamle børn spontant delte attraktive godbidder med fremmede, selvom børnene selv var sultne.[323]

Der er flere ting, der kan ligge bag denne adfærd. Der er naturligvis helt åbenlyst en tillært kulturel dimension i spil. I stort set alle kulturer er der en forventning om, at man skal være god mod andre. Vi bliver opdraget til det, og det falder os derfor naturligt (kulturligt). Samtidig skal vi ikke være blinde for, at der er mange, som opfører sig prosocialt af strategiske årsager. Det giver os et godt omdømme. Denne dynamik vil jeg uddybe lidt senere. Der er dog meget, der tyder på, at vores prosociale adfærd især er emotionelt motiveret. Det kan også forklare, hvorfor man ser spontan altruistisk adfærd hos helt små børn. De er jo endnu ikke kulturelt skolede og forstår heller ikke at agere strategisk.[324] Det føles simpelthen godt og rart at hjælpe andre. Vi bliver lidt "høje" af det. Du har sikkert hørt udtrykket "Helpers High".[325] At være god mod andre er forbundet med, at vi oplever en varm følelse indeni.[326] Typisk opleves det som meget meningsfuldt at hjælpe og gøre en forskel over for andre mennesker.[327] Det er ligeledes interessant, at vi kan reducere fysiske smerter ved fx at donere blod eller indsamle donationer for jordskælvs ofre.[328]

---

[322] Liszkowski, U. et al. (2007); Warneken, F., & Tomasello, M. (2009).
[323] Barragan, R.C. et al. (2020).
[324] Warneken, F., & Tomasello, M. (2009); Rajhans, P. et al. (2016).
[325] Dossey L. (2018).
[326] Aknin, L. B. et al. (2013); Hu, T. Y. et al. (2016).
[327] Van Tongeren, D.R. et al. (2016).
[328] Wang, Y. et al. (2020).

At vi får det godt, når vi hjælper andre, kan bl.a. forklares ved, at vi derigennem opbygger et dejligt positivt selvbillede. Langt de fleste vil gerne se sig selv som prosociale, og når vi så er det, er det noget, vi kan gå rundt og nyde. Der er dog endnu mere, der taler for, at det hænger sammen med vores højtudviklede empatiske evner. Fordi vi er gode til at sætte os i andre menneskers sted og kan føle, hvordan de har det, oplever vi også selv velbehag, når andre har det godt.[329] Det er næsten ligesom at være god mod sig selv.

Det er ofte meget motiverende for os at hjælpe andre

Vores stærke motivation for at hjælpe andre, kan ses i en række interventionsstudier gennemført af Adam Grant.[330] I et studie observerer Grant et call-center på et universitet, hvor medarbejdere ringer ud til tidligere studerende for at skaffe penge til legater til nye studerende. Det er et krævende job, hvor medarbejderne ofte møder afslag. I studiet besøger Grant en gruppe af medarbejderne sammen med en tidligere legatmodtager – altså en person, der har fået en direkte fordel af de ansattes arbejde. Besøget tager kun 5 minutter. En måned senere kan det konstateres, at disse medarbejdere skaber markant bedre resultater. Deres tid på telefonen er steget med 142%, og størrelsen på donationerne med hele 171% Medarbejdere, der ikke har haft besøg, ændrer ikke deres performance. I et opfølgende studie benytter Grant sig af en intervention, hvor to grupper af medarbejdere modtager to forskellige breve. Det ene brev informerer om, hvordan jobbet giver medarbejderen en række personlige fordele. Den anden gruppe modtager et brev, der fortæller om, hvordan deres arbejde hjælper andre. Igen ses det samme mønster. Den første gruppe ændrer ikke deres performance. Men den anden gruppe øger deres donationer med 153% Det er helt vilde tal! Og effekten går ikke over, den varer ved.

Vigtigheden af, at der er en "person i den anden ende", ses også i et andet af Grant's studier, hvor professionelle radiologer undersøger CT-scanninger. Halvdelen af radiologerne undersøger scanninger, hvor et foto af patienten er

---

[329] Decety, J. et al. (2016); Lockwood, P. L. et al. (2014); Stout, W. (2015).
[330] Grant, A. (2014).

vedhæftet. Den anden halvdel får bare scanningen uden noget foto. Og er der så en forskel? Ja! De radiologer, som undersøger scanninger med det vedhæftede foto, forøger deres diagnostiske præcision med 46%. De bliver motiveret til at gøre sig mere umage, fordi CT-scanningen nu repræsenterer en virkelig person, som de kan forholde sig til og gøre en forskel over for. Deres rapporter bliver også grundigere og i gennemsnit 29% længere.

Selektivt empatiske – selektivt prosociale

Men betyder det så, at vi alle sammen bare løber rundt og hjælper hinanden hele tiden. Nej, det gør det så ikke …! Vi skal jo bare tænde for nyhederne, åbne en avis eller gå ind på Facebook for at se, at det ikke er sådan, det forholder sig. En forklaring på det er, at vi ikke udviser empati over for alle. Vi er ofte mest empatiske og derfor mest prosociale over for medlemmer af vores egen gruppe eller familie. Dem, vi har (eller gerne vil have) tætte relationer til.[331] Det er der næppe noget odiøst i. Selvfølgelig er vi det. Men der er samtidig en ubevidst mekanisme i spil. Det viser sig nemlig, at empati kan skabes, hvis vi blot oplever, at vi har noget til fælles. Og det kan være ret banale kriterier.[332] Fx gennemførte Jerry Burger og kolleger et studie, hvor de viste, at hvis vi "tilfældigt" bliver oplyst om, at vi har samme sjældne type fingeraftryk som en anden person, er vi mere parate til at hjælpe denne person med en forholdsvis stor tjeneste (i forsøget var det at give feedback på et 8-siders essay).[333] Der kan ses samme stærke tendens, hvis vi deler navn, fødselsdag eller bliver inddelt i helt tilfældige grupper, fx når vi spiller fodbold eller lignende. Bare det at få en fælles modstander skaber større gensidig empati og kan gøre to konkurrerende grupper til én.

At vi på denne måde er 'selektivt empatiske' er ikke et særligt sympatisk træk, men det synes at hænge tæt sammen med, at vores spejlneuroner ofte

---

[331] Diesendruck G & Benozio A (2015).
[332] Xu, X. et al. (2009); Vaughn, D. A. et al. (2018).
[333] Burger, J.M. et al. (2004).

kun aktiveres over for personer, som vi ligner eller har noget til fælles med.[334] Og det er formentlig en helt nødvendig mekanisme. Det er en fordel, hvis vi hjælper hinanden i vores egen gruppe, men det er en dårlig evolutionær strategi at bruge ressourcer på at hjælpe alle og enhver. Vi skal kunne distancere os fra andre og lukke ned for vores empati. Hvis vi spejlede alle mennesker, ville vi også meget nemt blive emotionelt påvirkede − "forurenede" − af alle menneskers emotionelle tilstand.[335] Hvem vi imiterer har samtidig stor indflydelse på læring, og det er selvfølgelig smart, at vi lærer af de "rigtige" personer.

Reglen er, at vi som udgangspunkt imiterer dem, som vi har noget til fælles med. Vi gør det også helt automatisk, hvis vi gerne vil have en anden person til at synes om os.[336] Det er meget tydeligt, hvis vi er til fest og ser to mennesker, som er blevet lidt lune på hinanden. De vil næsten altid spejle hinandens kropholdning. Det er ikke svært at se, at nu kommer der vist snart til at "ske noget". Igen er det interessant, at tingene går begge veje. Vi imiterer dem, vi har noget til fælles med og godt kan lide, men vi kan også godt lide dem, som imiterer os. Vi stoler mere på dem. Når de gør det samme som os, ligner de os. Det er naturligvis noget, som kan anvendes manipulativt. Der er blevet eksperimenteret med at få tjenere til at imitere restaurantgæster ved at gentage bestillinger ordret − og det giver klart flest drikkepenge.[337] Man kan man se en tilsvarende effekt i et stormagasin. Gentagelse af udvalgte ord skaber bedre kemi og 'forbundethed' med salgsassistenten, og det forøger salget.[338] Imitation gør også budskaber mere overbevisende, og vi kommer til at fremstå mere selvsikre.[339] Imitation kan også anvendes i forhandlinger. Hvis vi imiterer en modpart, får vi ikke kun selv et bedre forhandlingsresultat, men vi er i stand til at lave en

[334] Gutsell, J.N. (2009); Xu, X. et al. (2009).
[335] de Vignemont, F., & Singer, T. (2006); Decety, J. (2011); Fourie, M.M. et al. (2017).
[336] Lakin, J. L., & Chartrand, T. L. (2003).
[337] van Baaren, R.B. et al. (2003).
[338] Jacob, C. et al. (2011).
[339] Van Swol, L. M. (2003).

bedre aftale for begge parter.[340] Det interessante er også, at imitation af andre personer ikke kun har en direkte 1:1 effekt. Et studie viste, at forsøgspersoner, der var blevet imiteret, var mere villige til at give penge til en fuldstændig fremmed person, som havde brug for penge til bussen.[341] Generelt kan vi altså bruge imitation til at få andre til at lide os, tro på os – og få dem til at tænke og agere i mere prosociale baner. Den positive effekt af imitation rækker dog ikke op i himlen. Effekten udebliver, hvis vi bliver imiteret af en person, som vi absolut ikke kan lide og helst vil differentiere os fra. Faktisk virker imitation i disse tilfælde stik modsat. Det virker heller ikke, hvis det bliver for overgjort. Hvis vi oplever at blive 'efterabet', føler vi os parodieret eller manipuleret. Det er meget ubehageligt.

Retfærdighed
Selvom vi som udgangspunkt kun er empatiske og derfor naturligt prosociale over for mennesker, vi har noget til fælles med, er vi dog som regel alligevel hjælpsomme over for fremmede. Dette skyldes primært strategiske hensyn. Vi bliver nødt til at forholde os til, at langt de fleste af os er utroligt følsomme over for uretfærdighed og mennesker, der opfører sig antisocialt. Vi ønsker ofte at straffe dem. Denne dynamik kan meget fint illustreres ved hjælp af et såkaldt 'ultimatum-spil', der spilles af 2 personer, som ikke kender hinanden. Den ene person (tilbudsstilleren) får tildelt fx 100 kr. og skal herefter foreslå en fordeling af pengene mellem de to spillere. Den anden person (respondenten) skal herefter acceptere eller afvise den foreslåede fordeling. Hvis den afvises, får ingen af dem nogle penge. Langt de fleste vil som 'tilbudsstiller' naturligt tilbyde en nogenlunde lige fordeling af pengene. Typisk en 50/50 eller 60/40. Men der er også nogle, der tænker mere på sig selv og tilbyder en selvisk fordeling, fx 90/10 eller 80/20. Her er det interessant, at vi (når vi er i respondent-rollen) som regel ikke vil acceptere en uretfærdig fordeling. Så vi afviser den, selvom det

---

[340] Maddux, W.W. et al. (2008).
[341] Fischer-lokou, J. et al. (2011).

betyder, at vi heller ikke selv får nogle penge. Vi vil typisk afvise, hvis vi bliver tilbudt mindre end 20-25% af kagen.[342]

Dette har undret økonomer, fordi selvom en 90/10 fordeling helt åbenlyst ikke er særlig fair, så er vi jo stadig bedre stillet, hvis vi accepterer at få 10 kr. end ingenting. Man kunne forstå det, hvis vi skulle spille ultimatum-spillet gentagne gange, fordi en straf så ville have en opdragende effekt på tilbudsstilleren. Men selv når ultimatum-spillet kun spilles én gang, afviser vi den ulige fordeling. Man kan se samme dynamik i såkaldte 'public goods games', hvor flere spillere skal bidrage til et fælles gode. Hvis alle bidrager, bliver den fælles gevinst større, men der er et stort incitament for den enkelte spiller i at snyde ved at bidrage mindre (en såkaldt 'free rider'). Og her vil spillere, der bidrager til det fælles gode, typisk være villige til at afgive noget af deres egen indtægt for at straffe disse 'free riders'.[343]

Altruistisk afstraffelse
Man kalder dette fænomen for 'altruistisk afstraffelse', fordi vi ikke får noget direkte tilbage. Men selvom det isoleret set ikke er fordelagtigt for det enkelte individ, er altruistisk afstraffelse vigtig for, at en stor gruppe kan agere prosocialt. Fordi vi ved, at andre vil straffe os, holder det antisociale personer i skak. Truslen om straf sikrer, at de opfører sig ordentligt og redeligt.[344] Det er en utrolig effektiv mekanisme. Faktisk er vi ofte parate til også at straffe de personer, der ikke udøver altruistisk afstraffelse. De er jo også 'free riders' og opfører sig antisocialt, fordi de får en fordel ved at lade andre pådrage sig omkostningen og risikoen ved at påføre straf.[345] Det er naturligvis med til at opretholde dynamikken. Der er flere eksempler på offentlige personer, som fx topledere, politikere, journalister og musikere, der ikke har overholdt normer for social adfærd. Når det kommer frem i medierne bliver disse personer straffet for deres adfærd ved, at kolleger og

[342] Fehr, E., & Fischbacher, U. (2003).
[343] Fehr, E., & Gächter, S. (2002).
[344] Krasnow, M.M. et al. (2016).
[345] Henrich, J., & Boyd, R. (2001); Martin, J. W. et al. (2019).

samarbejdspartnere naturligt vender sig fra dem, og de bliver isolerede og ude af stand til at fortsætte deres hverv – i hvert fald i en periode. Og kollegerne og samarbejdspartnerne bliver næsten "nødt" til at straffe dem. Fordi hvis de ikke gør, er der risiko for at de selv vil blive det.

Emotionelt motiveret

Vores store sensitivitet over for uretfærdighed er noget, der ligger dybt i os. I et evolutionært perspektiv har grupper med en stor andel af mennesker med stor følsomhed over for uretfærdighed haft en fordel, fordi det fører til en gevinst for hele gruppen. Og der er (igen) meget, der tyder på, at motivationen bag altruistisk afstraffelse er emotionelt drevet.[346] Vi reagerer naturligt ved at blive vrede og aggressive, når vi eller andre bliver behandlet uretfærdigt. Ofte føler vi også et element af foragt og afsky i relation til de mennesker, der opfører sig uretfærdigt, hvilket her ofte har karakter af, at vi vender os fra dem.[347]

Fordi altruistisk afstraffelse er emotionelt drevet, vil den også variere med vores emotionelle tilstand. Der er således flere studier, der viser, at hvis forsøgspersoner er manipuleret til at føle vrede, er de endnu mindre villige til at acceptere unfair tilbud.[348] Det samme gælder afsky og væmmelse. Hvis forsøgspersoner er blevet eksponeret for afskyvækkende stimuli, før de skal acceptere et unfair tilbud, vil de i endnu højere grad afvise det.[349] Den omvendte tendens ses, hvis vi er i godt humør, men også når vi er kede af det.[350] Når vi er triste, mangler vi en oplevelse af kontrol og agency og er derfor mere accepterende. Man kan forestille sig, at ængstelighed eller frygt ligeledes vil øge accept af uretfærdige tilbud. Det er tilsvarende interessant, at hvis vi bliver opfordret til at reflektere lidt over tingene i et ultimatum-

---

[346] Fehr, E., & Gächter, S. (2002); Dawes, C. et al. (2007).
[347] Tabibnia, G. et al. (2008); Molho, C. et al. (2017).
[348] Fabiansson, E. C., & Denson, T. F. (2012); Dunn, B. D. et al. (2012); Andrade, E.B., & Ariely, D. (2009).
[349] Moretti, L., & di Pellegrino, G. (2010).
[350] Lizotte, M. et al. (2021).

spil, så dæmpes den emotionelle reaktion, og vi vil i højere grad 'rationelt' acceptere kun at få en lille bid af kagen.[351]

Denne emotionelle dynamik er noget, man skal tage hensyn til i forbindelse med forhandlinger. En modpart, der er vred eller fyldt med afsky, vil stille større krav til en retfærdig fordeling af 'kagen'. Det er dog ofte noget, vi automatisk tager højde for og påvirkes af. De fleste af os lærer jo med tiden, at vrede mennesker ofte er svære at stille tilfredse (og tager større risici og er ligeglade med konsekvenserne). Derfor giver vi dem helt automatisk bedre tilbud.[352] Det er samtidig klart, at det kan man spille på i en forhandling. Ved at fremstå vred og aggressiv kan vi manipulere modparten.

Et prosocialt omdømme
Fordi vi er parate til at straffe antisocial adfærd, bliver det vigtigt for os, hvordan andre opfatter os.[353] Vi værner derfor om vores ry og omdømme, og vi opfører os ofte mere prosocialt, når vores adfærd er synlig for andre. I et studie kunne man se, at hele 74% af forsøgspersonerne opførte sig prosocialt, når andre kunne se det, mens kun 37% gjorde det, når deres adfærd var skjult.[354] Vores afvisning af unfair tilbud bliver også højere, når vores adfærd er synlig.[355] Generelt bliver altruistisk afstraffelse opfattet positivt af andre, men straffen skal være proportional med forseelsens størrelse. Hvis den altruistiske straf er for hård, kan den blive opfattet som en uretfærdig hævnagt og blive vurderet som antisocial og vække vrede og afsky.[356]

Følsomhed over for at blive overvåget
Det er i fortsættelse af ovenstående også "sjovt" at se, at vi er meget sensitive over for signaler, der indikerer, at vi bliver iagttaget. Mellisa

---

[351] Calvillo, D.P., & Burgeno, J. (2015).
[352] Zheng, Y. et al. (2017).
[353] Wu, J. et al. (2017); Fehr, E., & Fischbacher, U. (2003).
[354] Engelmann, D., & Fischbacher, U. (2009).
[355] Peterburs, J. et al. (2017).
[356] Batistoni, T. et al. (2022); Mifune, N. et al. (2020).

Bateson og kolleger foretog et eksperiment på et universitet, hvor de satte en stor plakat op foran kaffekassen med instruktioner om, hvordan man betalte for kaffe og te.[357] Altså en de her ordninger, hvor man selv skal komme penge i en kasse (og det kan man lige komme til at "glemme"). Forsøget viste, at de studerende betalte 3 gange så ofte for deres kaffe og te, når plakaten med instruktioner også indeholdt et billede af et par menneskeøjne. 'Øjne' fungerer som et subtilt signal om, at vi bliver overvåget. I et opfølgende studie kunne man se, at dette lille trick også kunne få universitetsstuderende til at rydde op efter sig selv, når de havde spist frokost.[358] Der er også lavet studier, hvor man har brugt tilsvarende plakat-displays for at undgå cykeltyveri, motivere til mere grundig affaldssortering og få større donationer i supermarkeder. [359] Dette understreger igen, hvor let påvirkelige vi er. Vi er også følsomme over for, hvem det er, der observerer vores adfærd, og hermed hvor stor risikoen er for, at der bliver sladret om os. Normalt opfatter vi jo sladder negativt og antisocialt. Det sidestilles ofte med at bagtale og at hænge nogle lidt ud. Ofte bliver der også lagt lidt tykt på for at gøre en god historie endnu bedre, og pludselig bliver en fjer til fem høns. Men sladder har også en meget gavnlig funktion. Når der er risiko for, at sladdertanterne fortæller det videre, jamen så er vi meget bedre til at hjælpe, trøste og give.[360]

---

[357] Bateson, M. et al. (2006).
[358] Ernest-Jones, M. et al. (2011).
[359] Nettle, D. et al. (2012); Francey, D., & Bergmüller, R. (2012); Powell, K.L. et al. (2012).
[360] Wu, J. et al. (2016).

Reglen om reciprocitet – noget for noget

Vi ønsker at opretholde en 'social balance' i vores relationer til andre. Dette kommer bl.a. til udtryk ved, at der i de fleste kulturer – hvis ikke alle – er en forventning om, at en gave eller tjeneste bliver gengældt med noget tilsvarende. Dette kaldes også reglen om social reciprocitet.

Hvis man giver en gave eller gør en person en tjeneste, vil denne person jo som regel blive glad. Men der ligger også en forpligtelse om give noget tilbage.[361] Det ligger dybt i os – og det er noget, som bliver udnyttet af virksomheder i stor stil.

Prøv at tænke på, hvor ofte vi bliver tilbudt små "gratis" gaver, bliver inviteret på frokost eller på en drink i byen – eller til spændende arrangementer, seminarer og foredrag. Virksomhederne vil naturligvis gerne have, at vi lærer deres produkter og services at kende, men reglen om reciprocitet ligger samtidig gemt her. Vi kommer til at gengælde tjenesten, uden at vi nødvendigvis er bevidste om det. De fleste vil nok sige, at det ikke er noget, der påvirker dem. Men forskningen fortæller en anden historie. I et berømt studie – Regan eksperimentet – kunne det påvises, at forsøgspersoner, der havde fået en Coca Cola af en anden "plantet" forsøgsdeltager, købte dobbelt så mange lotterisedler af denne forsøgsdeltager efterfølgende.[362] Reglen om social reciprocitet kan også bruges (og misbruges) på en mere spidsfindig måde. Hvis vi først beder en anden person om en stor tjeneste – som vi med stor sandsynlighed får et 'nej' til – vil vi, hvis vi efterfølgende beder personen om en mindre tjeneste, have større chance for at få et "ja" til denne, end hvis vi blot startede med at spørge om den mindre tjeneste. Dette skyldes, at det giver os et ubehag at sige "nej" til andre, og vi føler samtidig, at vi med vores "nej" skylder dem noget. Den opfølgende forespørgsel om en mindre tjeneste giver os mulighed for at genskabe balancen og afhjælpe ubehaget. Denne fremgangsmåde kan være ret effektiv. I et eksperiment af den amerikanske psykologi Robert Cialdini spurgte man først universitetsstuderende, om de, uden at få betaling for det, ville ledsage en gruppe ungdomskriminelle en hel dag i zoologisk have. De fleste – 83% – takkede pænt nej tak. Men Cialdini foretog nu et lille trick i forhold til en anden gruppe studerende. Før den ovenstående forespørgsel,

---

[361] Goei, R. et al. (2003).
[362] Regan, D. T. (1971),

spurgte han dem om, de ville være rådgiver for en ungdomskriminel i to timer om ugen i en periode på 2 år (altså en meget større tjeneste). Dette sagde de fleste ikke overraskende også "nej" til, men det ændrede resultaterne markant for den egentlige forespørgsel. Andelen af dem, der gik med til at have ansvar for en gruppe ungdomskriminelle en hel dag i zoologisk have, steg fra 17% til 50%.[363]

Reglen om reciprocitet i sociale relationer kan altså være et ret stærkt manipulativt værktøj – og vi skal passe på ikke at lave en social relation om til en markedsrelation. Hvis du nu forestiller dig, at to af dine venner hjælper dig med at flytte ind i dit nye hus. Som tak for hjælpen giver du den ene en rigtig god flaske vin, og den anden giver du 500 kr. Der går 14 dage, og så har du brug for hjælp igen. Du har haft vandskade i kælderen. Hvem er mest frisk på at hjælpe? Jamen, det er vennen, der fik vinen, fordi den bliver opfattet som en social gave. Han vil derfor gerne gøre noget for at opretholde venskabet. Den anden ven vil derimod opfatte de 500 kr. som en form for aflønning og vil ikke have et så stort incitament for at bevare den sociale balance. Man kan se en tilsvarende dynamik i et berømt eksperiment i en børnehave, hvor man eksperimenterede med at give mindre bøder til forældre, der afhentede deres børn for sent.[364] Modsat intentionen resulterede det dog i en stigning i for sent afhentede børn. Forældrene følte ikke længere skyld ved at bryde den sociale kontrakt, fordi man nu kunne betale sig fra det. En social relation var blevet lavet om til en markedsrelation. Og da man efterfølgende fjernede bøden igen, jamen så forblev antallet af for sene afhentninger nu på det samme høje niveau. Der var altså ingen vej tilbage. Øv!

Tragedy of the commons

Truslen om afstraffelse af antisocial adfærd kan få os til at opføre os prosocialt i mange sammenhænge. Som regel er det kun nødvendigt med en forholdsvis lille andel af prosociale, som er parate til at udføre altruistisk afstraffelse, for at denne dynamik fungerer.[365] Men det kan også have den modsatte effekt, hvis vi blot har en formodning om, at der er andre, som

---

363 Cialdini, R. B. (2007).
364 Gneezy, U., & Rustichini, A. (2000).
365 Fehr, E., & Fischbacher, U. (2003).

snyder og kommer af sted med det. Netop fordi vi har en stor følsomhed over for uretfærdighed, vil vi heller ikke selv snydes og begynder derfor at tænke på os selv. Vi vil ikke være til grin eller fremstå som blåøjede idioter. Ganske få antisociale kan i en sådan situation få et flertal af prosociale til at opføre sig egoistisk.[366] Et godt eksempel kunne være skat. Langt de fleste kan godt se fordelene ved, at vi alle betaler skat, så vi kan være fælles om udgifter til skoler, sundhedsvæsen, veje og broer osv. Vi klapper måske i ligefrem i hænderne af glæde, men vi betaler. Men begynder vi at få mistanke om, at mange andre snyder i skat (eller vi synes, at systemet er uretfærdigt, at pengene fordeles skævt mv.), ændrer vi holdning og tænker, at det kan vi ligeså godt selv gøre. Ellers snyder vi jo os selv! Denne uheldige dynamik er også meget tydelig inden for fiskeri.[367] Og desværre er det også noget lignende, som gør sig gældende i forhold til klimaet. Alle er vel efterhånden enige om, at det er bidende nødvendigt at gøre noget ved CO_2-udledningen – og at der skal gøres noget NU! Men alligevel sker der ikke nok. Vi har de nødvendige teknologier på plads. Det bliver naturligvis dyrt og besværligt. Men hvorfor skal vi i Danmark pålægge borgere, virksomheder og landbrug ekstraomkostninger, hvis vi er de eneste, der gør det? Det betyder jo bare tab af arbejdspladser og velstand, lyder argumentet fra nogle politikere. Vi skal da ikke være uretfærdige over for os selv. Vi er der også selv. Hvorfor skal jeg lade være med at flyve og købe nyt tøj, når alle de andre ikke gør det? Ja, man kan faktisk se denne uheldige dynamik utroligt mange steder. Hvis vi får en mistanke om, at andre snyder eller udnytter situationen, begynder vi også selv at gøre det.[368] Og det bliver naturligvis ikke bedre af, at nyhedsmedierne ofte prioriterer negative nyheder om skandaler og snyd fremfor historier, hvor vi rent faktisk hjælper hinanden og opfører os prosocialt.

[366] Fehr, E. (1998).
[367] Kiyonari, T., & Barclay, P. (2008).
[368] Dawes, R. M., & Messick, D. M. (2000).

Harmonisering

For at forstå vores sociale natur er det også vigtigt at være opmærksom på, at vi i høj grad tilpasser os hinanden. I sociale grupper foregår der en næsten uvilkårlig harmonisering af opfattelser, vurderinger og adfærd. Der er flere dynamikker i spil.

Jeg har allerede været inde på vores automatiske tendens til at imitere andre – især dem, som vi oplever at have noget til fælles med. Udover at påvirke empati og prosocialitet, har imitation naturligvis også stor indflydelse på vores adfærd. Fordi vi imiterer andre, så spiser vi mere, når vi ser andre mennesker spise meget. Hvis vi er til fodboldkamp, vil vi pludselig kunne se os selv stå at råbe, pifte og buhe, selvom det overhovedet ikke er noget, vi ellers gør. Når andre griner og har det sjovt, vil vi også synes, det er sjovt – og deraf den udprægede brug af dåselatter i amerikanske komedieserier. Selvom vi godt ved, at det er kunstigt, så virker det alligevel. Vi kommer til at bruge de samme ord som dem, vi er sammen med. Og over længere tid kommer vi til at have den samme dialekt. Det foregår ofte helt ubevidst. Som Chartrand og Bargh gør opmærksom på, så opfører vi os lidt som menneskelige kamæleoner. Vi skifter "farve", så vi matcher omgivelserne.[369]

Social Proof

Vi bliver også påvirket af andre mennesker, fordi vi – både ubevidst og aktivt bevidst – søger råd og guidance hos andre om, hvad der er det rigtige at gøre i forskellige situationer. Især når det er lidt usikkert og svært at regne ud, hvad der er 'op og ned'. Vi er her meget opmærksomme på, hvad de andre gør, og hvad de mener. Hvis mange gør noget, jamen så er det jo nok det rigtige at gøre. Denne mekanisme kaldes 'Social Proof' af Robert Cialdini.[370] Når vi er på ferie og ikke rigtig kender noget til, hvilke restauranter der er værd at besøge (og ikke lige har været inde og google

---

[369] Chartrand, T. L., & Bargh, J. A. (1999).
[370] Cialdini, R. B. (2007).

det), ja så går vi jo ikke ind der, hvor der er helt tomt for mennesker. Derimod vælger vi de restauranter, som er propfyldte. Det er også social proof, der er gældende, hvis vi er i markedet for at læse en god bog og kigger efter inspiration på bestseller-listerne. Man ser den også i trafikken. Hvis vi kører på motorvejen, og de andre pludseligt bremser op og kører meget langsomt, så er det sjældent, at vi bare fortsætter i samme hastighed. De andre ved nok noget, som vi ikke ved. Måske er der glat, sket et uheld, kø, fartkontrol, vejarbejde … Det er nok bedst at gøre, som de andre.

I et ret sjovt eksempel fra 'Brain Games' fra National Geographic Channel demonstreres det, hvordan en pige, der kommer ind i et venteværelse, begynder at rejse sig op ved hyletone, fordi alle andre gør det. Hun ved egentlig ikke hvorfor. Hun gør det bare, fordi de andre gør det. At de andre rejser sig op, er naturligvis noget, der er aftalt på forhånd. Det mest interessante er dog, at da hun bliver helt alene i venteværelset, fortsætter hun med at rejse sig op, når lyden kommer. Og da der kommer nye personer ind i venteværelset (som heller ikke kender til forsøget), ja så begynder de også at rejse sig op, blot fordi pigen gør det. Det er ret morsomt – og lidt skræmmende. Social proof kan i et sådant tilfælde være svær at skelne fra imitation – og det nok begge mekanismer, som er i gang.

Vi bliver (naturligvis) mest inspireret af dem, som ligner os mest, eller som vi gerne vil ligne. Det kan være eksperter inden for deres felt eller mennesker med høj status. Topledere. Influencers. Kendisser. Det er ikke tilfældigt, at store sportsmærker som Adidas og Nike flittigt anvender store sportsstjerner, som centrale elementer i deres markedsføring. De kendte og berømte får dermed et stort ansvar som rollemodeller.

Social proof-mekanismen er generelt meget fordelagtig for os. Vi kan lære af andres gode erfaringer. Men problemet er selvfølgelig, at flertallet – eller eksperterne og de kendte – ikke altid har ret. "Bare" fordi alle de andre pjækker fra skole, eller alle andre unge piger bruger anti-aging produkter, behøver det jo ikke at være en god idé. Hvis vi kun læner sig op ad, hvad andre gør og mener, kan vi komme til at tage meget dårlige beslutninger. I grupper kan vi også let komme til at ignorere at handle på information, når vi ved, at andre har den samme information som os selv. Dette kaldes 'the pluralistic ignorance effect'.[371] Hvis vi fx kommer gående på gaden, og en person ligger på fortovet, kan vi som gruppe tøve med at hjælpe. Når flere har den samme information, så spredes ansvaret, og hvis de andre ikke gør noget, jamen så gør vi heller ikke. Man kan se den samme dynamik, hvis folk bliver bestjålet, brandalarmen lyder, eller når alt tyder på, at vi er på ind i en finans- eller klimakrise. Ofte vælger vi at ignorere vores egen vurdering. Vi siger til os selv (ofte helt ubevidst), at hvis det virkelig var så alvorligt, ville der jo nok være nogle "voksne", der gjorde et eller andet. Vores tendens til at orientere os i forhold til andre kan også føre til det, som kaldes 'groupthink'. Når alle i en gruppe bekræfter hinanden i, at en opfattelse er den rigtige, jamen så er den jo nok også den rigtige. Fordi vi påvirkes mere af folk med høj status, er der også en stærk tendens til, at hvis de stærkeste i en gruppe udtaler sig først om en sag, så vil resten af gruppen blot følge trop. Jeff Bezos, stifteren af Amazon, har derfor indført en regel om, at lederen skal udtale sig sidst, hvis det kan lade sig gøre. Disse dynamikker er det også vigtigt at være opmærksom på, hvis man søger ny information fra en fokusgruppe eller lignende.

Alternative input

Hvis vi kun læner os op ad, hvad andre gør, siger, synes og anbefaler, kan vi gå glip af fantastiske muligheder. Restaurantoplevelser, bøger, musik mv. Det kan derfor ofte godt betale sig at søge input helt nye steder. Fx blev JK Rowlings første Harry Potter-manuskript (Harry Potter og de Vises sten) forkastet af hele 12 bogforlag, før det dengang lille britiske forlag, Bloomsbury Publishing, bed til bollen. Den generelle holdning i forlagsbranchen var på det tidspunkt, at man ikke kunne tjene penge på

---

[371] Cialdini, R. B. (2007).

børnebøger, og når nu alle de andre forlag også havde forkastet manuskriptet, så var der jo egentlig ikke så meget mere at tale om. Men chefen på Bloomsbury, Nigel Newton, tænkte anderledes og bad sin 8-årige datter Alice om at læse det første kapitel for at få en 'second opinion'. Og da hun tryglede om at få adgang til resten af bogen, besluttede Newton sig for at give Harry Potter en chance. Det viste sig at være en fornuftig beslutning. Harry Potter bøgerne er solgt i mere end halv milliard eksemplarer og har genereret indtægter på omkring 7,7 mia. dollars – og der er nok i hvert fald en 11-12 forlæggere, som i dag fortryder, at de bare gjorde som de andre …

Konformitet

Der er også en tredje dynamik, som er i spil. Vi tilpasser os også andres opfattelser og adfærd – i hvert fald udadtil – fordi vi gerne vil passe ind og accepteres af gruppen. Det kaldes ofte konformitet. Solomon Asch var en af de første til at afdække det. I et berømt og skelsættende studie, helt tilbage fra 50'erne, skulle forsøgspersoner vurdere, hvilken af linjerne 1, 2 eller 3, der ligeså lang som standardlinjen.[372] Svaret er nemt. Det er selvfølgelig linje 2.

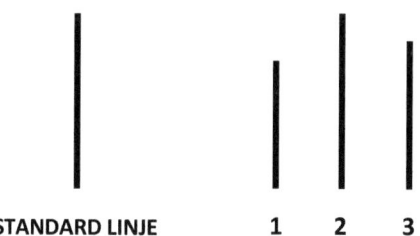

STANDARD LINJE   1   2   3

Men alligevel svarede 76% af forsøgspersonerne forkert og tilkendegav, at det er linje 3. Hvorfor nu det? Jo, i eksperimentet indgik der en masse falske forsøgspersoner, som havde fået besked på at svare linje 3. Da forsøget

---

[372] Asch, S. E. (1955).

foregik i plenum, var denne information derfor tilgængelig for de rigtige forsøgspersoner, og de tilpassede deres svar til flertallets. Mange gange er det simpelthen lettest for os bare at gøre som de andre. Selvom vi med et anderledes svar ikke opfører os antisocialt, indebærer det alligevel en risiko for social afvisning. Ved at vise, at vi ser på tingene anderledes, signalerer vi, at vi er anderledes.

Gør det tydeligt, hvad alle de andre gør

Fordi vi i høj grad påvirkes af og tilpasser os andre mennesker, kan man ændre folks adfærd ved at gøre opmærksom på, hvad andre gør. Dette kan ses i et interessant studie af Cialdini, som testede, hvilke budskaber der havde den største effekt i forhold til reduktion af energiforbrug. I studiet blev 400 familier i en forstad i Californien eksponeret for ét af fire forskellige budskaber.

1) Spar penge ved at spare på energien.
2) Beskyt miljøet ved at spare på energien.
3) Spar på energien og gør en indsats for fremtidige generationer.
4) Deltag i en energibesparelsesindsats sammen med dine naboer.

De fleste vil nok synes, at de tre første budskaber har mest substans og appel. Men det er den sociale kampagne (nr. 4), som viste sig mest slagkraftig i forhold til reduktion af energiforbruget.

En anden strategi er at gøre det tydeligt, hvad de andre gør, og hvad der er kutyme. Det er der mange bartendere, der benytter sig af. Hvis vi kommer ind på en bar, hvor der er mange penge i glasset med drikkepenge, vil der være større sandsynlighed for, at vi selv giver drikkepenge. Vi tænker ikke, okay, bartenderen har da vist fået rigeligt (med drikkepenge) i aften. Nej, vi ser på, hvad de andre gør. Hvad der er normen. Og et fyldt drikkepengeglas er her et klart signal. Den erfarne bartender ved derfor, at det er en god idé selv at komme lidt i drikkepengeglasset, når vagten begynder.

Fordele ved konformitet

Det kan måske lyde lidt underligt, at det skulle være en fordel for os, at vi er så konforme, som vi er. Men vi får lettere ved at fungere som en gruppe.[373] Potentialet for konflikter mindskes, vi har lettere ved at kommunikere, og der opstår færre misforståelser. En homogen gruppe er derfor ofte mere stabil. Samtidig skabes der et grundlag for stærkere gruppeidentitet og -tilhørsforhold.[374] En homogen gruppe − med klart definerede værdier og særegne traditioner og ritualer − er ofte mere attraktiv, appellerende og mere identitetsgivende for gruppemedlemmerne. Det er også med til at sikre en større grad af gensidig empati og prosocialitet mellem gruppemedlemmerne.[375]

Ulemper ved konformitet

Men meget stærke og homogene gruppeidentiteter og -kulturer kan let føre til modsætninger *mellem* sociale grupper. Andre grupper kommer til at fremstå meget anderledes og danner meget anderledes normer. Det siger sig selv, at det let kan lede til konflikter − især hvis stærke grupper er i konkurrence om de samme ressourcer.

Konformisme kan også give en række ulemper inden for gruppen. Det forstærker den negative effekt af 'groupthink' og kan fastholde gruppens medlemmer i bestemte måder at se og gøre tingene på. Dette ses især i grupper, hvor det ikke er kutyme − eller hvor der er frygt for − at sige gruppen eller ledelsen imod. Og når vi ikke tør sige, hvad vi mener, jamen så ender vi som de "kloge" voksne i 'Kejserens Nye Klæder'. Det er klart, at det går ud over udvikling og innovation. Den gode chef, den gode moderator i en fokusgruppe, eller den gode og ansvarlige kollega sørger derfor for at skabe en kultur med høj psykologisk tryghed. Hvor det er okay at sige fra og sige imod, og hvor det er værdsat at komme med nye

[373] Lieberman, M. D. (2015).
[374] Hewstone, M., & Greenland, K. (2000).
[375] Boyd, R., & Richerson, P. J. (2009).

perspektiver og opfattelser på tingene.[376] Desværre kan man se, at konventionen om, at det er illoyalt ikke at indordne sig fællesskabet, er meget udbredt og bliver brugt aktivt i ledelse. Fx beskriver Rasmus Willig i sin bog "Afvæbnet kritik", hvordan ledere inden for især offentlige fag, som sygeplejersker, socialrådgivere, politibetjente, lærere og pædagoger ofte neutraliserer kritik fra medarbejdere ved at referere til de fælles normer.[377] Ledere spiller på vores tendens til konformitet, når man hører svar på kritik, som fx: "Jeg hører, hvad du siger, men det her gælder for os alle", "er der nu problemer med dig igen?", "hvis du ikke kan lide lugten i bageriet", "nu må du vælge, om du vil være med på holdet" … Og som regel vil Mulle jo gerne være med i hulen!

Når kritik afvises og afvæbnes på denne måde, går fællesskabet glip af relevante indvendinger og forslag til forbedringer. Det betyder også, at vi skal lægge bånd på os selv. Det kan være utroligt stressende og ned-brydende over længere perioder. Og det er ren gift i forhold til at skabe et meningsfuldt arbejde. Der kan også opstå det, som Mette Risak og Claus Falck Larsen kalder "stille modstand".[378] I stedet for at sige, hvad vi mener – og blive karakteriseret som et illoyalt "brokkehoved" – holder vi vores kritik for os selv. Og samtidig kan vi blive motiveret til at skabe hemmelige alliancer – nede ved vandkøleren eller kaffemaskinen – med forbunds-fæller, der har det samme syn på tingene som os selv. På den måde opstår der uofficielle skyggesystemer, der i det skjulte modarbejder eller ignorerer ledelsens beslutninger og anvisninger. Ledelsen risikerer at blive afkoblet fra resten af organisationen. Selvom der bliver talt og gjort meget for at håndtere 'modstand mod forandringer', er det ikke altid, at det er den synlige modstand (som brokkehovederne repræsenterer), der er den største udfordring. Derimod er den stille modstand oftest den mest skadelige og sværeste at få bugt med.

---

376 Berger, J. (2016).
377 Willig, R. (2016).
378 Risak, M. & Larsen, C. F. (2007).

En stærk cocktail

Der er altså flere mekanismer, der fører til, at vi tilpasser os hinanden, og at der sker en harmonisering af adfærd, holdninger, overbevisninger, mål, emotionelle tilstande osv. Vi imiterer hinanden, vi søger efter 'sociale beviser' hos andre, og samtidig er vi konforme og tilpasser os gruppens normer. Disse tre mekanismer, som på overfladen kan være svære at skelne fra hinanden, fungerer som en stærk cocktail. Og når de arbejder sammen, kan vi "smitte" hinanden med alt muligt. Dårlig moral. Sexistisk adfærd. Krænkelsesparathed. Kræver-mentalitet. Alkoholmisbrug. Fedme. Vi kan også blive påvirket til at arbejde alt for lidt … eller alt for meget. Det er jo egentlig ganske forfærdeligt, og det er vigtigt at være opmærksom på disse dynamikker. De kan være med til at fastholde os i uhensigtsmæssige overbevisninger og adfærd. Men heldigvis kan vi også "smitte" hinanden med sund livsstil og andre gode ting.

Sociale normer – statiske og foranderlige

For at forstå, hvordan normer og kultur bliver skabt mellem mennesker – og hvad der skal til for at ændre dem – er det også vigtigt at være opmærksom på, at der sideløbende med de sociale harmoniseringsprocesser også foregår en ubevidst indlæringsproces, hvor gruppenormer gradvist bliver automatiseret og internaliseret. Det har jeg allerede været inde på i kapitel 4. Og der er utroligt mange normer, som vi har internaliseret. Som jeg var inde på tidligere, opdager vi først, hvor meget social adfærd, der er automatiseret (og er en del af vores procedurale hukommelse), når vi indgår i nye sociale sammenhænge, hvor man har andre sociale normer, fx i andre lande og kulturer. Igen kan man sige, at det er en stor fordel, at vi opbygger sådanne kollektive, sociale vaner. Det er ret praktisk, at vi stopper, når vi møder et rødt trafiklys og kører i den samme side af vejen. Men det er samtidig klart, at sociale normer (og kultur) bliver statiske (og rigide) og svære at ændre. Inden for business siger man ofte, at "kultur spiser strategi til morgenmad" – et citat, der først blev opfundet af managementguruen Peter Drucker. Underforstået, det er svært at implementere nye strategier, hvis ikke de passer ind i virksomhedens normer og kultur. Men altså selv de mest indlejrede sociale normer og konventioner kan ændres. Det er fx en meget fasttømret social norm, at nyfødte piger skal iklædes lyserødt og drenge i lyseblåt. Og sådan har det vel altid været. Nej, faktisk ikke. Før 1940'erne var det lige omvendt. Her var der dyb konsensus om, at den stærke lyserøde farve passede godt til det "stærke" mandlige køn. Men på en eller anden måde skiftede det, og alle blev smittet med, at lyseblåt er til drenge, og lyserødt er til de små prinsesser. Sådanne ændringer kan skabes gennem markedsføring, hvor modeskabere forsøger at forandre, hvad der er det gængse inden for mode, fx med hjælp fra kendisser, store stjerner eller lignende. Men gruppenormer ændrer sig også, fordi vi jo ikke kun tilhører én gruppe, men faktisk er en del af rigtig mange sociale grupper, som har forskellige måder at gøre og tænke om tingene på. Vores nære familie, forskellige vennegrupper, arbejdspladsen, skolen og yoga- og fodboldholdet udgår et stort, komplekst socialt netværk. Inspiration og påvirkning strømmer fra gruppe til gruppe

Den nødvendige forskellighed

Herudover skal vi også være opmærksom på, at der er grænser for, hvor meget vi gerne vil ligne hinanden. Selvom vi signalerer tilhørsforhold til en gruppe ved at tilpasse os normer for holdninger og adfærd, har vi også brug for at skille os ud fra de andre og vise, at vi er et selvstændigt individ.[379] Dette gælder især i vestlige samfund, fordi der her er en mere individualistisk kultur.[380] Vi kender det jo udmærket godt. Det er mega ufedt at komme til en stor fest, hvor man enten er fuldstændig 'overdressed' eller 'underdressed'. Men det er endnu mere ufedt, hvis vi har nøjagtig den samme kjole på, som en anden gæst til selskabet (særligt som kvinde).

[379] Leonardelli, G.J. et al. (2016); Vignoles, V. L. et al. (2000); Hornsey, M. J., & Jetten, J. (2004).
[380] van Baaren, R. B. et al. (2003).

Stræben efter status, magt og indflydelse

At vi har brug for (også) at skille os ud, hænger sammen med, at det er vigtigt for os at positionere os i forhold til andre. Vi går utroligt meget op i vores sociale status. Ikke nødvendigvis inden for alle livsområder, men inden for dem, vi anser, som vigtige (og det kan jo i høj grad variere). Der er forskere, der argumenterer for, at høj social status er et grundlæggende menneskeligt behov. Jeg ved nu ikke, om jeg vil gå så langt, men der er næppe nogen tvivl om, at status generelt er meget eftertragtet.[381] Vores stræben efter status kan relateres til vores grundlæggende behov for social anerkendelse og påskønnelse. Men det er ikke hele forklaringen. Det skyldes også, at det at leve tæt sammen i store grupper er forbundet med intens konkurrence (som jeg var inde på tidligere). Og de individer i gruppen, som har den højeste status, opnår typisk de fleste og største fordele. Status er et signal om, at en person (eller en virksomhed) besidder værdifulde kvaliteter. Det gør os til en attraktiv alliancepartner. Der er mange, der gerne vil samarbejde og affilieres med os, og vi får derfor lettere adgang til ressourcer og muligheder. Det giver indflydelse og magt, fordi der er flere, der vil lytte til os og følge os. Det er ofte forbundet med højere betaling for udført arbejde, fordi det anses for at være af højere kvalitet. Der er typisk også lavere omkostninger og færre barrierer forbundet med at bevæge sig ind på nye områder.[382] (Dette gælder også for brands.) Høj status betyder derfor, at vi er mere i kontrol med vores tilværelse. Det kan derfor ikke overraske, at flere forskningsresultater viser, at mennesker med høj status generelt er mere glade og tilfredse med tilværelsen og har et bedre psykisk og fysisk helbred.[383] Dette skyldes nok også, at høj status som regel er forbundet med en sundere livsstil, bedre adgang til sygehusvæsen mv.

---

[381] Anderson, C. et al. (2015); Heffetz, O., & Frank, R.H. (2008); Anderson, C., & Hildreth, J.A. (2016).
[382] Sauder, M. et al. (2012).
[383] Boyce, C. J. et al. (2010).

Statussymboler

Det kan inden for mange områder være svært at bedømme, om et menneske besidder gode kvaliteter – kvalitet er en tvetydig størrelse. Derfor bliver symboler, der indikerer høj status, vigtige. Ved at omgive os med luksusprodukter, dyre biler, vilde huse, kostbare smykker og ure, viser vi, at vi har eller tjener mange penge. Vi viser, at vi har så høj kvalitet, at andre mennesker er villige til at betale mange penge for vores tid. Statussymboler er naturligvis forskellige fra gruppe til gruppe, og der er mange ting, som kan indikere høj status. Det kan give status at være rigtig god til at spille fodbold eller Counter Strike. En af klassikerne er også at have en stor bogreol med de rigtige litterære værker. Det signalerer viden og dannelse. Der er ofte også høj status i at have et stort netværk med de "rigtige" mennesker. Hvis mange mennesker gerne vil "lege med os", kan vi nok et eller andet. Man skal ikke undervurdere statusværdien af at blive efterspurgt i de rigtige fora og blive inviteret med til de rigtige fester.

Status er relativ

Social status er attraktiv, fordi det er en relativ størrelse.[384] Vi kan jo ikke alle sammen have høj status inden for det samme felt. Der kan kun være én person, som er den bedste. Der kan kun være et begrænset antal i top 10 – nemlig 10. Konsekvensen er, at vi ikke blot ønsker anerkendelse og respekt fra andre. Vi ønsker *mere* anerkendelse og respekt *end* andre. Vores store ønske om status skaber derfor konkurrence. At have høj status må nødvendigvis være på bekostning af andre.[385] Dette kan også forklare, hvorfor "mere vil have mere". For nogle er det ikke nok at have en stor yacht i lystbådehavnen. Det skal være den største! Man kan iagttage samme dynamik for lønninger for amerikanske CEOs (kapitel 3). Du vil måske sige, at sådan er du da i hvert fald ikke. Men altså, det her ligger dybt i os. Vi vil gerne være blandt de bedste, de mest eftertragtede eller populære. Det er i hvert fald sjældent, vi foretrækker at være blandt de dårligste, fx at være

[384] Heffetz, O., & Frank, R.H. (2008).
[385] Anderson, C., & Hildreth, J.A. (2016).

den, der altid bliver valgt sidst, når der skal vælges hold til fodbold, håndbold, eller hvad det nu er, vi går op i. Faktisk viser flere undersøgelser, at vi hellere vil tjene absolut mindre, bare vi tjener relativt mere end de andre.[386] Et amerikansk studie viste, at flertallet af amerikanere foretrækker at arbejde i en virksomhed, hvor de tjener 33.000 dollars om året, hvis andre kun tjener 30.000 dollars om året, fremfor at arbejde et sted hvor de modtager 35.000 dollars i løn, men de andre får 38.000 dollars.[387] Jeg tror godt, denne dynamik kan overføres til andre lande, også Danmark. Det er ofte federe at være en relativt stor fisk i en lille dam, fremfor en relativt lille fisk i en stor sø. Men hvis vi hele tiden sammenligner os med succesfulde mennesker – fx på Instagram – som lever det perfekte liv, jamen så kan vi da nærmest ikke undgå at blive ulykkelige. Det er helt sikkert også med til at forklare den store mistrivsel, man ser blandt unge i disse år.

Status-hierarkier

At vi har forskellig status, er en helt naturlig del af at indgå i en gruppe – og status-hierarkier er noget, som vi helt naturligt opbygger i både store og små grupper. Det findes i alle samfund og kulturer – også blandt sociale dyr, der lever i komplekse sociale grupper. Status-hierarkier er derfor næppe noget, som kun er "kulturligt" i sin oprindelse. Det er bygget ind i os. Vi orienterer os helt automatisk i forhold til, hvem der er bedre, stærkere, smartere, dygtigere, klogere. Når vi møder andre, er det helt naturligt, at vi forholder os til, hvem der er "den".

Selvom status-hierarkier godt kan være for stejle og repræsentere for stor ulighed, er de i et eller andet omfang nødvendige for, at vi kan fungere som en større gruppe. Hierarkiet fortæller os jo, hvem vi skal lytte til og søge rådgivning hos, hvem skal vi følge – og nå ja, hvem vi skal imitere.[388] De er afgørende for at kunne udføre koordinerede, kollektive handlinger.

---

[386] Solnick, S.J., & Hemenway, D. (1998); Anderson, C., & Hildreth, J.A. (2016).
[387] Christakis, N. A. & Fowler, J. H. (2009).
[388] Koski, J. E. et al. (2015).

Individer med høj status inden for et specifikt område får en naturlig lederrolle og kan bedre lede og koordinere, fordi andre med lavere status naturligt vil lytte til dem.[389]

Hvis en gruppe – fx et fodboldhold – mangler naturlige ledere, er det derfor meget anvendt, at man fra trænerens side går ind og etablerer et status-hierarki, fordi det ofte får holdet til at fungere bedre. Og generelt virker sådanne tiltag udmærket. Problemet kan i den forbindelse være, hvis der er uenighed om hierarkiet, eller hvis enkelte "ledere" forsøger at bestemme i sammenhænge, hvor deres status ikke er legitimeret.

Eksistensen af status-hierarkier betyder dog også, at der altid vil være nogle af os, der vinder og nogle, der taber. Der vil altid være nogle, som nærmest automatisk får en større andel af kagen. Status-hierarkier medfører social ulighed.[390] Og fordi de fleste af os har det svært med uretfærdige fordel-inger, har vi det derfor også noget ambivalent med status-hierarkier, selv-om vi finder dem overalt. Det er selvfølgelig også klart, at når mennesker med høj social status får en lang række fordele, medfører det et stort incita-ment for at opføre sig antisocialt, snyde i skat osv. Så er der flere midler til at købe statussymboler for. I vores kamp om ressourcer, indflydelse og status kan vi derfor nogle gange have knivspidse albuer. Man skulle her intuitivt forvente, at især personer med lav status har dette incitament, men ofte er det lige modsat. Flere forskningsstudier kan således dokumentere, at mennesker med lav social status ofte er mere villige til at hjælpe andre, mens mennesker med høj status ofte opfører sig amoralsk, uetisk og tænker mere på sig selv.[391] Det er ikke svært at finde eksempler på mennesker, som efter de har fået stor magt og status, har ændret sig fra at være super-idealistiske personer med høj moral og hjertet på det rette sted, til at opføre

---

[389] Simpson, B. et al. (2012); Van Vugt, M. et al. (2008).
[390] Ridgeway, C.L. (2019).
[391] Piff, P. K. et al. (2010); Giurge, L.M. et al. (2019); Lammers, J. et al. (2015).

216

sig egoistisk, diktatorisk, magtfuldkommen og korrupt. Listen er lang. Ingen nævnt, ingen glemt.

Man kan observere denne adfærd både i 'det store' men så sandelig også i 'det små' i dagligdagen. Hvis man maler lidt med den brede pensel, har jeg fx selv den opfattelse, at folk, der kører i store, dyre biler, ikke altid tager så meget hensyn til andre i trafikken. Måske er det bare noget, som jeg er begyndt at lægge mærke til. Og når man først har klar forventning til tingene, nåh ja, så bliver den ofte bekræftet. Men den skulle være god nok. Paul Piff og kolleger kunne i hvert fald i et studie påvise, at mennesker, som kører i dyre biler, viser mindre hensyn og kører mere "råddent".[392]

Det er som om, at magt og høj social status gør noget ved os. Der er flere ting, der kan forklare dette fænomen. Mennesker med høj status og magt har generelt større tiltro til sig selv og deres egne evner. De føler sig mindre afhængige af andre mennesker og er derfor mindre orienterede mod at skulle skabe gode relationer til andre. Det er simpelthen ikke så nødvendigt for dem. Straf og eksklusion af gruppen betyder mindre for dem.[393] De ser mere optimistisk på tingene og tager derfor større risici.[394] Som et lille kuriosum, kan det i øvrigt påvises, at mennesker med høj status og magt generelt er mere utro. Dette gælder for både mænd og kvinder.[395] Det er i denne sammenhæng også interessant, at penge synes at have samme effekt som høj status (og mennesker med høj status har typisk mange penge). Blot det at tænke på penge aktiverer en følelse af selvtilstrækkelighed, hvilket fører til, at vi i mindre omfang både efterspørger hjælp fra andre og tilbyder hjælp til andre.[396] Penge kan også nedsætte den sociale smerte, vi oplever ved at miste eller blive afvist. Og omvendt, fysisk og social smerte kan forøge ønsket om penge.[397] Blandt højstatus-individer finder man også

[392] Piff, P. K. et al. (2012).
[393] van Kleef, G. A. et al. (2008).
[394] Anderson, C., & Galinsky, A. D. (2006).
[395] Lammers, J. et al. (2011).
[396] Zhou, X. et al. (2009).
[397] Cristofori, I. et al. (2015).

typisk en opfattelse af, at høj status og privilegeret adgang til ressourcer er noget, man har gjort sig fortjent til.[398] Underforstået, hvis nogen ikke har høj status, så er det deres egen skyld. De skal bare tage sig sammen! Der er også meget, der tyder på, at når vi først har vænnet os til høj status og magt, bliver vi afhængige af det. Mennesker med høj status begærer det mere end mennesker med lav status.[399] Hvis man først har vænnet sig til magtens sødme og at være en del af "det fine selskab", er det svært at give slip på. Der er studier, som kan dokumentere, at personer i magtpositioner helt bevidst søger at holde fast i deres magt, fx ved at holde vigtig information tilbage for personer, som kan true deres position, eller ved at holde dem uden for indflydelse – også selvom det går ud over gruppens resultater.[400]

Igen må det dog anføres, at den væsentligste forklaring på, at højstatus-individer opfører sig antisocialt, er empati – eller rettere mangel på samme. Flere studier kan nemlig dokumentere, at de generelt er dårligere til at aflæse andre menneskers emotionelle tilstand. Derfor bliver de i mindre grad påvirket af andres smerte. De er heller ikke så gode til at se tingene fra andres perspektiv.[401] Men hvorfor har evolutionen gjort mennesker med høj status og stor magt mindre empatiske? Man kan jo argumentere for, at det er særligt vigtigt, at netop disse mennesker er prosociale og kan se tingene fra andres synsvinkel. Men det er nok igen, fordi det er nødvendigt. Hvis mennesker med høj status og magt – typisk samfundets ledere – var meget empatiske, ville de være emotionelt påvirkede hele tiden. De ville faktisk være ude af stand til at tage nogle af de hårde beslutninger, som indimellem er påkrævede. For at kunne tage gode beslutninger er det nødvendigt – i hvert fald i et vist omfang – at kunne distancere sig fra andre mennesker og sociale normer og kunne tænke mere fleksibelt og frit.[402]

---

[398] Taylor, S.E. et al. (1983).
[399] Anderson, C. et al. (2020). Maner, J. K., & Case, C. R. (2013).
[400] Maner, J.K., & Mead, N.L. (2010).
[401] Kraus, M. W. et al. (2010); Varnum, M.E. et al. (2015); Feng, C. et al. (2016); van Kleef, G. A. et al. (2008); Galinsky, A.D. et al. (2006).
[402] Smith, P. K. et al. (2008).

Kort opsummering og refleksion

Kapitlet sætter fokus på den sociale dimensions store betydning og giver os indblik i, at vi i høj grad er designet til at samarbejde med andre mennesker og indgå i sociale sammenhænge. Det ligger dybt i os og viser sig på en lang række områder. Vi er fantastiske til at sætte os i andre menneskers sted og afkode deres motiver og intentioner. Vi interesserer os for andre mennesker, hvilket gør det lettere for os at forudsige andres adfærd. Det er naturligt for os at opføre os prosocialt. Vi får det godt, når vi hjælper andre. Og vi har stor retfærdighedssans og parate til at straffe dem, som snyder. Det lyder rigtig godt alt sammen, men det er samtidig en vigtig erkendelse, at vi også er programmeret til at konkurrere mod andre mennesker om ressourcer, muligheder, indflydelse og status. Det ligger også dybt i os.

Kapitlet viser også, at vi i høj grad bliver påvirket af andre mennesker – opfattelses- og holdningsmæssigt og emotionelt. Det kan både være en fordel, men kan også være til stor ulempe.

Kapitlet giver anledning til at reflektere over …

- Hvordan kan du tage højde for, at vi let bliver påvirket af andre, og at det kan føre til groupthink? Husk også på, at vi bliver "smittet" af andre menneskers emotionelle tilstand – og at det kan ændre på dit fokus, din opmærksomhed og dine motiver.

- Hvis du deltager i forhandlinger, har du så fokus på, hvordan vores indbyggede retfærdighedssans kan påvirke, hvilke tilbud du både giver og accepterer?

- Er du også opmærksom på, at hvis vi tror, at andre snyder, så begynder vi også selv at gøre det?

- Vi er langt mere empatiske – og dermed prosociale – over for mennesker, som vi har noget til fælles med. Vær skarp på, hvordan du kan anvende det i forhold til andre – og at de manipulativt kan bruge det over for dig!

- En gruppe kan fastholde enkeltindivider i bestemte overbevisninger og adfærd. Men husker du på, at de samme sociale dynamikker også kan skabe forandring?

- Hvis du er beslutningstager i en virksomhed eller organisation, vil du have en høj position i det sociale hierarki. Du kan derfor let miste din empati over for andre og have en tendens til at opføre dig antisocialt og amoralsk. Hvad kan du gøre for ikke at blive et alt for "dumt svin"?

- Du kan også let miste din empati – og taktfuldhed – når du ikke er i en face-to-face dialog med andre, men i stedet kommunikerer skriftligt, fx gennem e-mail, Facebook eller Aula. Tænk over det!

- Det opleves ofte meget meningsfuldt at hjælpe og gøre en forskel over for andre mennesker. Grants interventionsstudie giver dig inspiration til, hvordan dette konkret kan anvendes til at motivere medarbejdere. Måske kan du også bruge det?

- Er du personaleleder, kan det være meget effektivt at spille på vores høje følsomhed over for afvisning og risikoen for at blive ekskluderet fra gruppen. Men er du opmærksom på, at det stresser dine medarbejdere? Der kan også opstå 'stille modstand', og dine muligheder for at lede vil blive forringet. Sørg for at skabe et miljø med psykologisk tryghed.

Kapitel 08: Et JEG i kontrol

En helt central del af at være et menneske er oplevelsen af at være et sammenhængende JEG – et SELV, som tænker, sanser, føler og som har intentioner, motiver og mål. Som mennesker er vi bevidste om os selv. Vi kan mærke os selv. Vi er i live. Det er en ret overbevisende oplevelse, og det er formentlig ret vigtigt for vores overlevelse. At opleve at være et JEG giver os selvopholdelsesdrift. Vi får motivation til at forfølge muligheder og undgå farefulde situationer.

Det giver os også mulighed for at forholde os til os selv, skabe et billede af os selv. Og dette selvbillede er naturligvis meget definerende for, hvad vi tror, vi kan og ikke kan – og har stor indflydelse på, hvilke eventyr vi kaster os ud i. Vores selvopfattelse fungerer på denne måde som en forudsigelse, som en forventning. Og når vores forudsigelse om os selv går i opfyldelse, kan vi få en oplevelse af mening. Det interessante er, at dette også har stor indflydelse på, hvordan vi opfatter og behandler input fra omgivelserne. Vores selvforståelse har derfor en helt central rolle i forhold til meningsskabelse – og det er emnet for dette kapitel.

Et koncept for os selv

Vores forståelse af os selv er organiseret i et selvkoncept.[403] Ligesom vi har koncepter for næsten alt muligt andet her i verden – heste, grise, køer og begreber som Brexit – har vi naturligvis også et koncept for os selv. Vi udvikler vores selvkoncept fra vores tidlige barndom, og det bliver gradvist mere forfinet og nuanceret. Vores selvkoncept består således i voksenalderen af mange forskellige aspekter og dimensioner.[404]

---

[403] Markus, H. (1977); Sherman, D.K., & Cohen, G.L. (2006).
[404] Ackerman, C. E. (2022); Sherman, D.K., & Cohen, G.L. (2006); Campbell, J. D. et al. (1996).

Helt overordnet set kan vores selvkoncept opdeles i et personligt selv og et socialt selv.[405] Den personlige del indeholder en forståelse af, hvem vi som individ: vores udseende, talenter, kompetencer, værdier, personlighed og karaktertræk osv. Vi forstår også os selv i forhold til vores synspunkter, overbevisninger og grundlæggende værdier, vores interesser, hvad vi motiveres af, hvilke mål vi har, hvordan vi opfører os i forskellige sammenhænge – og idealer om, hvordan vi burde opføre os.[406] Herudover indeholder det opfattelser af, hvordan livet bør være. Vi har her typisk nogle forventninger om, at det er vigtigt at gøre en forskel i livet, at være betydningsfulde, at udvikle sig, at der er formål med tingene (og livet), at det er vigtigt at være sammen med mennesker, vi holder af. Disse forventninger kan både være afledt af medfødte behov eller være personligt eller kulturelt tillærte (og det kan være svært at kende forskel på, hvad der er hvad).

Den sociale dimension af vores selvkoncept indeholder vores forståelse af, hvordan vi er relateret til verden, hvilke grupper (sociale, organisatoriske, nationale) vi indgår i, og hvilke værdier, opfattelser, normer og mål disse grupper har. Det kan også være vores forståelse af vores rolle og opgaver i forskellige sociale sammenhænge. Det er svært at forstå os selv uden den sociale dimension, fordi vi er sociale væsener og definerer os selv i forhold til de grupper, vi indgår i (social identitet). Vi deler jo ofte succes og fiasko med disse grupper.

Dynamisk og fleksibel og udefineret størrelse

Det er i fortsættelse heraf en vigtig pointe, at fordi vores selvkoncept på den måde består af mange dimensioner, så er det ikke alt, som kan være aktivt og fremtrædende i vores bevidsthed på samme tid. Man kan sammenligne vores selvkoncept med 'working memory'. Kapaciteten er begrænset, der er ikke "plads" til det hele samtidigt. Vi har på samme måde et 'working selvkoncept', hvor forskellige dimensioner vil dominere og være 'top of

---

[405] Trepte, S., & Loy, L.S. (2017); Ashforth, B. E., & Mael, F. (1989).
[406] Proulx, T., & Inzlicht, M. (2012).

mind' i forskellige situationer.[407] Det vil være forskellige forventninger, der er forbundet med forskellige roller, opgaver og identiteter, og det vil variere, hvad vi synes er rigtigt, vigtigt og nødvendigt afhængigt af sammenhængen. Den person, som du er om morgenen, når du står og kigger dig selv i spejlet, vil ikke være helt den samme person som på andre tidspunkter af dagen. Det betyder også, at vores selvforståelse i et vist omfang kan blive påvirket (og manipuleret) af konteksten. Man siger fx, at klæder skaber folk, og nogle gange skal vi blot tage en sjov lille hat på for helt at ændre vores selvopfattelse og adfærd. Det kan måske umiddelbart lyde som en ulempe, men det giver os faktisk en lang række fordele og muligheder. Det vender jeg tilbage til. Det er også en vigtig observation, at selvom vi har en klar opfattelse af at være et JEG, er der mange aspekter af os selv, som er udefinerede og svære at sætte ord på. Det hænger sammen med, at vi tænker i mentalese, og at mange mentale processer foregår ubevidst.[408]

En oplevelse af kontrol – a sense of agency

Det er herudover centralt for vores selvforståelse, at vi har en klar oplevelse af, at vi har kontrol over vores egne handlinger og kan påvirke vores omgivelser.[409] Denne intuitive oplevelse af kontrol kan have nærmest magiske dimensioner. De fleste af os har som børn leget den her leg med, at vi ikke må røre mellemrummene mellem fliserne på fortovet, fordi der så ville ske alt muligt forfærdeligt. Eller som voksne kan vi sidde i bilen på vej ud af byen fredag eftermiddag og komme til at sige, at trafikken da egentlig glider overraskende let og så få at vide, at vi ikke må 'jinxe' det (underforstået, at så kommer der kø om lidt). Vi har altså en mærkelig idé om, at bare fordi vi siger noget højt, kan det på underfundig vis påvirke andre bilisters adfærd. Og når vi spiller spil med terninger, hvor resultatet af et terningekast altid vil være 100% tilfældigt, så har vi en tendens til at

[407] Markus, H., & Wurf, E. (1987); Trepte, S., & Loy, L.S. (2017).
[408] Schaefer, M., & Northoff, G. (2017).
[409] Park, C., & Folkman, S. (1997); McConnell, A. R., & Strain, L. M. (2007).

puste til terningerne og kaste dem blødere, når vi har brug for lave tal og hårdere, når de skal være høje.

Selvom vi (bl.a. med reference til de forrige kapitler) godt ved, at oplevelsen af at være i kontrol med vores egne handlinger er en sandhed med endog store modifikationer. Jeg skal jo bare skrive BANAN, og så vil du komme til at tænke på en BANAN. Og så er det jo ikke dig, der bestemmer længere. Det er jo mig! Og selvom det er åbenlyst irrationelt at tro på, at det at sige noget højt i bilen eller at puste til en terning kan ændre på noget som helst, så er det svært at give slip på denne intuitive fornemmelse. Det er en oplevelse og en forventning, som vores hjerne aktivt skaber.[410] Vi har brug for agency.

Men det er slet ikke så dumt endda. Det giver os mange fordele og er dybest set det, som motiverer os til at søge efter mening i vores omgivelser. Det er klart, at indimellem kan det selvfølgelig være spændende at miste lidt af kontrollen, fx ved at gøre nye ting, springe ud med faldskærm, elastik osv. Men helt at miste kontrollen er noget andet. Vi reagerer ofte meget stærkt, når vores kontrol, frihed og muligheder for at påvirke vores omgivelser bliver begrænset. Vi ønsker at kæmpe imod restriktionen. Det er med til at forklare, hvorfor omvendt psykologi indimellem kan være så effektiv.[411]

Agency giver os vinger
Vi klarer os også generelt bedre, når vi forventer, at vi kan kontrollere og påvirke vores omverden. Det giver os gå-på-mod. Vi bliver motiveret til at gøre en ekstra indsats. Denne dynamik kommer meget klart til udtryk i en række banebrydende studier af 'tillært hjælpeløshed', gennemført af den amerikanske psykolog Martin Seligman tilbage i 1970'erne, hvor han udsatte hunde for elektriske stød. I begyndelsen af forsøget gjorde hundene alt for at undgå de smertelige stød. Men efter at de havde lært, at det ikke

---

[410] Moore J. W. (2016); Pittman, T. S., & Pittman, N. L. (1980).
[411] Cialdini, R. B. (2007).

nyttede noget, blev de helt apatiske og stoppede med at prøve.[412] Dette gælder også for mennesker. Hvis vi først har lært, at vi ikke kan ændre på tingene, mister vi vores tilskyndelse til at gøre en indsats. Vi bliver, ligesom Saligmans hunde, 'tillært hjælpeløse', og det er ofte en tilstand, der er forbundet med både pessimisme og depression.

Der kan også ses en stærk sammenhæng mellem oplevelsen af kontrol og agency og et godt helbred. Når vi har opfattelsen af at kunne kontrollere vores egen skæbne, så gør vi mere for at spise sundt, drikke mindre alkohol, træne osv. Kontrol har desuden en vigtig social funktion.[413] Det giver os en opfattelse af at være ansvarlige for vores handlinger, og det er afgørende for, at større grupper eller et samfund fungerer.

Et oppustet selvbillede
Set i det lys, kan det heller ikke overraske, at langt de fleste af os (ca. 70 %) har en indbygget tendens til at se os selv som (en lille smule) bedre, end vi egentlig er. Vi synes konsekvent at overvurdere vores egne evner, ressourcer og muligheder.[414] Vi vil gerne se os selv som dygtige, produktive, gode til at samarbejde, sympatiske, smukke og betydningsfulde. Et positivt selvkoncept vil nemlig – fordi det fungerer som en forudsigelse – være med til at give os oplevelsen af kontrol. Det booster vores selvværd og selvtillid. Denne 'oppustning' af os selv foregår helt automatisk. Hvis man spørger bilister, om de tilhører de 50% bedste eller dårligste bilister, vil 80% svare, at de er blandt 50% bedste.[415] Det siger sig selv, at det regnestykke ikke på nogen måde går op. Man kan se den samme tendens for vores sociale selv. Vi bedømmer ofte de grupper, som vi selv tilhører, som bedre end andre grupper.[416] Ved at have tætte relationer til (det, vi opfatter som) ressourcefulde mennesker, er vi bedre stillet.

[412] Seligman ME (1975); Perry, R. et al. (2010).
[413] Haggard P. (2017); Baumeister, R.F. et al. (2009).
[414] McConnell, A. R., & Strain, L. M. (2007); Diener, E., & Diener, M. (1995).
[415] Boyd-Wilson, B.M. et al. 2000).
[416] Sedikides, C. et al. (2013); Sherman, D. K., & Kim, H. S. (2005).

Ulemper ved en oppustet selvforståelse

Det er generelt en stor fordel for os, at vi tror, at vi er lidt bedre, end vi egentlig er. Vi er naturligvis mere motiverede for at gå i gang med et projekt, som vi tror, at vi kan håndtere. Men det er samtidig klart, at denne oppustning af evner og kompetencer let får os til at kaste os ud i tvivlsomme eventyr. Det er her værd at bemærke, at langt de fleste af os ofte anskuer verden lidt mere optimistisk end, hvad der egentlig er berettiget. Vi synes konsekvent at overvurdere sandsynligheden for, at der sker gode ting i vores liv. Samtidig undervurderer vi risikoen ved at gøre forskellige ting, hvor kompliceret noget er, hvor lang tid noget tager, eller hvor meget noget kommer til at koste. Man siger også, at vi har en optimistisk bias.[417] Det er ligeledes fordelagtigt, fordi det på samme måde som et oppustet selvbillede øger vores gå-på-mod. Hvis vi forventer, at et projekt har lave omkostninger, tager kort tid og har lille risiko, er det nemmere at komme i gang. Men det kan også bringe os vi vanskeligheder. Vi bliver ofte uforsigtige. Vi kan begynde at ryge, drikke, dyrke ubeskyttet sex og meget andet, fordi vi undervurderer de potentielle negative konsekvenser ved at gøre det. Det kan også få os til at prioritere projekter, som vi helt skulle have holdt os fra. Vi kan blive ofre for 'planning fallacy'. Dette var meget tydeligt i forbindelse med opførelsen af Operahuset i Sydney. Estimatet var, at det ville koste 7 mio. dollars (i datidens penge) og tage 4 år at bygge. Det endte med at blive 14 gange så dyrt og tage 14 år at opføre. Hvis man havde vidst det på forhånd, var man næppe gået i gang. Men omvendt, så ville UNESCO's verdensarvsliste være et emne fattigere, og Sydney Harbour ville ikke være et så eftertragtet turistmål. Det foregår også i dag. Det nye danske ejendomsvurderingssystem, som blev lanceret i 2023, var oprindeligt budgetteret til at koste 98 mio. kr. Regningen er nu her i skrivende stund løbet op på knap 4 mia.! Det er også stærkt forsinket. Der er masser af sådanne eksempler.

---

[417] Sharot T. (2011).

Kontrol og meningsskabelse

Vores behov for kontrol har også stor indflydelse på, hvilken information vi tager ud af forskellige hændelser. Vi har naturligvis som udgangspunkt stor interesse i at søge information om verden og om os selv og forstå, hvem vi er. Når vi udvider, nuancerer og opdaterer vores selvkoncept, forbedrer vi vores evne til at forudsige os selv og vores handlinger. Der er vel næppe noget så interessant (og så potentielt angstprovokerende), som at få tilbage-melding på en personlighedstest, uforbeholden feedback på et jobinterview eller en "heart-to-heart" fra en god ven (ja okay, det skulle da lige være, hvad Gitte og Henning lavede til julefrokosten ...).

Det kan naturligvis ikke undgås, at vi indimellem får feedback om os selv, som ikke helt matcher vores forventninger. Når det sker, oplever vi et tab af agency, og vi kan opleve et kognitivt ubehag (eller 'kognitiv dissonans', som Leon Festinger ville kalde det), der kan "tvinge" os til at ændre vores selvopfattelse eller motivere os til at søge mere dybdegående viden om, hvordan vi fungerer indeni og reagerer i forskellige situationer.

Forsvar af vores eksisterende selvopfattelse

Men nogle gange vælger vi at holde fast i og forsvare vores eksisterende selvopfattelse.[418] At "prikke hul på" et oppustet selvbillede indebærer et tab af agency og kontrol – og for at håndtere det, er det som regel nødvendigt, at vi har et vist niveau af mentalt overskud og en oplevelse af "alternativ" kontrol (det kommer jeg mere ind på senere). Når vi ikke har det, indgår vi ofte i en række mentale, defensive krumspring, så vi kan opretholde vores eksisterende billede af os selv. Det er en helt almindelig strategi at devaluere en kildes troværdighed. Hvis vi bliver udfordret på en central opfattelse, kan vi hurtigt blive enige med os selv om, at dem, som kritiserer os, ikke ved nok om tingene. De har ikke alle facetter med eller bruger en forkert metode. Eller så tænker de alt for kortsigtet. Noget i den stil! Kan du

---

[418] Park, C., & Folkman, S. (1997).

genkende det? Og det kan jo sådan set være rigtigt nok, men det kan også være "fabrikeret til lejligheden".

Vi kan afvise dårlige resultater i en test med henvisning til, at testen var dårligt udarbejdet. Eller at der var nogle særlige omstændigheder (fx larm, støj eller sygdom), der gjorde, at vi ikke kunne præstere optimalt. Hvis vi ikke kommer med i en højt profileret projektgruppe på jobbet, kan vi fortælle os selv, at vores chefer helt har tabt sutten. Hvis vi har taget en (dårlig) beslutning, kan vi fortsætte med at se os selv som dygtige beslutningstagere ved at 'opfinde' argumenter, som at det er en rigtig beslutning, men det er vigtigt at give det lidt tid, at eksekveringen halter eller noget i den stil. Igen, det kan jo være rigtigt nok, men sådanne argumenter kan også få os til at kaste endnu flere gode ressourcer, tid og penge efter dårlige.

Forsvar af vores sociale selv

Disse defensive dynamikker gælder i høj grad også for vores sociale selv. Vi er især oppe på dupperne, hvis det er vores børn, som bliver kritiseret. Det er jo næsten som (og ofte værre end) at blive kritiseret selv. Vi kan derfor finde på alle mulige ting, der kan forklare, hvorfor de faktisk er gode nok, intelligente nok og har et kæmpe potentiale. Vi har et stort arsenal af sådanne forsvarsmekanismer, og du kan sikkert komme i tanke om endnu flere.

Designet til at bekræfte os selv

Det er i øvrigt lidt "sjovt", at det ofte er ret tydeligt for os, når andre er ude i sådanne bortforklaringer. Men vi kan have svært ved at se det hos os selv. Dette hænger bl.a. sammen med, at vi nærmest er designet til automatisk at bevare vores eksisterende selvopfattelse. Lad mig lige repetere. Som jeg var inde på i kapitel 2, tolker vi information i "velkendte" eller tvetydige situationer, så det flugter med vores forventninger. Samtidig har vi (som jeg var inde på i kapitel 5) en tendens til at opfatte information og feedback, der matcher vores forventninger som mere rigtig, sand og troværdig, fordi det er forbundet med en høj grad af kognitiv fluency. Hertil kommer, som vi så i kapitel 4, at vi har meget lettere ved at forstå, lagre og huske information, som er kompatibel med eksisterende hukommelsesskemaer.

Negativ selvopfattelse = negative forventninger om os selv

Men hvad så med de mennesker, som har en negativ selvopfattelse? Søger de selvbekræftelse eller søger de efter positiv feedback? Her er tingene lidt mere komplekse. På den ene side er det ikke rart at få noget dårligt at vide om sig selv. Og man kan jo argumentere for, at især mennesker med et negativt selvbillede ville ønske sig positive tilbagemeldinger. Men på den anden side har vi også et grundlæggende behov for at få vores forudsigelser om os selv og verden bekræftet – og meget tyder på, at dét er det vigtigste. Der er således flere studier, der dokumenterer, at mennesker med et negativt selvbillede foretrækker at blive opfattet negativt af familie, venner og sociale relationer.[419] Faktisk vil disse personer nogle gange aktivt bringe sig selv i situationer, der flugter med deres selvopfattelse.[420] Der er tilsvarende studier, der viser, at mennesker med et negativt selvbillede bliver usikre og stressede, hvis alt for positive ting sker for dem. Positive hændelser kan paradoksalt nok have negativ indvirkning på deres trivsel og helbred.[421]

Bevidst påvirkning af vores selvkoncept

Det er derfor på ingen måde ligegyldigt, hvordan vi opfatter os selv. Men det er her vigtigt at huske på, at vores selvkoncept består af mange forskellige dimensioner, der ikke er aktive på samme tid – og at det til en vis grad er fleksibelt og påvirkeligt. Dette kan ses i flere forskningsstudier, og der skal ikke så meget til for at ændre på tingene. Et af de mest berømte studier er foretaget af John Bargh fra NYU og er kendt som Florida-effekten.[422] I forsøget blev unge mellem 18-22 år præsenteret for en række ord, som de skulle samle til sætninger. Halvdelen blev præsenteret for ord, der kan associeres med ældre mennesker, fx Florida, skaldet, grå, rynket,

---

[419] Giesler, R. B. et al. (1996); Swann, W. B. et al. (1987); Swann, W. B. et al. (2003).
[420] Swann, W. B. et al. (1992a); Swann, W. B. et al. (1992b).
[421] Brown, J. D., & McGill, K. L. (1989); Shimizu, M., & Pelham, B. W. (2004).
[422] Bargh, J. A. et al. (1996).

glemsom. Efterfølgende blev de bedt om – enkeltvist – at gå ned ad en gang til et andet lokale. Personer i gruppen med de "gamle" ord bevægede sig betydeligt langsommere – og en væsentlig årsag er formentligt, at de havde aktiveret et "gammelt" 'working selvkoncept'.

Påvirkning af vores selvbillede kan også ændre vores kognitive performance. Becca Levy gennemførte et studie, hvor ældre mennesker (ubevidst) blev primet med ord i to forskellige kategorier: en glemsom-kategori, der indeholdte ord som senil, langsom og syg og en visdoms-kategori med ord som erfaring, klog og kvik. Studiet kunne vise, at ældre mennesker i glemsom-kategorien huskede dårligere, mens ældre, som var primet med visdom, huskede langt bedre.[423] I et andet studie kunne man se, at asiatisk-amerikanske kvinder blev bedre til matematik, hvis de så sig selv som asiater (som typisk opfattes som gode til matematik) og dårligere, hvis de så sig selv som kvinder.[424] Et lignende studie viste, at amerikanske studerende med afrikansk afstamning var markant dårligere (hele 50%) i en akademisk test, hvis de før testen var blevet påvirket med ord, som aktiverede den afrikansk-amerikanske stereotype.[425] Formentlig fordi den er associeret med lav akademisk performance. I et andet studie skulle forsøgspersoner forestille sig enten en 'professor' eller en 'sekretær' og lave en liste over, hvilken adfærd, fremtoning og livsstil der var forbundet med disse to konceptuelle kategorier. De forsøgspersoner, som var blevet påvirket med professor-stereotypen, var efterfølgende bedre til at besvare spørgsmål vedr. generel viden. Ja, så ved du, hvordan du bliver bedre til Trivial Pursuit.[426]

Forholdsvist "ubetydelige" stikord kan på denne måde ændre på vores adfærd og resultater. Det er fascinerende, men også lidt skræmmende. Selv vores egne handlinger kan påvirke os. Det viser sig nemlig, at hvis vi først

---

[423] Levy, B. (1996).
[424] Shih, M. et al. (1999); Shih, M. et al. (2002); Gibson, C. E. et al. (2014).
[425] Steele, C.M., & Aronson, J. (1995).
[426] Dijksterhuis, A., & van Knippenberg, A. (1998).

bliver spurgt om og siger "ja" til at gøre en anden person en meget lille tjeneste, vil vi efterfølgende være mere villige til at acceptere at yde en meget stor tjeneste. Det skyldes, at handlingen 'at gøre den lille tjeneste' ændrer på vores selvbillede. Vi kommer til at se os selv som en person, som gerne gør andre mennesker tjenester.[427] Effekten kan være ret betydelig. I et feltstudie af Jonathan Freedman og Scott Fraser helt tilbage i 1966 gik man dør-til-dør og spurgte californiske husejere, om de ville stille deres plæne foran huset til rådighed for et ret stort og grimt billboard med teksten "DRIVE CAREFULLY".[428] Ikke overraskende sagde de fleste (83%) pænt "nej tak". Men nogle husejere var 2 uger forinden blevet spurgt, om de ville have et lille kvadratisk skilt på 8x8 cm stående med budskabet "Be a safe driver". Langt de fleste sagde "ja" til denne lille forespørgsel, og det viste sig, at i denne gruppe accepterede hele 76% at stille deres forhave til rådighed for det store billboard (en forskel på hele 59 %-point). Nogle husejere var endda blot blevet spurgt om at underskrive en begæring om at holde Californien smuk (altså en meget, meget lille tjeneste − hvem ville ikke skrive under på det?), og her accepterede halvdelen forespørgslen om det store billboard. Ja, vi skal altså både passe på, hvad vi bliver spurgt om, hvis vi som her først har sagt "ja" til en meget lille tjeneste − eller hvis du husker tilbage til forrige kapitel, har sagt "nej" til en meget stor tjeneste.

Det kan også have stor effekt at appellere til vores ideale selv. Mange vil gerne se sig selv som hjælpsomme, samarbejdsvillige, have stor integritet eller være en god ven, forælder, kollega, leder mv. Robert Cialdini fortæller bl.a. om, hvordan man lettere kan få mennesker til at svare på et spørgeskema, hvis man indleder med at spørge, om de ser sig selv som en hjælpsom person, fordi det vil de fleste svare "ja" til.[429] Man kan også lettere overtale andre til at prøve nye produkter, hvis man først spørger dem, om de er eventyrlystne. Ja, selvfølgelig er vi det!

---

[427] Burger J. M. (1999).
[428] Freedman, J.L., & Fraser, S.C. (1966).
[429] Cialdini, R. B. (2016).

Appel til vores ideale selv kan måske også bruges i forbindelse med håndtering af ret dybtliggende konflikter. I den langvarige og tragiske Israel-Palæstina konflikt, hvor begge parter har meget negative og fastlåste opfattelser af hinanden, gennemførte Amit Goldenberg og kolleger et super interessant forsøg. [430] I et israelsk lederudviklingsprogram informerede de nogle af deltagerne om, at grupper ikke er rigide og uforanderlige, og at den *gode* leder har evnerne til at se, at grupper kan ændre deres opfattelser og adfærd. 6 måneder efter var disse lederaspiranter mindre negative over for palæstinenserne og udtrykte mere håb om den fremtidige relation. Appel til vores ideale selv har derfor et stort forandringspotentiale. Det er samtidig vigtigt at være opmærksom på, at den konkrete måde, vi formulerer os på, kan gøre en stor forskel. Dette fremgår af et feltstudie af Christopher Bryan og kolleger, hvor man ønskede at motivere californiske borgere til at stemme. Der var her langt flere, der stemte, hvis de blev opfordret til 'at blive en, der stemmer' (a voter) fremfor blot 'at stemme' (to vote).[431] Næste gang du ønsker, at nogen skal tage mere ansvar, kan du derfor få større effekt ved at opfordre dem til at være en 'ansvarsfuld person', fordi denne sproglige finte i højere grad appellerer til identitet og selvopfattelse.

Påvirkning af vores selvopfattelse og identitet har altså mange anvendelsesmuligheder. James Clear (Atomic Habits) gør også opmærksom på, at der er en stærk kobling mellem selvopfattelse og vanebaseret adfærd.[432] Hvis man ønsker at stoppe med de dårlige vaner og skabe nye gode, fx at spise sundere eller dyrke mere sport, så er det centralt, at man ser sig selv som en 'sund person', fordi denne forudsigelse flugter med den ønskede adfærd.

---

[430] Goldenberg, A. et al. (2018); Brockner, J. & Sherman D. K. (2019).
[431] Bryan, C. J. et al. (2011).
[432] Clear, J. (2018).

Kompensation for tab af kontrol og agency

Det er altså en stor fordel for os, at vores selvkoncept på denne måde er multi-dimensionalt og fleksibelt. Det giver os desuden den fordel, at vi kan kompensere for tab af kontrol på én dimension ved at skabe kontrol på en anden. Hvis vi opfatter os selv som dygtige og kompetente, men ikke klarer os godt i et økonomifag på studiet, kan vi opretholde vores opfattelse af dygtighed ved i stedet at fokusere på, at vi er dygtige til sprog, musik eller idræt. Hvis vi har en opfattelse af at være en person, der er betydningsfuld og uundværlig, men alligevel bliver fyret fra jobbet, kan vi kompensere ved at fokusere på vores betydning, som en god mor eller far. Vi kan på den måde bekræfte os selv – eller 'affirmere' os selv, som det også hedder. Jeg vil tro, at de fleste godt kender til denne dynamik. Det er her værd at bemærke, at det ikke er nødvendigt, at den affirmerede dimension er direkte relateret til tabet af kontrol og agency.[433] Hvis vi har klaret os dårligt i en akademisk sammenhæng, kan vi kompensere ved at tænke på vores gode moral eller gode værdier – fx at det er vigtigt at hjælpe andre.[434] Vi kan få samme effekt ved at affirmere sociale aspekter af vores selvkoncept. Det er typisk det, der sker, hvis vi møder stor personlig modgang.[435] Vi kan være udsat for en ulykke eller blive fyret fra jobbet, men vi kan her delvist håndtere det ved at minde os selv om, at vi har en dejlig familie og gode venner.

Det er en interessant (forsvars)mekanisme, og der sker formentlig det, at den affirmerede del af vores selvkoncept bliver mere fremtrædende og fortrænger det, som er udsat for et kontroltab i vores 'working selvkoncept'. Samtidig kan det få os til at se tingene i et større perspektiv. Nå ja, så slemt var det jo heller ikke ... jeg er jo rigtig god til andre ting og har en dejlig familie.[436] Oplevelsen af kontrol kan på den måde "smitte" fra en dimension til en anden.

---

[433] Heine, S.J. et al. (2006); Steele, C. M. (1988).
[434] McGregor, I. et al. (2001).
[435] Chen, S., & Boucher, H. C. (2008).
[436] Cohen, G. L., & Sherman, D. K. (2014); Sherman, D.K., & Cohen, G.L. (2006); Critcher, C. R., & Dunning, D. (2015); Sherman, D. K. (2013).

Abstraktion i forhold til tab af kontrol og agency

Vi kan også kompensere for manglende kontrol og agency ved at søge efter orden, struktur og forudsigelighed (og mening) i andre sammenhænge. Alt, hvad der kan bidrage med oplevelsen af orden og forudsigelighed, kan i princippet have en effekt. Dette kaldes også 'abstraktion', fordi vi trækker orden og mening ud af en konkret sammenhæng og bruger det mere generelt.[437]

Konceptuelt indskrænkede

Et fravær af kontrol kan på den måde føre til, at vi indsnævrer konceptuelle kategorier. Vi bliver simpelthen mere firkantede og mindre nuancerede og godtager ikke, at kameler og elevatorer er en del af kategorien køretøjer – og det vil i høj grad gå ud over kreativitet og vores evne til at tænke ud af boksen. Der kan også konstateres en generel tendens til, at vores holdninger til tingene bliver mere markante og ekstreme.[438]

Vi bliver også let mere forudindtagede og hurtigere til at dømme (kategorisere) andre mennesker. Dette gælder især mennesker fra grupper, vi ikke selv tilhører, eller identificerer os med. Det kan ligeledes observeres, at vi forstærker tilknytningen til vores egne sociale grupper. Vi bliver typisk mere negative over for andre grupper og får en tendens til at sladre og bagtale dem.[439] Når andre grupper komparativt er ringere og dårligere, kommer vores egen gruppe (og dermed vi selv) til at se bedre ud.

Forsimplede kausale sammenhænge

Vi kan også skabe orden, struktur og forudsigelighed ved at forsimple kausale sammenhænge. Vi skaber herigennem en virkelighed, der opleves som mindre tilfældig. Det er en medvirkende forklaring på, at vi ind-imellem kan se ikke-eksisterende kausale sammenhænge, som fx Ellen

---

[437] Proulx, T., & Inzlicht, M. (2012); Proulx, T., & Heine, S. J. (2009).
[438] McGregor, I. et al. (2001); Mcgregor, I., & Marigold, D.C. (2003).
[439] Fein, S., & Spencer, S.J. (1997).

McPherson og Robert De Niro. Det giver os noget af kontrollen tilbage, fordi vi får en forklaring på, hvordan tingene hænger sammen (selvom det er forkert). Man ser derfor også mange gange, at dét at få stillet en diagnose (også når den er slem) er bedre end at leve i uvished. Det giver afklaring. Man ved, hvad man har med at gøre. Det bliver nemmere at forudsige sig selv. Det kan være utroligt svært *ikke* at se disse mønstre og sammenhænge. I et studie, gennemført af Jennifer Whitson og Adam Galinsky, kunne personer, der var manipuleret til at opleve mangel på kontrol, pludselig se mønstre i grynede billeder – altså mønstre, som ikke var der.[440]

Når vi mangler kontrol, foretrækker vi typisk også teorier om verden, der er mere enkle, og som giver struktur og orden.[441] Det er ikke tilfældigt, at vi har en præference for teorier som fx Kotter's 8-trins forandringsmodel, Porter's Five Forces, OCEAN, MBTI mv. Du kan jo selv fortsætte listen Og nå ja, så er de også populære, fordi de er 'fluent", og derfor bliver de opfattet som mere rigtige, sande og smukke.

Procedurer, regler, rutiner, vaner

Vi efterspørger også i højere grad regler og rutiner og holder fast i vores vaner.[442] Som jeg var inde på tidligere, elsker især små børn gentagelser og vil gerne se den samme tegnefilm igen og igen. En af forklaringerne er, at små børn jo nærmest bliver udsat for noget nyt hele tiden, som de skal forholde sig til og skabe mening med.

Commitment til fælles normer

Det er ikke kun vigtigt, at vi selv har klare regler for, hvordan vi skal opføre os. Det er også vigtigt, at andre også overholder dem – og dermed opfører sig forudsigeligt. Derfor bliver vores commitment til fælles regler, normer og værdier ofte mere udtalt. Retfærdighed bliver en vigtig værdi, og vi

---

[440] Whitson, J. A., & Galinsky, A. D. (2008a).
[441] Rutjens, B. T. et al. (2013).
[442] Heintzelman, S. J., & King, L. A. (2014).

bliver generelt mere negative over for mennesker, der bryder normerne og reglerne.[443]

Under Covid-19 kunne man observere lige præcist denne dynamik. Langt de fleste af os bakkede jo op om de anvisninger, vi fik fra myndighederne. Men man kunne samtidig se, mange blive meget fortørnede, hvis andre ikke fulgte trop. Hvis man ikke udviste samfundssind og fulgte regler for mundbind og afstandskrav, så fik man det godt nok fortalt.[444] Der kan også observeres en større grad af krænkelsesparathed. At andre får som forskyldt, er med til at øge vores oplevelse af orden og forudsigelighed. Vi bliver generelt mere parate til at tildele højere straffe til mennesker, der ikke overholder normer og lovgivning.[445] Vi får meget svært ved at huske det lille ord 'pyt'.

Motivation til at kontrollere andre

Mangel på kontrol over eget liv eller omgivelser kan desuden vise sig gennem autoritær adfærd, hvor man ønsker at dominere andre og insisterer på lydighed og streng overholdelse af regler. Vi kan blive besidderiske og forsøge at kontrollere vores tætte relationers aktiviteter, beslutninger og sociale relationer. Og hvis vi har en lederrolle på jobbet, kan vi begynde at mikro-lede, hvor vi bestemmer og overvåger selv de mindste detaljer.

Ritualer og overtro

Der kan også ses en sammenhæng mellem et fravær af kontrol og udbredelse af ritualer og overtro. Dette ses især blandt sportsfolk.[446] Inden for sport er usikkerhed jo en integreret del af jobbet, og det er her meget udbredt at tro, at hvis man bærer nogle bestemte beklædningsgenstande, så bringer det held og bedre resultater. Den amerikanske basketballstjerne Michael Jordan iførte sig de samme blå shorts fra University of North

---

[443] van den Bos, K. et al. (2005); van den Bos, K. (2001).
[444] Lind, E. A., & van den Bos, K. (2002).
[445] Randles, D. et al. (2015); Proulx, T., & Heine, S.J. (2008).
[446] Burger, J. M., & Lynn, A. L. (2005).

Carolina nedenunder sin "rigtige" NBA-uniform i hele sin karriere. Tiger Woods var (er) altid iført en rød poloshirt på den afsluttende turneringsrunde om søndagen. Og Serena Williams har engang haft de samme (sure) tennissokker på i en hel turnering. Vi kan grine lidt af det, men de fleste af os har jo indimellem hang til at banke under bordet, krydse vores fingre … eller at puste til terninger eller undgå at 'jinxe' den. Og der er faktisk meget, der tyder på, at overtroiske ritualer kan have en gavnlig effekt. I et studie af Lysann Damisch og kolleger blev forsøgsdeltagere bedre til golf (putting), hvis de fik udleveret en golfbold og blev fortalt, at den havde vist sig at give held.[447] I et andet forsøg blev forsøgsdeltagere opfordret til at tage en lykkeamulet med til et forsøg. Som en del af forsøget skulle der tages et foto af lykkeamuletten i et andet lokale. For halvdelen af deltagerne var der "sjovt nok" problemer med fotoudstyret. Derfor nåede de ikke at få lykkeamuletten tilbage til en efterfølgende hukommelsesøvelse, der bestod i at spille et Memory spil (et vendespil, hvor man skal matche ens kort med hinanden). De deltagere, der havde deres lykkeamulet hos sig, klarede sig meget bedre. I et lignende forsøg skulle forsøgspersoner skulle danne så mange ord som muligt ved at bruge 2-8 bogstaver. Igen hjalp lykkeamuletten til en markant bedre præstation.

Så jo, det kan godt være, at det er til at grine lidt af, men det har tilsyneladende en positiv indvirkning på os. Overtroiske ritualer kan give os, hvis vi tror på det, en følelse af (alternativ) kontrol, hvilket gør os bedre til at håndtere usikkerheden ved at skulle præstere på højt niveau. Selvom det virker irrationelt, har det en klar funktion.[448] Dette hænger nok også sammen med, at når vi forventer, at vi klarer os bedre, så gør vi det også. På denne måde virker lykkeamuletten lidt ligesom en placebo-pille.

---

[447] Damisch, L. et al. (2010).
[448] Whitson, J. A. & Galinsky, A. D. (2008b).

Tro på konspirationsteorier – alternative verdensbilleder

Tab af kontrol og agency fremmer også en tro på konspirationsteorier. Det virker nærmest som benzin på konspirationsbålet. Et godt (ekstremt) eksempel er den amerikanske QAnon-bevægelse, som især er udbredt blandt tilhængere af Donald Trump. Ja, jeg har jo været inde på det tidligere. Mange af de mennesker, som støtter op omkring QAnon, er jo i en situation – og nu maler jeg med den helt brede pensel – hvor de har mistet overblik (og indblik) i, hvad der foregår i samfundet. De føler sig oversete og meget langt fra magtens centrum i Washington. Men ved at abonnere på alternative fortællinger om, hvordan verden hænger sammen, og som passer bedre til deres verdensbillede, opnår de en oplevelse af kontrol. Og så er konspirationsteorier jo ofte forbundet med nogle utroligt spændende og fascinerende historier – og fordi man gradvist er blevet indoktrineret af manipuleret information, så er det let at falde ned i "kaninhullet" og tro på dem. Der er næsten altid et lille gran af sandhed i konspirationsteorierne. Fx er det et faktum, at der er mange børn i USA, som hvert år forsvinder sporløst. Så ved at tro på QAnon-fortællingen om, at børn bliver holdt fanget i et tunnelsystem og tappet for blod, får man opbygget en "fascinerende" forklaring på, hvorfor børnene forsvinder, og etablerer en sammenhæng, som (formentlig !!) ikke er der. Samtidig får man miskrediteret og dæmoniseret demokraterne og filmstjernerne fra Hollywood.[449] Konspirationsteorier har også en vigtig social dimension. Vi får det samme verdenssyn som de mennesker, vi omgiver og identificerer os med. Det skaber en stærk tilhørs- og fællesskabsfølelse, som også bidrager til en oplevelse af kontrol.

Religion

I fortsættelse heraf er det ikke svært at se, hvorfor religioner er så udbredte, som de er, eller har været det – uden nogen sammenligning med konspirationsteorier og QAnon i øvrigt. Faktisk indeholder religion "hele pakken".

---

[449] Douglas, K. M. et al. (2017).

De forærer os et verdenssyn og giver os en forklaring på, hvordan verden er skabt og skuet sammen. De giver os klare regler for, hvordan vi skal opføre os, fx de 10 bud. Vi får fælles ritualer, og når vi synger salmer sammen i den kristne kirke eller er til fællesbøn i en islamisk moske, oplever vi en stor grad af sammenhold og samhørighed med andre. Alt sammen er med til at give orden og struktur.[450]

Stærk regering

En lignende dynamik kan ses i relation til vores opbakning til samfundsmyndigheder og politiske ledere. Når vi mangler personlig kontrol, fx når der er kriser og stor usikkerhed i samfundet, støtter vi i højere grad op omkring kontrollerende institutioner.[451] Det kunne man også se under Covid-19. Tilslutningen og opbakningen til statsminister Mette Frederiksen nåede historiske højder. Vi samles om og bakker op om vores ledere i krisetid, hvis vi altså stoler på dem og har en tillid til deres evner og kompetencer. Det kan naturligvis være en god ting, at vi bakker op om et samfunds ledere. Men der kan også være en tendens til, at mange gør det nærmest ukritisk – og så bliver det et problem. Under Covid-19 kunne det samtidig observeres, at der var mange, som reagerede negativt på de stramme restriktioner – og på Mette Frederiksen – netop fordi de oplevede, at deres kontrol, frihed og handlemuligheder blev taget fra dem. Det fik faktisk nærmest opdelt den danske befolkning i to lige store dele. En del, der nærmest forgudede vores statsminister og en anden del, der afskyede hende. Det kommer der heller ikke noget godt ud af.

Ængstelighed eller vrede

Der kan også ses en sammenhæng mellem et tab af kontrol, og hvordan vi reagerer emotionelt. Som du måske husker fra kapitel 6, vil en oplevelse af at mangle kontrol og agency typisk gøre os ængstelige eller kede af det. Men

---

[450] Kay, A. C. et al. (2009).
[451] Kay, A. C. et al. (2008).

det kan også nogle gange gøre os vrede. Vrede er jo forbundet med en oplevelse af mindre risiko og mindre usikkerhed. Vrede er derfor ikke entydigt en negativ følelse. Og så er vrede også forbundet med den "dejlige" følelse af, at det er andres skyld. Denne noget ubehagelige sammenhæng mellem et fravær af kontrol og vrede kan være med til at forklare, hvorfor mange politikere på den internationale scene (især på højrefløjen) har stor succes med at appellere til et stort antal vælgere ved netop at opildne dem til at blive vrede. Det kan også forklare, hvorfor mange mænd ender med at blive 'sure gamle mænd', når de bliver ældre. Hvis vi føler os oversete, sat uden for indflydelse og føler os hjælpeløse, kan en god dosis vrede gøre tricket.

Denne emotionelle dynamik kan også give en del af forklaringen på det desværre alt for store antal skoleskyderier i USA. Det er jo typisk unge mænd, som føler sig sat helt uden for fællesskabet, og som forsøger at kompensere ved at deltage i INCEL-baserede fællesskaber og gennem ekstrem vrede at hævne sig på dem, de mener, er skyld i deres ulykkelige situation. Det er helt grotesk, men det giver mening for dem! Det er naturligvis en kompleks dynamik, men vrede, som en konsekvens af eksklusion og manglende personlig kontrol, er helt sikkert en del af ligningen.

På et mindre ekstremt og mere dagligdags plan får vi også indblik i, hvorfor vi indimellem selv kan blive så vrede i diskussioner. Når vi bliver udfordret på centrale synspunkter – og måske endda med overbevisende argumenter og fakta – så oplever vi jo et direkte angreb mod os selv. Og en måde at håndtere det på, er ved at blive vrede. Så tager vi kontrollen tilbage. Der er helt sikkert også en sammenhæng mellem mangel på kontrol og vrede på sociale medier. Og altså, fordi vrede er en federe følelse end afmagt, så kan den meget let smitte.

En hurtig opsummering

Godt! Lad os tage en kort opsummering. Når vi modtager feedback fra omgivelserne, som strider imod vores eksisterende opfattelse af os selv, oplever vi et tab af kontrol og agency. Det kan være ubehageligt og kan derfor motivere os til at opdatere eller nuancere vores selvkoncept. For at foretage denne opdatering, er det nødvendigt, at vi har et vist niveau af mentalt overskud og personlig kontrol. Når vi ikke har det, kan vi adressere et kontroltab direkte ved at afvise, bortforklare eller devaluere modstridende information og kan på den måde bibeholde eksisterende opfattelser om os selv. Vi kan også kompensere ved at affirmere andre dimensioner af vores selvkoncept, fx vores gode moral eller ved at tilslutte os gruppen og dens værdier og normer. Herudover kan vi gennem abstraktion søge orden, struktur og forudsigelighed i andre sammenhænge. Det bemærkes, at mange reaktioner, der er relateret til abstraktion, forvrænger den måde, vi opfatter verden på, og kan have en negativ effekt på læring, kreativitet og vores evne til at samarbejde og løse konflikter. At vi reagerer på denne måde er meget uhensigtsmæssigt. På tidspunkter, hvor der er høj usikkerhed og et stort forandringsbehov, er der brug for, at vi agerer præcist modsat. Det er her vigtigt, at vi er åbne over for ny information og fleksible i forhold til nye måder at se og tænke om tingene på.

Flydende kompensation – 'fluid compensation'

Det interessante er, at på trods af deres på overfladen store forskellighed har 'bortforklaring og afvisning af modstridende information', 'affirmation af andre dimensioner af vores selvkoncept' og 'de forskellige former for abstraktion' den samme kompenserende effekt i forhold til oplevelsen af kontrol og agency.[452] De betyder, de kan supplere hinanden. På tidspunkter med et stort tab af kontrol, vil flere kompenserende eller abstraherende handlinger derfor være aktiveret på samme tid. Men det betyder også, at de i et vist omfang kan erstatte hinanden. De kan fungere som

---

[452] Kay, A. C. et al. (2009); Proulx, T. et al. (2010); Proulx, T. et al. (2012); Proulx, T., & Inzlicht, M. (2012).

hinandens substitutter. Man kalder også denne dynamik for 'fluid compensation' – flydende kompensation.[453] Flydende kompensation dokumenteres af flere studier. I et studie kunne Aaron Kay og kolleger påvise, at det at tro på en gud og at bakke op om vores myndigheder har samme effekt på oplevelsen af kontrol.[454] Graeupner og Coman kunne i et andet studie påvise, at social eksklusion blev kompenseret ved at tro på overnaturlige fænomener eller konspirationsteorier.[455] Kort sagt vil det altså sige, at ved at gå rundt med en lykkeamulet, gennemføre rituelle handlinger, være en del af et socialt fællesskab eller tro på en gud, kan vi opnå en følelse af kontrol, der reducerer behovet for at tro på konspirationsteorier, nedgøre andre grupper eller klamre os til vores nuværende overbevisninger.

Fra reaktiv til proaktiv kompensation af kontroltab

Dette giver nogle interessante muligheder for proaktivt at reducere nogle af de uheldige virkninger, der følger af et tab af kontrol og agency. Nu er det ikke sådan, at jeg som udgangspunkt vil anbefale folk at blive religiøse eller gå rundt med lykkeamuletter i lommen – hvis vores magiske shorts bliver slidte eller vores lykkedims bliver væk, hvad gør man så?

I stedet kan man pege på en type selvaffirmation, hvor centrale aspekter af os selv bliver bekræftet. Fx undersøgte Geoffrey Cohen, Joshua Aronson og Claude Steele, hvordan selvaffirmation påvirker, hvordan vi forholder os til ny information, der ikke stemmer overens med vores overbevisninger.[456] I studiet skulle personer, der var *for* dødsstraf læse en rapport, der argumenterede *imod* og personer, der var *imod* dødsstraf, læse en rapport, der argumenterede *for*. Før gennemlæsningen gennemførte nogle af deltagerne en selvaffirmationsøvelse. De udarbejdede et lille skriv om en værdi, som var vigtig for dem (det kunne fx være at have relationer til gode

---

[453] Heine, S.J. et al. (2006).
[454] Kay, A.C. et al. (2010).
[455] Graeupner, D., & Coman, A. (2017).
[456] Cohen, G. L. et al. (2000).

venner, at have god moral eller lignende). De beskrev 3-4 situationer, hvor denne værdi havde haft stor relevans og fået dem til at føle sig godt tilpas. I alle tilfælde havde den personlige værdi ikke noget med politiske synspunkter at gøre. Studiet kunne klart påvise, at de personer, som ikke gennemførte denne øvelse, holdt fast i deres eksisterende synspunkt. De devaluerede i høj grad kildens troværdighed og fandt store problemer med den metode og research, der lå til grund for rapporten. Helt klassisk! De mente også, at rapportens forfatter var forudindtaget. Men for de personer, som havde foretaget selvaffirmationsøvelsen, så det meget anderledes ud. De var mere åbne over for det metodiske og datamæssige grundlag og de argumenter, der blev præsenteret. I flere tilfælde ændrede de også deres holdning.

Selvaffirmation og kontrol

Selvaffirmation giver os en oplevelse af kontrol og dermed mental styrke og overskud, der tilsyneladende tillader os at være mere åbne over for ny information og nye synspunkter. Flere studier viser, at der er flere attraktive fordele ved selvaffirmation Det kan gøre os mindre 'ideologisk lukkede' og mere fleksible i forhandlinger.[457] Vi ignorerer i mindre grad information om risikoen ved at ryge eller drikke alkohol.[458] Vi bliver bedre til at anerkende ansvaret for fejl og umoralske handlinger, foretaget af personer fra vores egen gruppe.[459] Vi holder mindre fast i dårlige beslutninger og lader være med at kaste flere penge og ressourcer efter dem.[460] Selvaffirmation har desuden en positiv effekt på vores tendens til at ruminere efter, vi har dummet os eller klaret os dårligt.[461] Andre studier har vist, at vi generelt bliver mere kompromissøgende, mindre fordoms-fulde og stigmatiserende, mere åbne over for forandringer på arbejds-

---

[457] Cohen, G. L. et al. (2007).
[458] Harris, P.R., & Epton, T. (2010).
[459] Cehajić-Clancy, S. et al. (2011).
[460] Sivanathan, N. et al. (2008).
[461] Koole, S.L. et al. (1999).

pladsen, har lettere ved at bryde dårlige vaner og har mindre hang til trøstespisning.[462]

Selvaffirmation påvirker også vores kognitive formåen. I et studie kunne John David Creswell og kolleger dokumentere, at stressede studerende markant øgede deres evner til at identificere ord, som tre andre ord havde til fælles (altså fx at tre ord som udstilling, forhandler og dæk kan have 'bil' til fælles), hvis de først havde skrevet et lille essay om en af deres vigtigste værdier.[463] Det er ikke svært at se, at selvaffirmation kan finde anvendelse i utroligt mange sammenhænge, som fx personaleledelse, kommunikation og dialog, forhandlinger, forandringsledelse, uddannelse mv.

Langsigtet effekt

Selvaffirmation har også den kvalitet, at selvom der ofte er tale om en kort intervention, så kan effekten være langsigtet. Den kan vare dage, uger, måneder og år – og kan endda forstærkes over tid. Der er lavet interventionsstudier i USA, som viser, at en kort værdi-affirmationsøvelse i begyndelsen af universitetsstudier resulterer i markant bedre præstationer i hele studieforløbet.[464]

At denne korte øvelse skaber disse resultater, kan forklares ved, at den igangsætter en positiv og selvforstærkende proces – en positiv spiral.[465] Når først vi er affirmerede, vil vi præstere bedre. Vi får hermed to kilder til at understøtte vores oplevelse af at være i kontrol (selvaffirmationen og de bedre resultater). Det kan få os til at ændre vores selvbillede og de forventninger, vi har til os selv. Dette forplanter sig til vores sociale relationer, som også vil ændre deres opfattelser og forventninger til os. Dette påvirker igen vores selvbillede og vores resultater i en positiv retning. Og fordi vi har lært os selv at selvaffirmere, kan det være en personlig

---

[462] Sherman, D.K. et al. (2021).
[463] Creswell, J. D. et al. (2013).
[464] Cohen, G. L. et al. (2006);
[465] Brady, S. T. et al. (2016); Sherman, D.K. et al. (2021).

ressource, som vi spontant kan aktivere, når vi møder modgang. Dette synes især at være effektivt, når vi begynder på nye forløb i livet (nyt studie, nyt job mv.), fordi vi her er særligt usikre. Det er helt sikkert noget, man burde tænke over. I forbindelse med onboarding kan det også være en fordel, at nye medarbejdere opfordres til at affirmere egne værdier for at udgå, at de committer sig for meget til organisationens normer, værdier og adfærd. Hvis vi bliver for "opslugt" af organisationen, kommer vi at glemme os selv.[466] Dette er ofte usundt. Det er heller ikke hensigtsmæssigt for organisationen, som med nyansættelser (også) gerne skal have et nyt og frisk syn på tingene.

Mange forskellige former

Selvaffirmation er også interessant, fordi den kan have mange former. I langt de fleste studier har der været anvendt en interventionsform, hvor forsøgspersoner tænker over centrale værdier og beskriver, hvordan de kommer til udtryk i forskellige situationer. Men selvaffirmation kan også foregå ved, at man bliver præsenteret for en liste af værdier, som man skal vælge ud fra. Det vil sætte refleksionerne i gang. Selvaffirmation kan også aktiveres af spørgsmål, der får os til at tænke over centrale aspekter ved os selv. Fx: "Hvad er vigtigt for dig?", "Hvordan passer det her med dine centrale værdier?", "Hvordan ser du dig selv i forhold til det her?". Man kan bygge andre op og give dem en oplevelse af kontrol gennem feedback. "Du er altså god til at få dig selv med i det her." Det bedste ved det hele er, at vi kan gøre det selv. Du kan sidde og selvaffirmere og bygge dig selv op, når du sidder og venter på bussen eller alt muligt andet – fordi nu sidder du jo ikke længere med mobilen fremme hele tiden … vel? Der skal faktisk ikke så meget til for at blive en bedre, mere åben, mere fleksibel og kreativ udgave af os selv. Er det ikke fedt, og er det ikke værd at prøve?

---

[466] Cable, D.M. et al. (2012).

245

Oplevelsen af kontrol giver mange fordele

Alt, hvad der kan give en form for kontrol og agency, kan være med til at gøre os mere åbne, fleksible og kreative. Der kan derfor også være et potentiale i at uddanne os selv og andre i, hvordan vi reagerer i forskellige situationer, hvor vi typisk vil opleve et tab af kontrol. Tilsvarende kan det være en god idé at italesætte, at forandringer kan give os kognitivt ubehag, fordi denne italesættelse også skaber forudsigelighed. Fx kunne David Yeager og kolleger dokumentere, at frafaldsprocenten på universiteter markant kan reduceres, hvis man underviser nye studerende i, hvordan man typisk reagerer i begyndelsen af et universitets-forløb (stor utryghed og tab af kontrol), og hvad man kan gøre for at afhjælpe det.[467] Når vi ved, hvordan vi reagerer i forskellige situationer, bliver det lettere for os at forudsige os selv.

Selvaffirmation og meningsfuldhed i livet

Det er også super interessant, at der er en påviselig sammenhæng mellem selvaffirmation og oplevelsen af, at vores liv er meningsfuldt. Rebecca Schlegel og kolleger kunne dokumentere netop denne sammenhæng i en række studier, hvor forsøgspersoner skrev et lille essay om, hvad der karakteriserede dem selv, eller valgte selvbeskrivende ord fra en liste.[468] Det er altså rigtig interessant det her. Der er jo kun tale om en forholdsvis kort øvelse.

Ovenstående hænger naturligvis sammen med, at selvaffirmation giver os en oplevelse af kontrol og agency, og da det jo er en indbygget forventning i os, får vi også en oplevelse af mening i livet, når denne forventning bliver opfyldt. Men der sker formentlig også det, at vores selvkoncept kommer til at fremstå mere klart og tydeligt. Det kalder man 'selvkoncept-klarhed'. Det gør en stor forskel, fordi der jo er mange aspekter ved os selv, som er forholdsvist intuitive og udefinerede. Selvkoncept-klarhed giver os et bedre udgangspunkt for at skabe en kobling mellem os selv og vores verden og

---

[467] Yeager, D. S. et al. (2016).
[468] Schlegel, R. J. et al. (2011); Schlegel, R. J. et al. (2009).

dermed føle den her 'forbundethed' – at vi hører til. Vi får nemmere ved at se sammenhænge mellem os selv, vores mål, centrale værdier og overbevisninger og de oplevelser, vi har. Vi kan lettere forbinde os selv med fortid, nutid og fremtid.[469] Vi kan bedre se "den røde tråd" og et formål med det hele. Det får os formentlig også til at tænke mere 'bredt' og ud af boksen. Som jeg beskrev i kapitel 6, når SEEKING-systemet er aktivt, vil det booste vores evne til at se meningsfulde sammenhænge mellem os selv og det, som sker i vores verden.

Der er desuden meget, der tyder på, at selvkoncept-klarhed kan medføre, at vores arbejde opleves som meningsfuldt. Dette kunne dokumenteres i et studie af Sunyoung Oh og Sang-Choong Roh, hvori der deltog 488 medarbejdere fra 12 forskellige virksomheder.[470]

Flydende kompensation af mening

Det er her en central pointe, at oplevelsen af mening og meningsfuldhed (på samme måde som oplevelsen af kontrol og agency) synes at kunne flyde eller "smitte" fra en dimension til en anden. Hvis livet giver mening, giver jobbet og det, som sker i forskellige situationer også mere mening. Og omvendt. At det forholder sig sådan, er påvist af Samantha Heintzelman, Jason Trent,og Laura King. De kunne konstatere, at hvis vi bliver eksponeret for stimuli, der matcher vores forventninger (fx fotos af årstider i den rigtige rækkefølge – forår, sommer, efterår, vinter) medfører det en mild, men dog alligevel målbar stigning i vores oplevelse af, at livet er meningsfuldt.[471] De forklarer det med, at oplevelsen af mening føles på samme måde, ligegyldigt om den er frembragt af trivielle stimuli fra omgivelserne eller er et resultat af mere "livsrelaterede" hændelser.

---

[469] Baumeister, R. F. et al. 2013).
[470] Oh, S., & Roh, S. C. (2019).
[471] Heintzelman, S. J. et al. (2013).

Princippet om flydende kompensation gælder derfor ikke kun for tab af kontrol og agency men også for tab af mening. Vi kan kompensere for et meningstab på én dimension ved at booste mening på en anden. Oplevelsen af mening kan dermed skabes på flere måder – ligesom oplevelsen af kontrol og agency kan skabes på forskellig vis via abstraktion. Omvendt betyder det så også, at følelsen af meningsløshed kan sprede sig fra en dimension til en anden. Dette bliver meget tydeligt, hvis en nær ven eller et skattet familiemedlem dør, så forplanter følelsen af meningsløshed sig til næsten alt. I sådanne situationer bliver vi ofte stærkt motiveret til aktivt at søge efter (alternativ) mening. Fraværet af mening virker som en katalysator. Vi kan derfor, paradoksalt nok, nogle gange opleve en høj grad af mening, fx til en begravelse eller i forbindelse med lignende begivenheder.

Oplevelsen af mening og oplevelsen af kontrol og agency kan derfor på mange måder sidestilles.[472] Begge tilstande optræder samtidig. Hvis vi oplever et meningstab, oplever vi også et tab af kontrol og agency, fordi vi ikke længere kan forstå og forudsige vores verden. Hvis vi oplever et tab af agency, oplever vi også et meningstab, fordi vi har en forventning om, at vi er i kontrol. Følelsen af mening og kontrol bliver derfor svære at skelne fra hinanden. At der er denne "sammenblanding" og interaktion mellem mening og kontrol og agency fremgår af flere studier. Daniel Randles, Travis Proulx og Steven Heine gennemførte et studie, hvor de præsenterede forsøgspersoner for stimuli, der ikke gav mening i form af sammensatte ord som 'turn frogs' and 'careful sweaters' (vejsvingsfrøer og forsigtige sweaters).[473] Det var nok til at udløse et kontroltab, og det fik forsøgspersonerne til at kompensere ved at sætte et højere kautionsbeløb over for en lovovertræder. Som du nok husker, når vi mangler kontrol, ønsker vi i, at samfundets (gruppens) regler og normer overholdes. Retfærdigheden skal ske fyldest. Og i et andet studie skulle forsøgspersoner

---

[472] Proulx, T. et al. (2012); Heine, S.J. et al. (2006).
[473] Randles, D. et al. (2011).

læse en absurd fortælling af Franz Kafka, uden nogen morale og mening, og det kunne konstateres, at dette også forårsagede et kontroltab, og at det blev kompenseret ved at øge tilhørsforholdet til deres egen sociale gruppe.[474]

En konklusion i forhold til ovenstående kan derfor være:

- Alt, hvad der medfører et tab af kontrol og agency (usikkerhed, tanker om døden, inflation, krig, terror, eksklusion fra gruppen osv.), medfører også et meningstab.
- Alt, hvad der medfører et meningstab (forventninger bliver ikke mødt), medfører også et tab af kontrol og agency.
- Fordi vi har en forventning (og et ønske) om at have kontrol og agency, så vil alt, der øger oplevelsen af kontrol, også øge oplevelsen af mening.
- Alt, hvad der vil øge oplevelsen af mening, vil også øge oplevelsen af kontrol og agency.

Andre veje til oplevelsen af kontrol, agency og mening

Der er en klar sammenhæng mellem oplevelsen af agency/kontrol og mening. Derfor kan vi fremme oplevelsen af mening på flere måder.

Det kan fx være gennem stoisk praksis. Stoicisme opfordrer til at fokusere på det, vi har indflydelse på og kan kontrollere, og acceptere det, vi ikke kan ændre, Dette princip genfindes også hos Anonyme Alkoholikere. Når vi anerkender, at vi ikke har kontrol over, hvad der sker, men kun kan kontrollere, hvordan vi *reagerer* på det, som sker, kan vi ændre på vores tilgang og forventninger til livet. Vi bliver i stand til at opretholde oplevelsen af kontrol og agency, når vi møder modgang (som Stoicismen også anser som en uundgåelig del af et menneskes udviklingsrejse). Vi bliver bedre til at håndtere, når tingene (og livet) ikke helt går som forventet. Stoicismen fokuserer også på at mindske afhængigheden af ydre forhold og ydre bekræftelse, at man ikke skal se sig selv som et offer, men tage

[474] Proulx, T. et al. (2010).

ansvar for og kontrol over sit eget liv. Og at man gennem disciplin skal søge at leve i overensstemmelse med egne værdier og dyder. Disse principper hjælper til at skabe et større match mellem vores selvopfattelse, vores handlinger og den oplevede virkelighed. Det er i øvrigt interessant, at man også kan finde mange elementer af stoisk filosofi og praksis i mere populære udgivelser, som fx Jordan B. Petersons "12 regler for livet" og Stephen Coveys "7 gode vaner".

John Vervaeke gør opmærksom på, at mindfulness-øvelser også kan bidrage til at opleve agency og kontrol og mening. Ved at øve os i at være til stede i nuet og at observere vores tanker, følelser og sanseindtryk uden straks at lade os rive med af dem, kan vi hjælpe os selv til en accept af vores situation – også når den ikke er perfekt. Vi kan skabe en distance til automatiske reaktioner og dermed blive bedre til at kontrollere og 'forudsige os selv'. Samtidig kan vi gennem mindfulness opnå et højere bevidsthedsniveau og få en oplevelse af at være tættere på os selv, vores krop og være forbundet med vores verden.

Man kan også fremme oplevelsen af mening gennem fysisk aktivitet. John Vervaeke fremhæver fx Tai Chi, fordi det engagerer både krop og sind i en form for "mind-body integration," der kan skabe en følelse af nærvær og helhed. I Tai Chi arbejder man bevidst med bevægelse, åndedræt og fokus, hvilket skaber en oplevelse af at være i kontrol og i balance og fuldt til stede i nuet, ikke bare mentalt, som i mindfulness-praksis, men også kropsligt og følelsesmæssigt. I Tai Chi træner man glidende overgange mellem indadgående og udadgående bevægelser, og denne konstante opmærksomhed kan også resultere i en oplevelse af FLOW. Og som jeg også tidligere var inde på, kan det give os en oplevelse forbundethed og mening.

Ovenstående liste er på ingen måde udtømmende. Der er flere (gen)veje til oplevelsen af mening. Kunstnerisk udfoldelse, dans, løb, vandreture, yoga, meditation, bjergbestigning mv. kan være med til at give os en momentvis oplevelse af kontrol og agency og de her særlige øjeblikke af forbundethed, og at vi hører til og passer ind i verden.

Kort opsummering og refleksion

Kapitlet stiller skarpt på, hvordan den måde, vi ser os selv på, har overraskende stor indflydelse på meningsskabelse. Dette skyldes, at vores selvkoncept fungerer som en forudsigelse. Det er i den forbindelse interessant, at vores selvkoncept ofte er vagt defineret og samtidig meget påvirkeligt. Det giver os nogle udfordringer – og samtidig nogle fantastiske muligheder.

Vi får også indsigt i, at det er enormt vigtigt for os at have en oplevelsen af at være i kontrol. Det resulterer ofte i et oppustet selvbillede. Vi forstår også, at når vores selvkoncept "går i opfyldelse", så får vi en oplevelse af kontrol og agency (og mening). Det er ekstremt vigtigt for os, og vi vil derfor ofte kompensere for et kontroltab ved at holde fast i eksisterende opfattelser både om os selv og om verden, fx ved at afvise og devaluere modstridende information. Det kan også føre til abstraktion, hvor vi søger efter orden, struktur og forudsigelighed på andre områder. Det er ikke altid smart. Det kan på flere måder forvrænge, hvordan vi opfatter verden og have en negativ effekt på læring, kreativitet, vores evne til at samarbejde, løse konflikter mv.

Kapitlet giver anledning til at reflektere over …

- Er du tilstrækkeligt bevidst om, hvordan du ser dig selv – og hvordan den gruppe eller organisation, du tilhører, ser sig selv? Hvordan påvirker det din/jeres overbevisninger, tilgang til tingene og adfærd?

- Kan du få øje på potentialet i at påvirke din egen og andres adfærd og performance ved (manipulativt) at ændre på det selvbillede, du og andre har?

- Husker du også at stille skarpt på, om du og din gruppe savner oplevelsen af kontrol og agency – og hvad det kan betyde?

- Indimellem vil du afvise information, der strider mod dine egne overbevisninger. Det kan der være mange gode grunde til. Men prøv at overveje, om det i virkeligheden skyldes, at du mangler kontrol og mentalt overskud?

- Forhold dig til, at vi ofte er overoptimistiske – og at det også gælder de beslutningsgrundlag, som du modtager. Du vil også have en tendens til at tro, at du selv – eller din gruppe – besidder den rette viden og kompetencer til at håndtere forskellige problemstillinger. Hvordan kan du udfordre det?

- Forandringer fører ofte til tab af kontrol og agency (og mening) og kan derfor fremprovokere abstraktion fx i form af større commitment til gruppen og dens værdier, eller at vi holder fast i eksisterende opfattelser, vaner, rutiner og procedurer mv. Er du opmærksom på, at det begrænser dine muligheder for at skabe ny mening hos målgruppen ganske betragteligt?

- Tænk over, hvor stor forskel du kan gøre ved at bibringe oplevelsen af kontrol og agency på forskellig måde, fx gennem selvaffirmation, rutiner, ritualer eller ved at skabe sammenhold. Der er også et stort potentiale i at uddanne i stoisk lignende praksis, mindfulness, eller at det i visse situationer er forventeligt ikke at opleve kontrol.

Kapitel 09: Samlet opsummering – og en model for sensemaking

Godt så! Jeg har i de foregående kapitler været lidt omkring. Og jeg håber, at du synes, at det har været interessant, lærerigt, anvendeligt … og har givet mening. Jeg har lovet dig en samlet model for meningsskabelse – men før jeg gør det, så lad mig lige give en hurtig opsummering.

I kapitel 1 fortalte jeg om, at vores hjerne er et decentralt, selvorganiserende system, hvor langt det meste af aktiviteten foregår ubevidst. Det gælder også tanker, perception og meningsskabelse. Jeg fortalte også om, at vores hjerne er dybt integreret, om associativ aktivering, og om at vores tanker ofte er forholdsvist udefinerede og består både af ord, symboler, billeder, lyde, fornemmelser, emotioner osv. Det kaldes mentalese.

Du har fået forståelse for, at selvom langt det meste meningsskabelse foregår ubevidst, fungerer det faktisk ganske udmærket. Intuition kan være reflekterede overvejelser overlegne. Der er dog det problem med vores intuitive, automatiske processer, at de kan lede til systematiske fejl. Det fungerer bedst, når verden opfører sig, som den plejer. Derfor giver det os en stor fordel – og stor fleksibilitet – at vi bevidst, reflekteret og analytisk kan udfordre vores intuitive vurderinger. Men refleksiv tænkning er forbundet med ulemper i forhold til hastighed og kapacitet. Samtidig kan der gå visse ting tabt eller blive forvrænget i konverteringen fra det intuitive og udefinerede til det bevidste og reflekterede. Et for stærkt fokus kan også gøre os blinde over for gorillaer, som viser sig lige foran os. Eller alle mulige andre ting. Der kan derfor være stor forskel på den mening, vi kommer frem til, afhængigt af om vi primært tænker intuitivt eller refleksivt. Det er en vigtig erkendelse, at de bedste vurderinger ofte opstår i en kombination mellem refleksion og intuition.

Du har i fortsættelse heraf i kapitel 2 hørt om, at perception (og med stor sandsynlighed også resten af vores hjernes aktivitet) er baseret på prædiktive processer. Ja, det kan vel nærmest ikke være anderledes. Jeg har anskueliggjort, at vores hjerne hele tiden, top-down, genererer en mental model af, *hvad* der sker i vores omgivelser, og *hvorfor* det sker. Sanseinput fungerer her som feedback, der be- eller afkræfter vores hypoteser. Kognition (tanker) og perception (sansning) bliver til én sammenhængede proces. Perception kan opfattes som en kontrolleret hallucination. Ja, og når man først forstår dette, giver det rigtig meget mening at forstå mening som en forudsigelse, som en forventning.

Du er blevet introduceret for de fordele som prædiktiv processering giver os. Men også at det betyder, at vi i forbindelse med tvetydig feedback fra omgivelserne ser det, vi forventer at se. Denne tendens bliver forstærket, når vi (tror, at vi) har at gøre med velkendte problemstillinger. Derfor ser vi automatisk et indadbuet ansigt som udadbuet, fordi det er vi vant til. Det er vores stærke forventning.

I kapitel 3 beskrev jeg fordelene ved (og nødvendigheden af), at vi ser verden i 3K, men også at det bliver enormt definerende for vores opfattelse af verden. En konceptuel kategori er jo en forventning. Etniske afrikanere ser derfor mørkere ud i huden, når vi først har karakteriseret dem som afrikanere. Vi forstærker også forskellene mellem konceptuelle kategorier og kan derfor se en regnbues fine opdelte striber, selvom de slet ikke er der. Du har også fået kendskab til komparative sammenligninger, som betyder, at det, vi opfatter som succesfuldt, vellykket eller smukt, afhænger af, hvad vi sammenligner med og benchmarker op imod. Og så var der det der med lokkeduer, der helt ændrer på, hvilket abonnement vi vælger – eller om Anders eller Preben er flottest. Du har også fået kendskab til, at vores forventning om kausalitet får os til at se sammenhænge, der (måske) ikke er der, fx sammenhæng mellem MFR-vaccine og autisme eller mellem impulskontrol og succes. Vi har meget svært ved at acceptere, når ting skyldes tilfældigheder og held. Og i bagklogskabens lys står alting klart og kan give os en stærk illusion af, at vi bare forstår det hele.

I kapitel 4 fik du indblik i vores forskellige hukommelsessystemer, som nogle gange samarbejder, men som også kan være i konflikt med hinanden. Det betyder, at vi under stress får adgang til andre informationer end ellers. Det er ikke altid en fordel. Vi kan også få emotionelle reaktioner, uden vi ved hvorfor, og det har vi i øvrigt svært ved at ændre på. Jeg forklarede også, at eksisterende læring er helt afgørende for ny læring – og kan blokere for nye indsigter. Det står også klart, at vi kan se helt anderledes på tingene efter pauser og søvn, fordi der her foregår en reorganisering af informationer. Du har også hørt om, at vores deklarative hukommelse er fyldt med huller. Det, vi husker, er en rekonstruktion, noget vi gætter os til – og derfor også meget påvirkeligt af vores forventninger. Du er blevet introduceret til, at imaginær hukommelse i princippet er det samme som rigtige erfaringer.

Der er i kapitel 5 blevet kastet lys over, at vi bruger oplevelsen af kognitiv fluency, som input i vores vurderinger. Det er også interessant, at fordi det i sig selv er en behagelig oplevelse, så overfører vi det til et givent objekt. Vi kan bedst lide de ting, som er forbundet med kognitiv fluency. Vi synes, de er smukkere. Vi oplever typisk kognitiv fluency, når input fra omgivelserne passer til vores forventninger. Der er derfor også en klar sammenhæng mellem kognitiv fluency og oplevelsen af mening. Denne dynamik kan være med til at fastholde os i eksisterende opfattelser og vaner. Ny information, der passer ind i vores eksisterende mentale strukturer er lettere at forholde sig til. Det vil derfor blive opfattet som mere sandt, rigtigt og troværdigt. Omvendt forholder det sig med informationer, der strider imod og udfordrer det, vi mener i forvejen Kognitiv fluency er som regel en god rettesnor for vores vurderinger. Men du er nu også opmærksom på, at det kan skabes "kunstigt" af flere forhold i vores omgivelser, som på overfladen synes meget forskellige (skrifttyper, høj kontrast, symmetri mv.).

Du er i kapitel 6 blevet introduceret til vores grundlæggende affektive systemer og fået forståelse for, hvordan vores emotionelle tilstand fuldstændigt og øjeblikkeligt kan ændre, hvordan vi opfatter verden – og vores motiver, fokus og måde at tænke på. Når vi er i godt humør, kan et køretøj sagtens være en elevator eller en kamel. Du har hørt om studier af unge mænd, der svarer på spørgeskemaer, mens de onanerer og fuldstændigt ændrer moral. Du har fået indblik i, at vores emotionelle tilstand indgår som en integreret del af vores mentale model – og derfor undervurderer vi, hvor meget emotioner påvirker os. Det er også blevet belyst, hvordan vi selv i et vist omfang kan påvirke og kontrollere vores emotionelle tilstand – og at det kan have stor indflydelse på vores præstationer.

Kapitel 7 gav indblik i, hvordan vi er bygget til at samarbejde og indgå i komplekse sociale sammenhænge. Du forstår nu, hvorfor vi bliver høje af at hjælpe andre, og at vi er utroligt følsomme over for uretfærdighed og antisocial adfærd. Vi går derfor meget op i vores omdømme og reagerer på subtile signaler om, at vi bliver overvåget og lægger vægt på balance og reciprocitet i sociale relationer. Det kan i øvrigt udnyttes! Du har også fået indsigt i, hvordan vi pga. imitation, social proof og konformisme tilpasser os hinanden og har hørt om piger, der rejser sig op i venteværelser, blot fordi alle andre gør det. Men du ved nu også, at vi ofte kun er empatiske og hjælpsomme over for andre, hvis vi oplever, vi har noget til fælles med dem. Det er ikke særligt sympatisk. Det er det heller ikke, når vi går op i status, statussymboler og magt. Men det er også et naturligt aspekt af at være et menneske.

Du har slutteligt i kapitel 8 hørt om, hvordan vores selvbillede også er afgørende for vores opfattelse af verden – men at det ofte er forholdsvis uklart og udefineret og samtidig fleksibelt og påvirkeligt. Det står klart, at oplevelsen af kontrol og 'agency' er en nødvendig og integreret del af vores selvopfattelse. Du har fået indblik i, at vi ubevidst søger at få vores selvkoncept bekræftct. Og du er også blevet introduceret til, at vi kan huske bedre, regne bedre eller blive bedre til Trivial Pursuit, hvis vores selv-koncept påvirkes i den retning. Du har også lært om, hvordan man kan lokke californiske husejere til at sige "ja" til at have et meget stort reklameskilt i deres forhave. Og så har du hørt om, hvordan mangel på kontrol kan få det værste frem i os – og give os et forvrænget billede af, hvad der sker omkring os. Men du har også hørt om 'flydende kompen-sation', og at oplevelsen af kontrol og agency kan skabes gennem bl.a. selvaffirmation og gøre os åbne over for nye informationer, ideer og input. I den forbindelse er det en vigtig erkendelse, at kontrol og agency og mening er to sider af samme sag – og at både oplevelsen af kontrol og mening kan smitte fra et område til et andet.

EN MODEL FOR MENINGSSKABELSE

Med ovenstående indsigter kan der konkluderes følgende. Meningsskabelse er en grundlæggende del af at være menneske. Vi prøver hele tiden at skabe mening med vores omgivelser, andre mennesker og os selv. Det udfylder en vigtig funktion, som hjælper os med at navigere i og kontrollere vores verden.

Det er en helt central erkendelse, at det meste meningsskabelse foregår automatisk og ubevidst – og fordi vores hjerne er baseret på prædiktive processer, så kan mening sidestilles med en forudsigelse, en forventning. En beslutning, arbejdsopgave eller handling giver mening, hvis den er i overensstemmelse med vores forventninger til, hvad der er det rigtige at gøre i en given situation. Vores liv opleves som meningsfuldt, hvis det, der sker for os, er i overensstemmelse med vores forventninger til, hvordan livet bør være.

```
┌─────────────────────────────────────────────┐
│  FORVENTNINGER = OPLEVET VIRKELIGHED          │
└─────────────────────────────────────────────┘
                      ⬇
      ┌──────────────────────────────┐
      │            MENING             │
      └──────────────────────────────┘
```

Oplevelsen af mening kan have varierende intensitet. Når vi oplever, at det giver mening, får vi den her særlige følelse af, at vi forstår vores verden. Vi kan se sammenhænge. Der er et formål. Det er helt rigtigt det her. Vi oplever, at vi er i kontrol. At vi er i stand til at handle. Vi har agency. Og nogle gange kan vi få en stærk fornemmelse af forbundethed til vores verden. At vi hører til i den.

Når vores forventninger ikke imødekommes – og tingene ikke giver mening – er det et signal om at skærpe vores fokus og opmærksomhed. Store uoverensstemmelser kan resultere i mentalt ubehag og motivere til en aktiv søgen efter (alternativ) mening. Det kan her være nødvendigt med en opdatering eller reorganisering af vores eksisterende viden og erfaringer. Men når vi genfinder meningen – typisk i et 'flash of insight' – får vi et boost af energi og velvære. Der er igen overensstemmelse mellem forventninger og verden.

Det betyder også, at hvis vi ønsker at forstå mening, skal vi forstå vores forventninger, hvordan vi opfatter vores omgivelser – og hvad der påvirker disse to størrelser. Det er i den forbindelse vigtigt at huske på, at der er flere forhold, der påvirker, *hvad* der giver mening for os i forskellige situationer, og *om* vi får oplevelsen af mening.

Gennem bogen bliver vi opmærksomme på, at vores forventninger i høj grad påvirkes af en række generiske forhold, som er til stede i os alle sammen. Vores forventninger kan således skabes af medfødte motiver og behov for at reducere usikkerhed og opretholde stabilitet og forudsigelighed. Det kan fx være ønsker og forventninger om at være i kontrol, at have handlemuligheder, at vi skal gøre en forskel, udvikle os, høre til en gruppe, at verden opfører sig ligefremt proportionalt, at der skal være en årsag eller et formål, at tingene skal være retfærdige mv.

Andre forventninger skyldes <u>sociale eller kulturelle forhold</u>, som viser sig i form af fælles normer og såkaldt 'sund fornuft' (common sense), og som vi bliver "smittet" med af andre mennesker. Det kan være alt muligt som fx: Hvordan tager man beslutninger? Hvad er forbundet med status? Hvad er retfærdigt? Hvad er illoyalt? Hvad er succes? Hvad hører med til en god fest? Hvad gør man i sociale sammenhænge? Hvor meget spiser man?

Hvad der giver mening for os, er også i høj grad påvirket af vores <u>individuelt opbyggede erfaringer</u>. Forskellig viden, indsigter og kompetencer gør, at vi opfatter verden forskelligt, og at vi kan se forskellige sammenhænge og forskellige løsninger på de samme problemer. Hvis vi nu har haft succes med at gøre tingene på en bestemt måde, så giver det mening for os at fortsætte med det. Vi har også forskellige koncepter – herunder naturligvis vores opfattelse af os selv – vores selvkoncept.

Mening opstår dog ikke i et vakuum, og vores forventninger til, hvad der er rigtigt, hensigtsmæssigt og passende, vil afhænge af forhold, som er relateret til den aktuelle <u>situation og kontekst</u>, som vi (oplever at vi) befinder os i. Konteksten definerer i høj grad spillereglerne for, hvad der er muligt og forventeligt. Det, som er tæt på, har meget stor indflydelse på, hvad vi synes, der er det rigtige at gøre.

Herudover vil vores aktuelle <u>kognitive-emotionelle tilstand</u> naturligvis også påvirke, hvad der er top-of-mind og 'fluent' i vores tanker men også, hvad vi er opmærksomme på, hvad vi fokuserer på og er blinde over for – og vores motiver, tærskelværdier, og hvordan vi ser os selv. Vores kognitive-emotionelle tilstand vil i høj grad skabes af situation og kontekst, men kan pga. 'carry-over' effekter også være forårsaget af noget, der er sket tidligere.

Det er samtidig vigtigt at huske på, at vores oplevelse af mening er forbundet med <u>en følelse af kognitiv fluency</u>. Det betyder, at oplevelsen af, at det giver mening, også kan frembringes "kunstigt". Vi skal også være opmærksomme på '<u>fluid compensation</u>'. Det er en central observation, at følelsen af mening kan "flyde" eller "smitte" fra en dimension til en anden. Hvis vi får opfyldt vores forventninger i én situation, kan det påvirke vores oplevelse af mening i andre sammenhænge. Mening i livet, mening i arbejdslivet og mening lige nu og her kan derfor påvirke hinanden. Dette forhold gælder også for følelsen af mangel på mening.

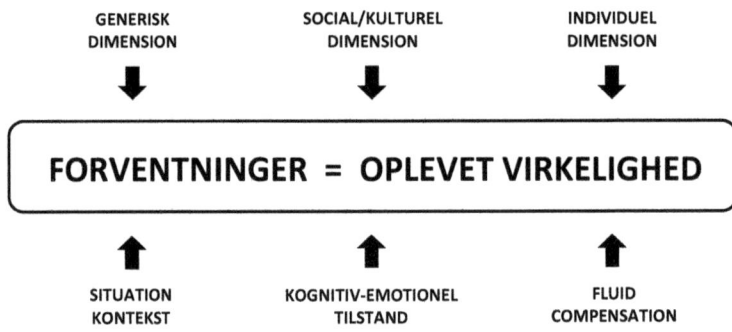

Ovenstående indsigter kan samles i ovenstående model, som netop illustrerer, at der er flere forhold, der kan påvirke (og forvrænge) vores forventninger og opfattelser i forskellige situationer.

Modellen understreger, at meningsskabelse er en dynamisk størrelse, der kan påvirkes i "gerningsøjeblikket".

Anvendelse af indsigterne

Du kan anvende modellen og indsigterne fra bogen om meningsskabelses-processen til:

1) At tage bedre beslutninger
2) At kommunikere mere effektivt og meningsfuldt
3) At identificere mangler i "meningsmixet"
4) At få større indsigt i mange problemstillinger

1. Bedre beslutningstagning

Du får adgang til dine egne 'blind spots', og det bliver muligt at forudse, hvornår du selv – eller dine kolleger, venner eller familie – vil få et forvrænget syn på virkeligheden og med stor sandsynlighed komme til at tage dumme beslutninger, som du eller de kan komme til at fortryde.

Det kan anvendes aktivt, når du tager beslutninger i dagligdagen, eller du kan bruge det til at designe bedre analyse- og strategiforløb i virksomheden.

Det er vigtigt at sørge for, at både intuitive og analytiske, refleksive tanke-processer støtter op omkring hinanden. Det er en fordel at indlægge pauser for at skabe tid og plads til reorganisering af hukommelse og for at undgå, at vi 'stirrer os blinde', og der ikke kun bliver fokus på fornuftige, rationelle parametre.

Det er i processen relevant at være opmærksom på dine egne forventninger – det er let at få dem bekræftet (confirmation bias). Det er især aktuelt, hvis du oplever, at situationen eller den problemstilling, du arbejder med, er velkendt, eller hvis feedbacken fra omgivelserne er tvetydig. Husk også, at du har lettere ved at lagre, integrere og huske informationer, der er i over-ensstemmelse med dine egne opfattelser. Samtidig opleves det som mere sandt og rigtigt. Og så er der det her med, at det ofte er særlig svært at acceptere modstridende information, hvis du mangler agency og kontrol. Der er altså flere forhold, som du skal tage hensyn til. Prøv at kigge ind i, om nogle af disse ting kan være i spil – og hvad du kan gøre for at udfordre og ændre på det.

Og jo, det kan være svært at se, når du står mit i det. Det er derfor yderst relevant at være bevidst om, hvad der påvirker de forventninger, som du har. Med ovenstående får du en model, der ikke kun forklarer, hvad der kan påvirke (og forvrænge) dine forventninger, men også et udgangspunkt for systematisk at udfordre dem. Og husk på, at forventninger kan være helt eller delvist ubevidste.

Det er altid en god idé at have et øje på dine egne erfaringer for, hvad der fx skaber succes eller fiasko. Kan de overhovedet bruges i en konkret situation? Er der noget, du eller din gruppe har brug for at lære – eller aflære?

Det er også relevant at se på påvirkninger fra egen sociale gruppe og kultur, fordi det jo hurtigt bliver til "commons sense". Det kan være svært at se ud over. Men få evt. hjælp af folk udefra, som ikke er "en del af huset", og som tør at sige dig (og din gruppe) imod. Og hvordan med den aktuelle situation/kontekst, som du befinder dig i? Er der nogle særlige omstændigheder, der gør, at dit eller jeres fokus er påvirket i en bestemt retning?

Vær også opmærksom på dine egne ønsker om, hvad der kommer til at ske, fordi de let kommer til at dominere dine tanker og forventninger.

Husk at der nærmest øjeblikkeligt kan fremprovokeres ændringer af perspektiver ved fx at udfordre konceptuelle kategorier og "selvfølgelige" kausale sammenhænge. Det er også vigtigt at være opmærksom på 'komparative forvrængninger', associativ aktivering og kognitiv fluency-effekter, dominerende narrativer, emotionel tilstand, de forskellige varianter af tabsaversion mv. Det er naturligvis også ekstremt vigtigt at kigge ind i, hvordan du ser dig selv og din gruppe, fordi det fungerer som en forudsigelse og sætter rammen for, hvad du tror, du kan, og hvad der er muligt. Vær også bevidst om vores store behov for kontrol og agency. Det gør os ofte overoptimistiske – og de beslutningsgrundlag, som du modtager, vil formentligt også ofte være det. Du vil også have en tendens til at tro, at du selv – eller din gruppe – besidder den rette viden og kompetencer til at håndtere forskellige problemstillinger. Der ligger derfor en ekstra opgave i at udfordre den opfattelse.

Når du er kommet frem til den helt rigtige løsning på en problemstilling, så prøv også at "fjerne dig selv" for løsningen – hold den ud i strakt arm – og forhold dig til den proces, der har ført frem til dine konklusioner. Når du udelukkende ser på processen, bliver du opmærksom på forhold i din argumentation og ræsonnementer, som måske ikke er helt optimale. Det kan være analyser, spørgeskemaer, interviews, delkonklusioner, workshops, vigtige personers kompetencer og indspark mv.

Og så selvfølgelig, det er også fordelagtigt at udfordre selve beslutningen eller løsningen, fx gennem præ-mortem-øvelser eller lignende. Her er det også vigtigt at invitere 'djævlens advokat' indenfor, der kan udfordre både dine forventninger og den måde, som du/I opfatter situationen på.

For at være lidt på forkant, kan det være en god idé at lave en liste over, hvad der er godt at huske på og undgå. Måske kan du også opbygge et repertoire af "selvcoachende" spørgsmål, der kan udfordre både intuitive og refleksive tankeprocesser og uhensigtsmæssige overbevisninger. Er der noget, der får for stort fokus? Er der noget, som får for lidt? Er der argumenter, som er for "rationelle"? Er der noget i konteksten, der påvirker dig? Hvor sikre er vi på, at der er denne sammenhæng? Hvad hvis vi ændrer sammenligningsgrundlag? Vil dette her også gælde, hvis situationen eller konteksten var anderledes? Vi har tidligere haft succes med … men gælder det også her? Osv.

2. Mere effektiv kommunikation (der giver mening)

Du kan også bruge indsigterne og modellen til at optimere form og indhold i din kommunikation. Et almindeligt kommunikationsråd er at kende sin målgruppe. Skru derfor "lyttebøfferne" på, og prøv gennem aktiv lytning at forstå, hvordan din målgruppe opfatter den situation, de står i og deres motiver, ønsker og behov, fordi det påvirker deres opfattelser og forventninger til, hvad der er rigtigt, vigtigt, nødvendigt – og hvad der giver mening. Du bør også foretage en vurdering af, hvorvidt og hvordan det er muligt at ændre disse forventninger – hvis de er uhensigtsmæssige.

Overvej om eventuelt uhensigtsmæssige opfattelser skyldes misforståelser, og om de kan påvirkes gennem ny og bedre information, instruktion eller introduktion til nye argumenter og perspektiver.

Du bør naturligvis også have fokus på de ubevidste sider af meningsskabelsesprocessen. Der kan (ligesom ovenfor) være et stort potentiale i at udforske, men også udfordre de konceptuelle kategorier og komparative sammenligninger, som en person eller gruppe bruger – eller de kausale sammenhænge, som modtageren opfatter, der er. Netop fordi det repræsenterer forventninger, og fordi det fortæller meget om den måde, hvordan de ser på verden. Det samme gælder målgruppens selvopfattelse. Og husk på, du kan ændre på andres adfærd og performance ved at påvirke deres selvbillede og begrænsende overbevisninger om dem selv. Vær også opmærksom på social påvirkning og hav respekt for, at en gruppes normer i høj grad kan påvirke enkeltindivider og fastholde dem i bestemte overbevisninger og adfærd. Forhold dig også til, om der er noget i situationen eller konteksten, som bør adresseres: fluency-effekter, dominerende narrativer, valgmuligheder mv.

Du bør også have fokus på din målgruppes mentale tilstand. Hvilke tankeprocesser er i gang? Hvad fokuserer de på? Og hvad er det, som de er blinde over for? Har de mental kapacitet til at tage nye ting ind? Har de brug for pauser til nye erkendelser undervejs? Vær også opmærksom på, at din modtagers/målgruppes emotionelle tilstand kan påvirke deres motiver og syn på tingene, begrænse parathed og evne til tage nye ting ind, se nye sammenhænge og tænke ud af boksen. Dette er fx relevant i forbindelse med forandringsledelse, eller hvis du skal præsentere en ny spændende idé til sommerferien for din ægtefælle.

Forhold dig til, om målgruppen mangler oplevelsen af agency og kontrol og de negative effekter, det kan have på læring, kreativitet, evne til at se tingene fra andre sider, samarbejde, løse konflikter mv. Dette begrænser dine muligheder for at skabe ny mening hos målgruppen ganske betragteligt. Hold dig også for øje, at mangel på kontrol kan forårsages af mange ting: usikkerhed, krig, terror, eksklusion fra gruppen, forandringer, nyt job eller nyt studie. Du kan gøre en stor forskel ved at bibringe oplevelsen af kontrol og agency – på de rigtige tidspunkter. Nu ved du lidt om, hvordan du kan gøre det.

I din kommunikation skal du hele tiden være nysgerrig på, hvordan modtageren tolker tingene. Tag aldrig noget for givet Selvom du synes, det er klokkeklart, hvad du kommunikerer, vil din målgruppe automatisk tolke information, datagrundlag, rapporter, aftaler mv., så de støtter op omkring deres forventninger – og evt. devaluere deres betydning, vigtighed eller troværdighed. Vær bevidst om, at modtageren også har nogle forventninger til dig som person – eller i kraft af dit job. Og hvis de forventer, at du er dygtig og flink, jamen så går det jo ofte lidt nemmere, end hvis nu forventningen er den modsatte.

Du bør også have et vågent øje på de associationer, som du frembringer. Husk på, at tingene ikke altid betyder det samme for din målgruppe som for dig. Men gennem 'naming og framing' kan du nærmest øjeblikkeligt få andre til at se tingene i et nyt perspektiv, hvor andre spilleregler gælder.

Det er generelt mest effektivt, hvis ny information matcher eller bygger videre på eksisterende viden og kompetencer. Gør det let for modtageren at relatere til det, du kommunikerer. Brug konkrete eksempler, billeder og metaforer. Modtageren har ikke kun lettere ved at forstå det, men har også lettere ved at huske det og koble det til anden viden. Vær her også bevidst om, at eksisterende læring (viden, hændelser med emotionelt indhold, procedurale vaner) kan blokere for nye erkendelser og ny adfærd. Husk også på, at der ikke hjælper at "tale" til det deklarative system, hvis en uhensigtsmæssig opfattelse eller adfærd er lagret emotionelt.

Hav et passende ambitionsniveau. Hvis du vil for meget i en læringssituation, kan du ødelægge noget af det, som modtageren har brugt tid på at lære umiddelbart før. Det er også en god idé at indlægge pauser til reorganisering af hukommelse. Bliv ikke overrasket, hvis din målgruppe ser helt anderledes på tingene efter en pause eller en god nats søvn.

Din målgruppes hukommelse (og kompetencer) kan i høj grad påvirkes af det, de visualiserer og forestiller sig. Det kan du bruge aktivt, fx i forbindelse med træning og uddannelse.

Du kan optimere konsolidering hos din målgruppe ved at anvende materiale med høj emotionel værdi. Og det behøver ikke have noget som helst at gøre med det emne, som trænes eller undervises i. Hold dig for øje, at målgruppen – ligesom dig selv – udfylder de manglende huller i hukommelsen med deres forventninger. Derfor vil to mennesker (med forskellige erfaringer) huske den samme episode (eller aftale) forskelligt.

Du skal være opmærksom på fluency-effekter i din kommunikation. Det er jo et grundlæggende problem, at 'det nye' – nye informationer, nye procedurer og fremgangsmåder, nye koncepter osv. – som udgangspunkt vil opleves som mindre rigtigt og sandt. Du skal ikke være blind over for de fordele, du kan opnå ved at frembringe kognitiv fluency manipulativt. Gør det så enkelt som muligt. Og der er ingen grund til at bruge "de forkerte" skrifttyper.

Pas på med at lade dig forføre af dine følelser, når du kommunikerer til andre. Det kan få dig til at gøre og sige ting, der ikke hjælper dig. Din modtager kan også manipulere dig til at give dem alt for gode deals, hvis du ikke er opmærksom … og en helt masse andre ting. Skab bevidsthed om din emotionelle tilstand. Eller prøv at tage den med 'stoisk ro'. Fokuser på, at du ikke (altid) kan kontrollere, hvad andre gør, kun hvordan du selv reagerer.

Ligesom andre mennesker kan påvirke dig emotionelt, kan du også "tale til deres følelser" og på den måde påvirke deres vurderinger, motivation og adfærd. Du kan hjælpe folk væk fra begrænsende følelser som vrede, frygt og afsky og herigennem bidrage til at øge deres performance. Du kan gøre det forholdsvist nemt, fx ved at vise et kort filmklip med lidt god comedy, fortælle en god joke, eller bare ved at give dem en chokoladebar. Men husk også på, at emotionelt baseret motivation ikke holder evigt. Selvom alle er 'fyr og flamme' til workshoppen om fredagen, kan det godt være helt anderledes om mandagen, når der skal rykkes på alt det, der blev aftalt.

Som nævnt, skal du have respekt for, at enkeltindivider kan blive fastholdt af gruppen. Men du kan i høj grad også bruge de sociale dynamikker til at motivere og påvirke andre mennesker. Du kan spille på, at de har noget til fælles (fx gennem imitation), synliggøre hvad andre (flertallet) gør, eller spille på reglen om reciprocitet i sociale relationer. Husk også på, at din målgruppe vil opføre sig mere prosocialt, hvis (de tror) deres adfærd er synlig. Det opleves også ofte meget meningsfuldt at hjælpe og gøre en forskel over for andre mennesker. Husk på Grants interventionsstudier.

Er du personaleleder, kan det være meget effektivt (og fristende) at spille på vores høje følsomhed over for afvisning og risikoen for at blive ekskluderet fra gruppen. Men pas på, det ikke tager overhånd. Konformitet kan være meget stressende. Der kan også opstå "stille modstand", og du vil som leder blive delvist afkoblet fra organisationen. Sørg for at skabe et miljø med psykologisk tryghed. Husk også på, at det er vigtigt for os at have relationer til og være sammen med andre mennesker. Det kan være smertefuldt at miste relationer − også selv om det "bare" handler om, at din normale sidekammerat på jobbet får en ny plads.

Vær også obs på vores (andres) store sensitivitet over for uretfærdighed og antisocial adfærd, fx i forhandlinger. Din modpart kan ikke lide at blive snydt − især ikke hvis han/hun/de i forvejen er vrede. Men din målgruppe kan begynde at snyde, hvis de tror, at andre gør det. Ganske få antisociale kan i en sådan situation få et stort flertal af prosociale til at opføre sig antisocialt.

Husk også på status-elementet i vores sociale programmering. Vi følger ofte dem, som har høj status inden for et givent område. Derfor er det vigtigt, at du også udstråler en vis status (i form af erfaring, baggrund, kompetence mv.) i forhold til din målgruppe.

Igen kunne det være en god idé at lave en lille liste over de ting, du skal huske på − evt. kombineret med nogle gode coachende spørgsmål, der kan være relevante i forskellige situationer.

3.   Mangler der vigtige ingredienser i "meningsmixet"?

Det kan i dit arbejde med at skabe mening – og som et supplement til ovenstående – også være en fordel vende dit fokus mod, om der er nogle vigtige "ingredienser i meningsmixet", der ikke er til stede. Altså om der er nogle vigtige behov i forhold til at opleve mening, som ikke bliver opfyldt.

Prøv fx på jobbet at stille skarpt på om en arbejdsopgave eller arbejdet generelt imødekommer vores helt grundlæggende behov for (og forvent-ninger om) at gøre en forskel, at udvikle os, at høre til, at der er formål, at tingene er retfærdige osv. Selvom oplevelsen af, at det giver mening, kan skabes på flere måder (gennem flydende kompensation), så vil sådanne "mangler" være lidt som en sten i skoen, der bliver ved med at irritere og gnave.

Vær opmærksom på, at der ofte er flere interventioner, der kan være relevante at tage i brug for at "afhjælpe relevante mangler".

Lad mig give et eksempel. Hvis du fx kan konstatere, at arbejdet ikke giver mening for flere medarbejdere på din arbejdsplads, og at det med stor sandsynlighed skyldes et fravær af 'formål', ja så er det jo her, du bør sætte ind. Du kan fx begynde at arbejde med at udvikle et såkaldt 'purpose' for virksomheden. Hvorfor er virksomheden her overhovedet? Hvad er dens "why" – eller raision d'être? Noget i den stil. Men at udvikle 'purpose' kan godt tage lang tid og kræve mange ressourcer. Og det er langt fra alle, der lykkes med det. Mange gange bliver resultatet af et 'purpose-projekt' for opstillet, for fabrikeret og kunstigt, svært at forholde sig til og for langt væk fra virkeligheden. Og så hjælper det jo netop ikke til at give en oplevelse af mening – snarere det modsatte. I stedet kan du lade dig inspirere af Adam Grant og gennemføre en intervention – med en person, som har fået direkte udbytte af arbejdsindsatsen – hvis der er mulighed for det. Og det er der som regel. Det kan være en kunde, samarbejdspartner eller en kollega i en anden afdeling. Det behøver ikke at være "hele verden", regnskoven eller klimaet, der skal reddes hver gang. Det er naturligvis her vigtigt at være opmærksom på, at en eventuel oplevelse af mangel på formål i relation til arbejdet kan være forårsaget af flere ting. Derfor er det langt fra sikkert, at en 'Adam Grant intervention' vil være det mest effektive. En manglende oplevelse af formål kan også skyldes, at der ikke er synlig fremdrift i opgaveløsningen. Og så vil det være mere effektivt at sætte ind her. Fx ved at fokusere på processen og dele den op i mindre dele med indlagte milestones, ved at visualisere fremdrift, fejre de "små sejre" undervejs mv. En tredje årsag til mangel på formål kan være, at ressource- eller bemandingssituationen på et projekt opleves som utilstrækkelig eller uhensigtsmæssig. Det vil derfor blive opfattet som urealistisk, at projekt-målet kan nås, og at det er formålsløst at fortsætte. Og så er det her, ind-satsen bør fokuseres. Enten ved at forklare, at ressource- og bemandings-situationen faktisk *er* tilstrækkelig (hvis du kan det? Evt. ved hjælp af noget af det, som jeg har gennemgået), eller ved rent faktisk at tilføre flere ressourcer. Det er med andre ord vigtigt at koble udfordringer med den rette intervention.

Det er naturligvis også vigtigt at forholde sig til, at andre mennesker kan have andre behov og forventninger til tingene end dig selv. Vær her især opmærksom på, at nye, yngre generationer på arbejdsmarkedet har helt andre forventninger til fleksible arbejdstider og arbejdssted, ledelsesstil og feedback, indhold af arbejdsopgaver, ansvar, indflydelse og inklusion, ansættelsesforhold, karriereudvikling, teknologi, bæredygtighed, fryns, definitioner af køn mv. Det vil derfor være helt andre ting, som de opfatter som selvfølgelige, og som derfor kan mangle i deres meningsmix.

4.   Indsigt i problemstillinger – hvad er problemets kerne? Hvad kan du specifikt gøre?

Du kan også bruge dine indsigter om meningsskabelsesprocessen til at komme ind til kernen af en given problemstilling. Mange konflikter og udfordrende problemstillinger skyldes jo ofte forvrængede eller uhensigts-mæssige overbevisninger blandt centrale aktører eller interessenter.

Hvis du kan komme bagom og forstå, hvad der er med til at skabe en bestemt overbevisning eller adfærd, kan du også bedre identificere og målrette en intervention, der kan ændre på det.

Du kan igen med fordel bruge modellen. Skyldes en given overbevisning generiske forhold, kulturelle eller sociale gruppedynamikker, eller er det individuelle erfaringer, der er i spil? Er der noget i konteksten, som påvirker specifikke personers kognitive-emotionelle tilstand, og som skaber en bestemt mening eller adfærd? Når du ved (eller kan sandsynliggøre), hvad der er på spil, kan du begynde at identificere og udvikle relevante tiltag, interventioner mv. Det er også her en vigtig pointe, at mange inter-ventioner kan fungere sammen med og booste effekten af andre initiativer.

Lad mig give et tænkt eksempel. Hvis du nu er skolelærer, forælder, medlem af skolebestyrelsen eller lokal politiker og kan observere, at nogle elever i en skoleklasse (eller måske i en hel skole) ikke lærer nok – de kæmper med stoffet, synes det er svært og er ved at give op – så kunne relevante indsatser være at tildele ekstra ressourcer i form af flere lærere, flere timer, implementere nyt undervisningsmateriale og -metoder mv. Sådanne indsatser ligger lige for, og de giver umiddelbart god mening. Men det er noget, som repræsenterer store omkostninger, og det er ikke sikkert, at de vil have den ønskede effekt. Det er *også* vigtigt at se på, hvordan eleverne skaber mening med pågældende situation. Hvis nu fx eleverne opfatter sig selv som uintelligente og tolker dét, at skolestoffet er svært, som et "bevis" på, at de er uintelligente, og at det derfor er nytteløst at gøre en ekstra indsats i skolen (de har et 'fixed mindset'), jamen så handler det jo først og fremmest om at adressere dette selvbillede. Begynd derfor med at undersøge, hvad der har skabt det. Er det personlige erfaringer, eller er der sociale dynamikker i spil? Og afklar om der er eksisterende påvirkning, der bør håndteres. Det kan også være relevant at begynde at undervise i hjernens plasticitet, evne til at udvikle sig, og at fejl er en naturlig del af en lærings- og udviklingsproces. Man kan også bruge historier om kendte personer, der ligeledes har kæmpet med tingene. Fx Albert Einstein.

Lad mig give et andet aktuelt eksempel, som jeg også kort var inde på i bogens introduktion i relation til "meningskrisen". Der er i dag mange danske unge, som mistrives. Det er naturligvis en meget kompleks problemstilling. Men der er næppe nogen tvivl om, at en helt central del af problemet er, at mange unge mangler oplevelsen af agency og kontrol og føler sig usikre og utilstrækkelige. Det kan skyldes flere ting. Det kan være noget med, at der blandt unge findes en perfektions-, præstations- eller 12-talskultur. Der er også et stort socialt pres, bl.a. skabt af sociale medier. Det er svært at føle sig lækker, dygtig og succesfuld, når man sammenligner sig med mennesker på Instagram, der er helt "perfekte". Der er også flere eksperter, der anfører, at mange unge mangler psykologisk modstandsdygtighed pga. såkaldte curling-forældre, som dog samtidig stiller urealistiske forventninger til deres børn. Mistrivsel kan også skyldes stress fra de enormt mange valgmuligheder, som unge har i dag. Stress kan også skabes af hyppige og tidlige test i skolen. Der er også høj usikkerhed vedr. fremtiden pga. klimakrise, krig og konflikter. Og eftervirkninger af Covid-19 isolation er også en faktor. Og så er der jo også det her med, at vi i dag mangler mange af de samfundsmæssige rammer, som vi tidligere brugte til at navigere (og skabe forudsigelser og forventninger) ud fra.

Der er m.a.o. mange mulige 'drivers' i spil. Faktum er også, at det vil være svært at ændre på disse ting, i hvert fald på den korte bane. Det er formentligt også urealistisk at sende alle unge, der mistrives til psykolog – både pga. den høje omkostning ved at gøre det, men også fordi der slet ikke findes et så stort antal psykologer. Men måske kunne der være et stort potentiale i at begynde at uddanne unge i, hvordan man som (ungt) menneske reagerer på forskellige forhold. Altså, som vi hørte om i kapitel 8. Når man ved, hvordan man reagerer i forskellige situationer, kan man skabe større forudsigelighed og dermed en oplevelse af agency, kontrol og mening. En mulighed er også at træne unge i at gennemføre selvaffirmation, mindfulness øvelser eller stoisk inspireret praksis. Gerne i begyndelsen af en uddannelse. Ved at fokusere på de gode sider af tilværelsen (gode værdier, sociale fællesskaber osv.) skabes en oplevelse af agency, som øger de mentale ressourcer til at håndtere udfordringerne.

Der er masser af sådanne eksempler på, hvordan en given tolkning af sociale situationer og forskellige problemstillinger står i vejen for, at mennesker udvikler sig, og at problemer og konflikter kan løses. Det kan være større, samfundsmæssige problemstillinger, fx inden for politik, sundhedsområdet, arbejdsmarked eller energi og klima. Hvorfor bliver der fx ved med at være bureaukrati, selvom skiftende statsministre holder dundertaler om, at nu skal det være slut? Hvorfor er der ekstremt meget 'pseudoarbejde' på danske arbejdspladser, selvom alle gerne vil det til livs? Hvorfor bliver vi ved med at udvikle gigantiske softwarebaserede systemer i det offentlige, selvom det gang på gang ender med et flop? Hvorfor får vi ikke gjort noget (nok) ved den grønne omstilling?

Men det er også noget, som kan bruges i dagligdagen. Hvad siger du til din datter, når hun er nervøs for at begynde i en ny skole? Hvordan hjælper du bedst din ægtefælle eller gode ven, som har mistet sit job og sin selvtillid, og som skal til jobsamtale på mandag?

Det er så utroligt meget, som vi kan gøre anderledes og meget, meget bedre, hvis vi forbedrer vores forståelse af, hvad der giver mening for os selv og andre – og hvad vi kan gøre for at ændre på uhensigtsmæssige overbevisninger og adfærd. Ja, sagt med lidt 'schwung', er det faktisk som om, at manglende viden om meningsskabelse er alle problemers og konflikters moder. Men ved at finde ud af, hvilke forventninger, overbevisninger og meninger, der er årsagen til en uhensigtsmæssig adfærd og ikke mindst, hvad der skaber det, så kan vi også gøre noget ved det. Og det interessante er jo, at med den rette intervention eller det rette 'nudge' tager det ikke nødvendigvis lang tid at skabe disse forandringer.[475] Det behøver ikke altid at være et langt og sejt træk. I mange tilfælde kan man opnå store og hurtige forandringer gennem "små", veltilrettelagte indgreb. Det er mindst lige så interessant, at sådanne præcise indgreb kan have langvarige positive effekter.

Det var det! Tak for din opmærksomhed og din tid ☺

---

[475] Walton, G. M., & Wilson, T. D. (2018).

Litteratur

Ackerman, C. E. (2022). What is Self-Concept Theory? A Psychologist Explains. https://positivepsychology.com/self-concept/

Ackermann, S., Hartmann, F., Papassotiropoulos, A., de Quervain, D. J., & Rasch, B. (2013). Associations between basal cortisol levels and memory retrieval in healthy young individuals. Journal of cognitive neuroscience, 25(11), 1896–1907. https://doi.org/10.1162/jocn_a_00440

Adams, R. A., Shipp, S., & Friston, K. J. (2013). Predictions not commands: active inference in the motor system. Brain structure & function, 218(3), 611–643. https://doi.org/10.1007/s00429-012-0475-5

Adolphs R. (2017). How should neuroscience study emotions? by distinguishing emotion states, concepts, and experiences. Social cognitive and affective neuroscience, 12(1), 24–31. https://doi.org/10.1093/scan/nsw153

Adolphs, R., & Andler, D. (2018). Investigating Emotions as Functional States Distinct From Feelings. Emotion Review, 10, 191 - 201.

Ahn, W.-k., & Kalish, C. W. (2000). The role of mechanism beliefs in causal reasoning. In F. C. Keil & R. A. Wilson (Eds.), Explanation and cognition (p. 199–225). The MIT Press.

Aitchison, L., & Lengyel, M. (2017). With or without you: predictive coding and Bayesian inference in the brain. Current opinion in neurobiology, 46, 219–227. https://doi.org/10.1016/j.conb.2017.08.010

Aknin, L. B., Barrington-Leigh, C. P., Dunn, E. W., Helliwell, J. F., Burns, J., Biswas-Diener, R., Kemeza, I., Nyende, P., Ashton-James, C. E., & Norton, M. I. (2013). Prosocial spending and well-being: cross-cultural evidence for a psychological universal. Journal of personality and social psychology, 104(4), 635–652. https://doi.org/10.1037/a0031578

Al-Shawaf, L., Lewis, D. M. G., & Buss, D. M. (2018). Sex differences in disgust: Why are women more easily disgusted than men? Emotion Review, 10(2), 149–160. https://doi.org/10.1177/1754073917709940

Alcaro, A., & Panksepp, J. (2011). The SEEKING mind: primal neuro-affective substrates for appetitive incentive states and their pathological dynamics in addictions and depression. Neuroscience and biobehavioral reviews, 35(9), 1805–1820. https://doi.org/10.1016/j.neubiorev.2011.03.002

Alter, A. (2014). Drunk, Tank, Pink. One World Publications.

Alter, A. L. (2013). The benefits of cognitive disfluency. Current Directions in Psychological Science, 22(6), 437–442. https://doi.org/10.1177/0963721413498894

Alter, A. L., & Oppenheimer, D. M. (2009a). Uniting the tribes of fluency to form a metacognitive nation. Personality and social psychology review: an official journal of the Society for Personality and Social Psychology, Inc, 13(3), 219–235. https://doi.org/10.1177/1088868309341564

Alter, A. L., & Oppenheimer, D. M. (2009b). Suppressing Secrecy Through Metacognitive Ease. Psychological Science, 20, 1414 - 1420.

Alter, A. L., & Oppenheimer, D.M. (2006). Predicting short-term stock fluctuations by using processing fluency. Proceedings of the National Academy of Sciences of the United States of America, 103 24, 9369-72.

Alter, A. L., Oppenheimer, D. M., Epley, N., & Eyre, R. N. (2007). Overcoming intuition: metacognitive difficulty activates analytic reasoning. Journal of experimental psychology. General, 136(4), 569–576. https://doi.org/10.1037/0096-3445.136.4.569

Andersen, B. P., Miller, M., & Vervaeke, J. (2022). Predictive processing and relevance realization: Exploring convergent solutions to the frame problem. Phenomenology and the Cognitive Sciences. Advance online publication. https://doi.org/10.1007/s11097-022-09850-6

Anderson, C., & Galinsky, A. D. (2006). Power, optimism, and risk-taking. European Journal of Social Psychology, 36(4), 511–536. https://doi.org/10.1002/ejsp.324

Anderson, C., & Hildreth, J.A. (2016). Striving for superiority: The human desire for status.

Anderson, C., Hildreth, J. A. D., & Howland, L. (2015). Is the desire for status a fundamental human motive? A review of the empirical literature. Psychological Bulletin, 141(3), 574–601. https://doi.org/10.1037/a0038781

Anderson, C., Hildreth, J., & Sharps, D. L. (2020). The Possession of High Status Strengthens the Status Motive. Personality & social psychology bulletin, 46(12), 1712–1723. https://doi.org/10.1177/0146167220937544

Andrade, E. B., & Ariely, D. (2009). The enduring impact of transient emotions on decision making. Organizational Behavior and Human Decision Processes, 109(1), 1–8. https://doi.org/10.1016/j.obhdp.2009.02.003

Andrade, E.B., & Ariely, D. (2009). The Enduring Impact of Transient Emotions on Decision Making. Behavioral & Experimental Economics.

Ariely, D. (2009) Predictably Irrational. Harper.

Ariely, D., & Loewenstein, G. (2006). The heat of the moment: the effect of sexual arousal on sexual decision making. Journal of Behavioral Decision Making, 19, 87-98.

Ariely, D., & Norton, M. I. (2011). "From Thinking Too Little to Thinking Too Much: A Continuum of Decision Making." Wiley Interdisciplinary Reviews: Cognitive Science 2, no. 1 (January–February 2011): 39–46.

Arora, S., Aggarwal, R., Sirimanna, P., Moran, A., Grantcharov, T., Kneebone, R., Sevdalis, N., & Darzi, A. (2011). Mental practice enhances surgical technical skills: a randomized controlled study. Annals of surgery, 253(2), 265–270. https://doi.org/10.1097/SLA.0b013e318207a789

Asch, S. E. (1955). Opinions and social pressure. Scientific American, 193(5), 31–35. https://doi.org/10.1038/scientificamerican1155-31

Ashforth, B. E., & Mael, F. (1989). Social identity theory and the organization. The Academy of Management Review, 14(1), 20–39. https://doi.org/10.2307/258189

Axmacher, N., Do Lam, A. T., Kessler, H., & Fell, J. (2010). Natural memory beyond the storage model: repression, trauma, and the construction of a personal past. Frontiers in human neuroscience, 4, 211. https://doi.org/10.3389/fnhum.2010.00211

Bar M. (2009). The proactive brain: memory for predictions. Philosophical transactions of the Royal Society of London. Series B, Biological sciences, 364(1521), 1235–1243. https://doi.org/10.1098/rstb.2008.0310

Bargh, J. (2018). Before You Know it. Windmill Books, 2018.

Bargh, J. A., & Chartrand, T. L. (1999). The unbearable automaticity of being. American Psychologist, 54(7), 462–479. https://doi.org/10.1037/0003-066X.54.7.462

Bargh, J. A., Chen, M., & Burrows, L. (1996). Automaticity of social behavior: Direct effects of trait construct and stereotype activation on action. Journal of Personality and Social Psychology, 71(2), 230–244. https://doi.org/10.1037/0022-3514.71.2.230

Barragan, R.C., Brooks, R., & Meltzoff, A.N. (2020). Altruistic food sharing behavior by human infants after a hunger manipulation. Scientific Reports, 10.

Barrett L. F. (2006). Are Emotions Natural Kinds? Perspectives on psychological science: a journal of the Association for Psychological Science, 1(1), 28–58. https://doi.org/10.1111/j.1745-6916.2006.00003.x

Barrett L. F. (2017b). The theory of constructed emotion: an active inference account of interoception and categorization. Social cognitive and affective neuroscience, 12(1), 1–23. https://doi.org/10.1093/scan/nsw154

Barrett, L. F. (2017a). How Emotions Are Made. Macmillan, 2017.

Barrett, L. F., & Simmons, W. K. (2015). Interoceptive predictions in the brain. Nature reviews. Neuroscience, 16(7), 419–429. https://doi.org/10.1038/nrn3950

Barrett, L. F., Lindquist, K. A., Bliss-Moreau, E., Duncan, S., Gendron, M., Mize, J., & Brennan, L. (2007). Of Mice and Men: Natural Kinds of Emotions in the Mammalian Brain? A Response to Panksepp and Izard. Perspectives on psychological science: a journal of the Association for Psychological Science, 2(3), 297–312. https://doi.org/10.1111/j.1745-6916.2007.00046.x

Bartlett, F.C. (1932). Remembering: A Study in Experimental and Social Psychology. Cambridge University Press.

Bateson, M., Nettle, D., & Roberts, G. (2006). Cues of being watched enhance cooperation in a real-world setting. Biology letters, 2(3), 412–414. https://doi.org/10.1098/rsbl.2006.0509

Batistoni, T., Barclay, P., & Raihani, N. J. (2022). Third-party punishers do not compete to be chosen as partners in an experimental game. Proceedings. Biological sciences, 289(1966), 20211773. https://doi.org/10.1098/rspb.2021.1773

Baumeister, R. F., Bratslavsky, E., Muraven, M., & Tice, D. M. (1998). Ego depletion: is the active self a limited resource? Journal of personality and social psychology, 74(5), 1252–1265. https://doi.org/10.1037//0022-3514.74.5.1252

Baumeister, R. F., Vohs, K. D., Aaker, J. L., & Garbinsky, E. N. (2013). Some key differences between a happy life and a meaningful life. The Journal of Positive Psychology, 8(6), 505–516. https://doi.org/10.1080/17439760.2013.830764

Baumeister, R.F., Masicampo, E.J., & DeWall, C.N. (2009). Prosocial Benefits of Feeling Free: Disbelief in Free Will Increases Aggression and Reduces Helpfulness. Personality and Social Psychology Bulletin, 35, 260 - 268.

BBC (2013). The Truth About Personality, Horizon 2012-2013 Episode 17 of 18

Bechara, A., Damasio, H., Tranel, D., & Damasio, A. R. (1997). Deciding advantageously before knowing the advantageous strategy. Science (New York, N.Y.), 275(5304), 1293–1295. https://doi.org/10.1126/science.275.5304.1293

Beck, H. (2021). Scatterbrain: How the Mind's Mistakes Make Humans Creative, Innovative, and Successful. Greystone Books

Beersma, B., & Van Kleef, G. (2012). Why People Gossip: An Empirical Analysis of Social Motives, Antecedents, and Consequences. Journal of Applied Social Psychology, 42(11), 2640-2670.

Berger, J. (2016). Invisible influence: The hidden forces that shape behavior. Simon & Schuster, UK.

Berkowitz, S.R., Laney, C., Morris, E.K., Garry, M., & Loftus, E. (2008). Pluto behaving badly: false beliefs and their consequences. The American journal of psychology, 121 4, 643-60

Bernardi, N. F., Schories, A., Jabusch, H.-C., Colombo, B., & Altenmüller, E. (2013). Mental practice in music memorization: An ecological-empirical study. Music Perception, 30(3), 275–290. https://doi.org/10.1525/mp.2012.30.3.275

Bhargava, S. (2007). Perception is Relative: Sequential Contrasts in the Field.

Bhargava, S., & Fisman, R. (2014). Contrast Effects in Sequential Decisions: Evidence from Speed Dating. Review of Economics and Statistics, 96, 444-457.

Bjerg, K. (2022). Den digitale læsers hjerne. Hans Reitzel.

Bornstein, R. F., & D'Agostino, P. R. (1992). Stimulus recognition and the mere exposure effect. Journal of Personality and Social Psychology, 63(4), 545–552. https://doi.org/10.1037/0022-3514.63.4.545

Bornstein, R. F., & D'Agostino, P. R. (1994). The attribution and discounting of perceptual fluency: Preliminary tests of a perceptual fluency/attributional model of the mere exposure effect. Social Cognition, 12(2), 103–128. https://doi.org/10.1521/soco.1994.12.2.103

Boyce, C. J., Brown, G. D., & Moore, S. C. (2010). Money and happiness: rank of income, not income, affects life satisfaction. Psychological science, 21(4), 471–475. https://doi.org/10.1177/0956797610362671

Boyd-Wilson, B.M., Walkey, F.H., McClure, J., & Green, D.E. (2000). Do we need positive illusions to carry out plans? Illusion: and instrumental coping. Personality and Individual Differences, 29, 1141-1152.

Boyd, R., & Richerson, P. J. (2009). Culture and the evolution of human cooperation. Philosophical transactions of the Royal Society of London. Series B, Biological sciences, 364(1533), 3281–3288. https://doi.org/10.1098/rstb.2009.0134

Brady, S. T., Reeves, S. L., Garcia, J., Purdie-Vaughns, V., Cook, J. E., Taborsky-Barba, S., Tomasetti, S., Davis, E. M., & Cohen, G. L. (2016). The psychology of the affirmed learner: Spontaneous self-affirmation in the face of stress. Journal of Educational Psychology, 108(3), 353–373. https://doi.org/10.1037/edu0000091

Braun, K.A., Ellis, R., & Loftus, E. (2002). Make my memory: How advertising can change our memories of the past. Psychology & Marketing, 19, 1-23.

Breinholt, T. (2023). Kan man tænke sig rask? Lindhardt og Ringhof.

Brewer, W. F., & Treyens, J. C. (1981). Role of schemata in memory for places. Cognitive Psychology, 13(2), 207–230. https://doi.org/10.1016/0010-0285(81)90008-6

Brockner, J. & Sherman D. K. (2019). Wise interventions in organizations, Research in Organizational Behavior, Volume 39, 2019, 100125, ISSN 0191-3085, https://doi.org/10.1016/j.riob.2020.100125.

Brooks A. W. (2014). Get excited: reappraising pre-performance anxiety as excitement. Journal of experimental psychology. General, 143(3), 1144–1158. https://doi.org/10.1037/a0035325

Brown, J. D., & McGill, K. L. (1989). The cost of good fortune: when positive life events produce negative health consequences. Journal of personality and social psychology, 57(6), 1103–1110. https://doi.org/10.1037//0022-3514.57.6.1103

Bryan, C. J., Walton, G. M., Rogers, T., & Dweck, C. S. (2011). Motivating voter turnout by invoking the self. Proceedings of the National Academy of Sciences of the United States of America, 108(31), 12653–12656. https://doi.org/10.1073/pnas.1103343108

Bubic, A., Cramon, D.Y., & Schubotz, R. (2010). Prediction, Cognition and the Brain. Frontiers in Human Neuroscience, 4.

Burger J. M. (1999). The foot-in-the-door compliance procedure: a multiple-process analysis and review. Personality and social psychology review: an official journal of the Society for Personality and Social Psychology, Inc, 3(4), 303–325. https://doi.org/10.1207/s15327957pspr0304_2

Burger, J. M., & Lynn, A. L. (2005). Superstitious Behavior Among American and Japanese Professional Baseball Players. Basic and Applied Social Psychology, 27(1), 71–76. https://doi.org/10.1207/s15324834basp2701_7

Burger, J.M., Messian, N., Patel, S., del Prado, A.M., & Anderson, C. (2004). What a Coincidence! The Effects of Incidental Similarity on Compliance. Personality and Social Psychology Bulletin, 30, 35 - 43.

Büchel, C., Geuter, S., Sprenger, C., & Eippert, F. (2014). Placebo analgesia: a predictive coding perspective. Neuron, 81(6), 1223–1239. https://doi.org/10.1016/j.neuron.2014.02.042

Byrne, R. W., & Corp, N. (2004). Neocortex size predicts deception rate in primates. Proceedings. Biological sciences, 271(1549), 1693–1699. https://doi.org/10.1098/rspb.2004.2780

Cable, D. M. (2018). Alive at Work. Harvard Business Review Press.

Cable, D.M., Gino, F., & Staats, B.R. (2012). Breaking Them In or Revealing Their Best? Reframing Socialization Around Newcomer Self-expression. Administrative Science Quarterly.

Cahill, E.N., Wood, M.A., Everitt, B.J. et al. (2019). The role of prediction error and memory destabilization in extinction of cued-fear within the reconsolidation window.Neuropsychopharmacol. 44, 1762–1768 (2019). https://doi.org/10.1038/s41386-018-0299-y

Cahill, L., & Alkire, M. (2003). Epinephrine enhancement of human memory consolidation: Interaction with arousal at encoding. Neurobiology of Learning and Memory, 79, 194-198.

Calvillo, D.P., & Burgeno, J. (2015). Cognitive reflection predicts the acceptance of unfair ultimatum game offers. Judgment and Decision Making, 10, 332-341.

Campbell, J. D., Trapnell, P. D., Heine, S. J., Katz, I. M., Lavallee, L. F., & Lehman, D. R. (1996). Self-concept clarity: Measurement, personality correlates, and cultural boundaries. Journal of Personality and Social Psychology, 70(1), 141–156. https://doi.org/10.1037/0022-3514.70.1.141

Carnevale, P.J., & Isen, A.M. (1986). The Influence of Positive Affect and Visual Access on the Discovery of Integrative Solutions in Bilateral Negotiation. Organizational Behavior and Human Decision Processes, 37, 1-13.

Cehajić-Clancy, S., Effron, D. A., Halperin, E., Liberman, V., & Ross, L. D. (2011). Affirmation, acknowledgment of in-group responsibility, group-based guilt, and support for reparative measures. Journal of personality and social psychology, 101(2), 256–270. https://doi.org/10.1037/a0023936

Celeghin, A., Diano, M., Bagnis, A., Viola, M., & Tamietto, M. (2017). Basic Emotions in Human Neuroscience: Neuroimaging and Beyond. Frontiers in psychology, 8, 1432. https://doi.org/10.3389/fpsyg.2017.01432

Chabris, C. & Simons D. (2011) The Invisible Gorilla. HarperCollins Publishers.

Chartrand, T. L., & Bargh, J. A. (1999). The chameleon effect: the perception-behavior link and social interaction. Journal of personality and social psychology, 76(6), 893–910. https://doi.org/10.1037//0022-3514.76.6.893

Chen, S., & Boucher, H. C. (2008). Relational selves as self-affirmational resources. Journal of Research in Personality, 42(3), 716–733. https://doi.org/10.1016/j.jrp.2007.09.006

Christakis, N. A. & Fowler, J. H. (2009). Connected: The Surprising Power of our Social Networks and How they Shape our Lives, Little, Brown, New York, NY. 353 pages.

Christensen, M. S., Dietz, M., Friston, K., Grünbaum, T., Howhy, J., Hulme, O., Karabanov, A. Lohse, A., Madsen, K. H., Martiny, K. M., Siebner, H. R. (2016). Den forudsigende hjerne. Hjerneforum. ISBN 9788799504237

Cialdini, R. B. (2007). Influence. HarperCollins, 2007.

Cialdini, R. B. (2016). Pre-Suation. Penquin Random House Books.

Clark, A. (2015). Embodied Prediction.

Clark, A. (2016). Surfing Uncertainty. Oxford University Press, 2016.

Clark, A. (2018). A nice surprise? Predictive processing and the active pursuit of novelty. Phenomenology and the Cognitive Sciences, 17, 521-534.

Clear, J. (2018). Atomic Habits. Penguin Random House Books.

Clore, G. L., Gasper, K., & Garvin, E. (2001). Affect as information. In J. P. Forgas (Ed.), Handbook of affect and social cognition (pp. 121–144). Lawrence Erlbaum Associates Publishers.

Cohen, G. L., & Sherman, D. K. (2014). The psychology of change: self-affirmation and social psychological intervention. Annual review of psychology, 65, 333–371. https://doi.org/10.1146/annurev-psych-010213-115137

Cohen, G. L., Aronson, J., & Steele, C. M. (2000). When beliefs yield to evidence: Reducing biased evaluation by affirming the self. Personality and Social Psychology Bulletin, 26(9), 1151–1164. https://doi.org/10.1177/01461672002611011

Cohen, G. L., Garcia, J., Apfel, N., & Master, A. (2006). Reducing the racial achievement gap: a social-psychological intervention. Science (New York, N.Y.), 313(5791), 1307–1310. https://doi.org/10.1126/science.1128317

Cohen, G. L., Sherman, D. K., Bastardi, A., Hsu, L., McGoey, M., & Ross, L. (2007). Bridging the partisan divide: Self-affirmation reduces ideological closed-mindedness and inflexibility in negotiation. Journal of personality and social psychology, 93(3), 415–430. https://doi.org/10.1037/0022-3514.93.3.415

Cohen, M. D. & Bacdayan, P. (1994). Organizational Routines Are Stored as Procedural Memory: Evidence from a Laboratory Study. Organization Science 5 (4) 554-568 https://doi.org/10.1287/orsc.5.4.554

Collins, J. A., & Olson, I. R. (2014). Knowledge is power: how conceptual knowledge transforms visual cognition. Psychonomic bulletin & review, 21(4), 843–860. https://doi.org/10.3758/s13423-013-056

Cook, R., Bird, G., Catmur, C., Press, C., & Heyes, C. (2014). Mirror neurons: from origin to function. The Behavioral and brain sciences, 37(2), 177–192. https://doi.org/10.1017/S0140525X13000903

Correll, J., Hudson, S. M., Guillermo, S., & Ma, D. S. (2014). The police officer's dilemma: A decade of research on racial bias in the decision to shoot. Social and Personality Psychology Compass, 8(5), 201–213. https://doi.org/10.1111/spc3.12099

Courchesne, E., & Allen, G. (1997). Prediction and preparation, fundamental functions of the cerebellum. Learning & memory (Cold Spring Harbor, N.Y.), 4(1), 1–35. https://doi.org/10.1101/lm.4.1.1

Creswell, J. D., Dutcher, J. M., Klein, W. M., Harris, P. R., & Levine, J. M. (2013). Self-affirmation improves problem-solving under stress. PloS one, 8(5), e62593. https://doi.org/10.1371/journal.pone.0062593

Cristofori, I., Harquel, S., Isnard, J., Mauguière, F., & Sirigu, A. (2015). Monetary reward suppresses anterior insula activity during social pain. Social cognitive and affective neuroscience, 10(12), 1668–1676. https://doi.org/10.1093/scan/nsv054

Critcher, C. R., & Dunning, D. (2015). Self-affirmations provide a broader perspective on self-threat. Personality & social psychology bulletin, 41(1), 3–18. https://doi.org/10.1177/0146167214554956

Curtis, V., & Biran, A. (2001). Dirt, disgust, and disease. Is hygiene in our genes? Perspectives in biology and medicine, 44(1), 17–31. https://doi.org/10.1353/pbm.2001.00

Curtis, V., Aunger, R., & Rabie, T. (2004). Evidence that disgust evolved to protect from risk of disease. Proceedings. Biological sciences, 271 Suppl 4(Suppl 4), S131–S133. https://doi.org/10.1098/rsbl.2003.0144

Dalgleish T. (2004). The emotional brain. Nature reviews. Neuroscience, 5(7), 583–589. https://doi.org/10.1038/nrn1432

Damasio, A. (2011). Scholarpedia, 6(3):1804. doi:10.4249/scholarpedia.1804

Damasio, Antonio (2006). Descartes' Error. Vintage.

Damisch, L., Stoberock, B., & Mussweiler, T. (2010). Keep Your Fingers Crossed! How Superstition Improves Performance. Psychological Science, 21(7), 1014–1020. https://doi.org/10.1177/0956797610372631

Dane, E., & Pratt, M. G. (2007). Exploring Intuition and Its Role in Managerial Decision Making. The Academy of Management Review, 32(1), 33–54. https://doi.org/10.2307/20159279

Dane, E., & Pratt, M. G. (2007). Exploring Intuition and Its Role in Managerial Decision Making. The Academy of Management Review, 32(1), 33–54. https://doi.org/10.2307/20159279

Davis, K. L., & Montag, C. (2019). Selected Principles of Pankseppian Affective Neuroscience. Frontiers in neuroscience, 12, 1025. https://doi.org/10.3389/fnins.2018.01025

Davis, K. L., Panksepp, J., & Normansell, L. (2003). The Affective Neuroscience Personality Scales: Normative Data and Implications. Neuro-Psychoanalysis, 5(1), 57–69. https://doi.org/10.1080/15294145.2003.10773410

Dawes, C., Fowler, J., Johnson, T. et al. (2007). Egalitarian motives in humans. Nature 446, 794–796. https://doi.org/10.1038/nature05651

Dawes, R. M., & Messick, D. M. (2000). Social dilemmas. International Journal of Psychology, 35(2), 111–116. https://doi.org/10.1080/002075900399402

De Brigard, F. (2014). Is memory for remembering? Recollection as a form of episodic hypothetical thinking.Synthese 191, 155–185 (2014). https://doi.org/10.1007/s11229-013-0247-7

de Bruin, L., & Michael, J. (2017). Prediction error minimization: Implications for Embodied Cognition and the Extended Mind Hypothesis. Brain and cognition, 112, 58–63. https://doi.org/10.1016/j.bandc.2016.01.009

De Martino, B., Camerer, C. F., & Adolphs, R. (2010). Amygdala damage eliminates monetary loss aversion. Proceedings of the National Academy of Sciences of the United States of America, 107(8), 3788–3792. https://doi.org/10.1073/pnas.0910230107

de Vignemont, F., & Singer, T. (2006). The empathic brain: how, when and why? Trends in cognitive sciences, 10(10), 435–441. https://doi.org/10.1016/j.tics.2006.08.008

Deacon, T. (2019). Busting the Lizard Brain Myth. Podcast. https://mindyournoodles.com/deacon/

Decety, J. (2011). Dissecting the Neural Mechanisms Mediating Empathy. Emotion Review, 3, 108 - 92.

Decety, J., Bartal, I.B., Uzefovsky, F., & Knafo-Noam, A. (2016). Empathy as a driver of prosocial behaviour: highly conserved neurobehavioural mechanisms across species. Philosophical Transactions of the Royal Society B: Biological Sciences, 371.

Dechêne, A., Stahl, C., Hansen, J., & Wänke, M. (2010). The truth about the truth: a meta-analytic review of the truth effect. Personality and social psychology review: an official journal of the Society for Personality and Social Psychology, Inc, 14(2), 238–257. https://doi.org/10.1177/1088868309352251

den Ouden, H. E. M., Kok, P., & de Lange, F. P. (2012). How prediction errors shape perception, attention, and motivation. Frontiers in Psychology, 3, Article 548. https://doi.org/10.3389/fpsyg.2012.00548

Diemand-Yauman, C., Oppenheimer, D. M., & Vaughan, E. B. (2011). Fortune favors the bold (and the Italicized): effects of disfluency on educational outcomes. Cognition, 118(1), 111–115. https://doi.org/10.1016/j.cognition.2010.09.012

Diener, E., & Diener, M. (1995). Cross-cultural correlates of life satisfaction and self-esteem. Journal of personality and social psychology, 68(4), 653–663. https://doi.org/10.1037//0022-3514.68.4.653

Diesendruck G, Benozio A (2015). Prosocial Behaviour Towards Ingroup and Outgroup Members. In: Tremblay RE, Boivin M, Peters RDeV, eds. Knafo-Noam A, topic ed. Encyclopedia on Early Childhood Development [online]. https://www.child-encyclopedia.com/prosocial-behaviour/according-experts/prosocial-behaviour-towards-ingroup-and-outgroup-members. Published: May 2015.

Dijksterhuis A. (2004). Think different: the merits of unconscious thought in preference development and decision making. Journal of Personality and Social Psychology. 2004 Nov;87(5):586-598. DOI: 10.1037/0022-3514.87.5.586.

Dijksterhuis, A., & van Knippenberg, A. (1998). The relation between perception and behavior, or how to win a game of trivial pursuit. Journal of personality and social psychology, 74(4), 865–877. https://doi.org/10.1037//0022-3514.74.4.865

Dijksterhuis, A., Bos, M. W., Nordgren, L. F., & van Baaren, R. B. (2006). On making the right choice: the deliberation-without-attention effect. Science (New York, N.Y.), 311(5763), 1005–1007. https://doi.org/10.1126/science.1121629

Dossey L. (2018). The Helper's High. Explore (New York, N.Y.), 14(6), 393–399. https://doi.org/10.1016/j.explore.2018.10.003

Douglas, K. M., Sutton, R. M., & Cichocka, A. (2017). The Psychology of Conspiracy Theories. Current directions in psychological science, 26(6), 538–542. https://doi.org/10.1177/0963721417718261

Dudai Y. (2004). The neurobiology of consolidations, or, how stable is the engram?.Annual review of psychology, 55, 51–86. https://doi.org/10.1146/annurev.psych.55.090902.142050

Dudai, Y., Karni, A., & Born, J. (2015). The Consolidation and Transformation of Memory. Neuron, 88(1), 20–32. https://doi.org/10.1016/j.neuron.2015.09.004

Duke, R., & Davis, C. (2006). Procedural Memory Consolidation in the Performance of Brief Keyboard Sequences. Journal of Research in Music Education, 54, 111 - 124.

Dunbar, R. (2008). Why humans aren't just great apes: humans and the social brain. British Academy Review, 11, 15–17.

Dunbar, R. I. M. (2004). Gossip in Evolutionary Perspective. Review of General Psychology, 8(2), 100–110. https://doi.org/10.1037/1089-2680.8.2.100

Dunbar, R.I. (1992). Neocortex size as a constraint on group size in primates. Journal of Human Evolution, 22, 469-493.

Dunbar, R.I. (1998). The social brain hypothesis. Evolutionary Anthropology: Issues, 6.

Dunn, B. D., Evans, D., Makarova, D., White, J., & Clark, L. (2012). Gut feelings and the reaction to perceived inequity: the interplay between bodily responses, regulation, and perception shapes the rejection of unfair offers on the ultimatum game. Cognitive, affective & behavioral neuroscience, 12(3), 419–429. https://doi.org/10.3758/s13415-012-0092-z

Eagleman, D. (2011). Incognito. Canongate Books.

Eagleman, D. (2016). The Brain - the Story of You. Canongate Books.

Eberhardt, J. L., Dasgupta, N., & Banaszynski, T. L. (2003). Believing is seeing: the effects of racial labels and implicit beliefs on face perception. Personality & social psychology bulletin, 29(3), 360–370. https://doi.org/10.1177/0146167202250215

Ecker, B. (2015). Memory reconsolidation understood and misunderstood. International Journal of Neuropsychotherapy, 3(1), 2–46. doi: 10.12744/ijnpt.2015.0002-0046

Edwards, M. J., Adams, R. A., Brown, H., Pareés, I., & Friston, K. J. (2012). A Bayesian account of 'hysteria'. Brain: a journal of neurology, 135(Pt 11), 3495–3512. https://doi.org/10.1093/brain/aws129

Eggertson L. (2010). Lancet retracts 12-year-old article linking autism to MMR vaccines. CMAJ: Canadian Medical Association journal = journal de l'Association medicale canadienne, 182(4), E199–E200. https://doi.org/10.1503/cmaj.109-3179

Engelmann, D., & Fischbacher, U. (2009). Indirect reciprocity and strategic reputation building in an experimental helping game. Games Econ. Behav., 67, 399-407.

Englich, B., Mussweiler, T., & Strack, F. (2006). Playing Dice With Criminal Sentences: The Influence of Irrelevant Anchors on Experts' Judicial Decision Making. Personality and Social Psychology Bulletin, 32, 188 - 200.

Erickson, T. D., & Mattson, M. E. (1981). From words to meaning: A semantic illusion. Journal of Verbal Learning & Verbal Behavior, 20(5), 540–551. https://doi.org/10.1016/S0022-5371(81)90165-1

Ernest-Jones, M., Nettle, D., & Bateson, M. (2011). Effects of eye images on everyday cooperative behavior: a field experiment. Evolution and Human Behavior, 32, 172-178.

Estrada, C. A., Isen, A. M., & Young, M. J. (1997). Positive affect facilitates integration of information and decreases anchoring in reasoning among physicians. Organizational Behavior and Human Decision Processes, 72(1), 117–135. https://doi.org/10.1006/obhd.1997.2734

Fabiansson, E. C., & Denson, T. F. (2012). The effects of intrapersonal anger and its regulation in economic bargaining. PloS one, 7(12), e51595. https://doi.org/10.1371/journal.pone.0051595

Fawcett, J. M., Peace, K. A., & Greve, A. (2016). Looking down the barrel of a gun: What do we know about the weapon focus effect? Journal of Applied Research in Memory and Cognition, 5(3), 257–263. https://doi.org/10.1016/j.jarmac.2016.07.005

Fehr, E. (1998). A Theory of Fairness, Competition and Cooperation. Behavioral & Experimental Economics.

Fehr, E., & Fischbacher, U. (2003). The nature of human altruism. Nature, 425(6960), 785–791. https://doi.org/10.1038/nature02043

Fehr, E., & Gächter, S. (2002). Altruistic punishment in humans. Nature, 415(6868), 137–140. https://doi.org/10.1038/415137a

Fein, S., & Spencer, S.J. (1997). Prejudice as self-image maintenance: Affirming the self through derogating others. Journal of Personality and Social Psychology, 73, 31-44.

Feinstein, J. S., Adolphs, R., Damasio, A., & Tranel, D. (2011). The human amygdala and the induction and experience of fear. Current biology: CB, 21(1), 34–38. https://doi.org/10.1016/j.cub.2010.11.042

Feng, C., Li, Z., Feng, X., Wang, L., Tian, T., & Luo, Y. J. (2016). Social hierarchy modulates neural responses of empathy for pain. Social cognitive and affective neuroscience, 11(3), 485–495. https://doi.org/10.1093/scan/nsv135

Fernández, R. S., Boccia, M. M., & Pedreira, M. E. (2016). The fate of memory: Reconsolidation and the case of Prediction Error. Neuroscience and biobehavioral reviews, 68, 423–441. https://doi.org/10.1016/j.neubiorev.2016.06.004

Ferrari, R., Obelieniene, D., Russell, A. S., Darlington, P., Gervais, R., & Green, P. (2001). Symptom expectation after minor head injury. A comparative study between Canada and Lithuania. Clinical neurology and neurosurgery, 103(3), 184–190. https://doi.org/10.1016/s0303-8467(01)00143-3

Fessler, D.M., & Haley, K.J. (2003). The strategy of affect: Emotions in human cooperation.

Fischer-lokou, J., Martin, A., Guéguen, N., & Lamy, L. (2011). Mimicry and Propagation of Prosocial Behavior in a Natural Setting. Psychological Reports, 108, 599 - 605.

Florea, M. (2016). HISTORY OF THE 25TH FRAME. THE SUBLIMINAL MESSAGE. International Journal of Communication Research. Volume 6, Issue 3, July / September 2016

Fourie, M.M., Subramoney, S., & Gobodo-Madikizela, P. (2017). A Less Attractive Feature of Empathy: Intergroup Empathy Bias.

Francey, D., & Bergmüller, R. (2012). Images of Eyes Enhance Investments in a Real-Life Public Good. PLoS ONE.

Frank C, Land WM, Popp C, Schack T (2014) Mental Representation and Mental Practice: Experimental Investigation on the Functional Links between Motor Memory and Motor Imagery. PLOS ONE 9(4): e95175. https://doi.org/10.1371/journal.pone.0095175

Franzen, G. & Bowman, M. (2001). The Mental World of Brands. World Advertising Research Center, 2001.

Fredens, K (2018). Læring med kroppen forrest. Gyldendal. ISBN-13: 9788741268194

Fredrickson B. L. (2004). The broaden-and-build theory of positive emotions. Philosophical transactions of the Royal Society of London. Series B, Biological sciences, 359(1449), 1367–1378. https://doi.org/10.1098/rstb.2004.1512

Fredrickson, B. L. (2003). The Value of Positive Emotions: The Emerging Science of Positive Psychology Is Coming to Understand Why It's Good to Feel Good. American Scientist, 91, 330-335.

Fredrickson, B. L., & Branigan, C. (2005). Positive emotions broaden the scope of attention and thought-action repertoires. Cognition & emotion, 19(3), 313–332. https://doi.org/10.1080/02699930441000238

Freedman, J. L., & Fraser, S. C. (1966). Compliance without pressure: The foot-in-the-door technique. Journal of Personality and Social Psychology, 4(2), 195–202. https://doi.org/10.1037/h0023552

Friston K. (2005). A theory of cortical responses. Philosophical transactions of the Royal Society of London. Series B, Biological sciences, 360(1456), 815–836. https://doi.org/10.1098/rstb.2005.1622

Galinsky, A.D., Magee, J.C., Inesi, M.E., & Gruenfeld, D.H. (2006). Power and Perspectives Not Taken. Psychological Science, 17, 1068 - 1074.

Garrison, K. E., & Handley, I. M. (2017). Not Merely Experiential: Unconscious Thought Can Be Rational. Frontiers in psychology, 8, 1096. https://doi.org/10.3389/fpsyg.2017.01096

Gasper, K., & Clore, G. L. (2002). Attending to the big picture: mood and global versus local processing of visual information. Psychological science, 13(1), 34–40. https://doi.org/10.1111/1467-9280.00406

Gatti, D., Rinaldi, L., Ferreri, L., & Vecchi, T. (2021). The Human Cerebellum as a Hub of the Predictive Brain. Brain sciences, 11(11), 1492. https://doi.org/10.3390/brainsci11111492

Gazzaniga, M. S. (2012) Who's in Charge? Robinson.

Gentner, D., & Markman, A. B. (1997). Structure mapping in analogy and similarity. American Psychologist, 52(1), 45–56. https://doi.org/10.1037/0003-066X.52.1.45

Gentner, D., & Smith, L. (2013). Analogical Learning and Reasoning.

Geraerts, E., Bernstein, D., Merckelbach, H., Linders, C., Raymaekers, L., & Loftus, E. (2008). Lasting False Beliefs and Their Behavioral Consequences. Psychological Science, 19, 749 - 753.

Ghosh, V.E., & Gilboa, A. (2014). What is a memory schema? A historical perspective on current neuroscience literature. Neuropsychologia, 53, 104-114.

Gibson, C. E., Losee, J., & Vitiello, C. (2014). A replication attempt of stereotype susceptibility (Shih, Pittinsky, & Ambady, 1999): Identity salience and shifts in quantitative performance.Social Psychology, 45(3), 194–198. https://doi.org/10.1027/1864-9335/a000184

Giesler, R. B., Josephs, R. A., & Swann, W. B., Jr (1996). Self-verification in clinical depression: the desire for negative evaluation. Journal of abnormal psychology, 105(3), 358–368. https://doi.org/10.1037//0021-843x.105.3.358

Giurge, L.M., van Dijke, M., Zheng, M.X., & De Cremer, D. (2019). Does power corrupt the mind? The influence of power on moral reasoning and self-interested behavior. Leadership Quarterly, 101288.

Gladwell, M. (2006). Blink. Forlaget Bindslev, 2006.

Glöckner, A., & Witteman, C. (2010). Beyond dual-process models: A categorisation of processes underlying intuitive judgement and decision making. Thinking & Reasoning, 16(1), 1–25. https://doi.org/10.1080/13546780903395748Intuition in judgment and decision making: Extensive thinking without effort. Psychological Inquiry, 21(4), 279–294. https://doi.org/10.1080/1047840X.2010.517737

Gneezy, U., & Rustichini, A. (2000). A Fine is a Price. The Journal of Legal Studies, 29, 1 - 17.

Goei, R., Lindsey, L.L., Boster, F.J., Skalski, P., & Bowman, J.M. (2003). The Mediating Roles of Liking and Obligation on the Relationship between Favors and Compliance. Communication Research, 30, 178 - 197.

Goldenberg, A., Cohen-Chen, S., Goyer, J. P., Dweck, C. S., Gross, J. J., & Halperin, E. (2018). Testing the impact and durability of a group malleability intervention in the context of the Israeli-Palestinian conflict. Proceedings of the National Academy of Sciences of the United States of America, 115(4), 696–701. https://doi.org/10.1073/pnas.1706800115

Goldstone, R. L., Kersten, A., & Carvalho, P. F. (2013). Concepts and categorization. In A. F. Healy, R. W. Proctor, & I. B. Weiner (Eds.), Handbook of psychology: Experimental psychology (p. 607–630). John Wiley & Sons, Inc.

Graeupner, D., & Coman, A. (2017). The dark side of meaning-making: How social exclusion leads to superstitious thinking. Journal of Experimental Social Psychology, 69, 218-222.

Grant, A. (2014). Give and Take. Weidenfeld & Nicolson.

Graybiel A. M. (2008). Habits, rituals, and the evaluative brain. Annual review of neuroscience, 31, 359–387. https://doi.org/10.1146/annurev.neuro.29.051605.112851

Guthrie, J. (2002). Reading between the facial lines – Interview with Paul Ekman. San Francisco Chronicle.

Gutsell, J.N. (2009). The Closed Circle of Empathy: Mirror Neuron System Activation and Anterior EEG Asymmetries in Response to Outgroup Members.

Habib, M., Cassotti, M., Moutier, S., Houdé, O., & Borst, G. (2015). Fear and anger have opposite effects on risk seeking in the gain frame. Frontiers in psychology, 6, 253. https://doi.org/10.3389/fpsyg.2015.00253

Haddock G. (2002). It's easy to like or dislike Tony Blair: accessibility experiences and the favourability of attitude judgments. British journal of psychology (London, England: 1953), 93(Pt 2), 257–267. https://doi.org/10.1348/000712602162571

Haddock, G., Rothman, A. J., & Schwarz, N. (1996). Are (some) reports of attitude strength context dependent? Canadian Journal of Behavioural Science / Revue canadienne des sciences du comportement, 28(4), 313–316. https://doi.org/10.1037/0008-400X.28.4.313

Haddock, G., Rothman, A., Reber, R., & Schwarz, N. (1999). Forming Judgments of Attitude Certainty, Intensity, and Importance: The Role of Subjective Experiences. Personality and Social Psychology Bulletin, 25, 771 - 782.

Haggard P. (2017). Sense of agency in the human brain. Nature reviews. Neuroscience, 18(4), 196–207. https://doi.org/10.1038/nrn.2017.14

Halberstadt, J., & Rhodes, G. (2003). It's not just average faces that are attractive: computer-manipulated averageness makes birds, fish, and automobiles attractive. Psychonomic bulletin & review, 10(1), 149–156. https://doi.org/10.3758/bf03196479

Hamilton, A., Obhi, S., & Cross, E.S. (2016). The Social Function of the Human Mirror System: A Motor Chauvinist View.

Hammer, S. & Høpner, J. (2015). Meningsskabelse, organisering og ledelse. En introduktion til Weicks univers. Samfundslitteratur, 2015.

Hannula, D. E., & Greene, A. J. (2012). The hippocampus reevaluated in unconscious learning and memory: at a tipping point? Frontiers in human neuroscience, 6, 80. https://doi.org/10.3389/fnhum.2012.00080

Hareli, S., & Parkinson, B. (2008). What's social about social emotions? Journal for the Theory of Social Behaviour, 38(2), 131–156. https://doi.org/10.1111/j.1468-5914.2008.00363.x

Harmon-Jones, E., & Allen, J. J. B. (2001). The role of affect in the mere exposure effect: Evidence from psychophysiological and individual differences approaches. Personality and Social Psychology Bulletin, 27(7), 889–898. https://doi.org/10.1177/0146167201277011

Harris, P.R., & Epton, T. (2010). The Impact of Self-Affirmation on Health-Related Cognition and Health Behaviour: Issues and Prospects. Social and Personality Psychology Compass, 4, 439-454.

Haviland, J.M., & Lelwica, M.L. (1987). The Induced Affect Response: 10-Week-Old Infants' Responses to Three Emotion Expressions. Developmental Psychology, 23, 97-104.

Hawkins, J. (2004). On Intelligence. St. Martins Press, New York.

Heaps, C., & Nash, M. (2001). Comparing recollective experience in true and false autobiographical memories. Journal of experimental psychology. Learning, memory, and cognition, 27 4, 920-30.

Heffetz, O., & Frank, R.H. (2008). Preferences for Status: Evidence and Economic Implications. Behavioral & Experimental Economics.

Heine, S.J., Proulx, T., & Vohs, K.D. (2006). The Meaning Maintenance Model: On the Coherence of Social Motivations. Personality and Social Psychology Review, 10, 110 - 88.

Heintzelman, S. J., & King, L. A. (2013). On knowing more than we can tell: Intuitive processes and the experience of meaning. The Journal of Positive Psychology, 8(6), 471–482. https://doi.org/10.1080/17439760.2013.830758

Heintzelman, S. J., & King, L. A. (2014). (The feeling of) meaning-as-information. Personality and social psychology review: an official journal of the Society for Personality and Social Psychology, Inc, 18(2), 153–167. https://doi.org/10.1177/1088868313518487

Heintzelman, S. J., Trent, J., & King, L. A. (2013). Encounters with objective coherence and the experience of meaning in life. Psychological science, 24(6), 991–998. https://doi.org/10.1177/0956797612465878

Heit, E. (1998). A Bayesian Analysis of Some Forms of Inductive Reasoning.

Hemmer, P., & Steyvers, M. (2009). A Bayesian account of reconstructive memory. Topics in cognitive science, 1(1), 189–202. https://doi.org/10.1111/j.1756-8765.2008.01010.x

Hennenlotter, A., Dresel, C., Castrop, F., Ceballos-Baumann, A. O., Wohlschläger, A. M., Haslinger, B. (2009). "The Link between Facial Feedback and Neural Activity within Central Circuitries of Emotion—New Insights from Botulinum Toxin–Induced Denervation of Frown Muscles". Cerebral Cortex. 19 (3): 537–542. doi:10.1093/cercor/bhn104. PMID 18562330.

Henrich, J., & Boyd, R. (2001). Why people punish defectors. Weak conformist transmission can stabilize costly enforcement of norms in cooperative dilemmas. Journal of theoretical biology, 208(1), 79–89. https://doi.org/10.1006/jtbi.2000.2202

Henriksen, K., & Kaplan, H. (2003). Hindsight bias, outcome knowledge and adaptive learning. Quality & safety in health care, 12 Suppl 2(Suppl 2), ii46–ii50. https://doi.org/10.1136/qhc.12.suppl_2.ii46

Heuer, Jr., Richards J. (1999) Psychology of Intelligence Analysis, CENTER for the STUDY of INTELLIGENCE, Central Intelligence Agency (CIA)

Hewstone, M., & Greenland, K. (2000). Intergroup conflict. International Journal of Psychology, 35(2), 136–144. https://doi.org/10.1080/002075900399439

Hiebler-Ragger, M., Fuchshuber, J., Dröscher, H., Vajda, C., Fink, A., & Unterrainer, H. F. (2018). Personality Influences the Relationship Between Primary Emotions and Religious/Spiritual Well-Being. Frontiers in psychology, 9, 370. https://doi.org/10.3389/fpsyg.2018.00370

Hirshleifer, D., & Shumway, T. (2001). Good Day Sunshine: Stock Returns and the Weather. Ross: Finance (Topic).

Hoemann, K., Gendron, M., & Barrett, L. (2017). Mixed emotions in the predictive brain. Current Opinion in Behavioral Sciences, 15, 51-57.

Hohwy, J. (2007). Functional integration and the mind. Synthese, 159, 315-328.

Hohwy, J. (2013). The Predictive Mind. Oxford University Press, 2013.

Hood, B. (2009). Supersense. From Superstition to Religion - the Brain Science of Belief. Little Brown Book Group. UK. ISBN-13: 9781849010306

Hood, B. (2011). The Self Illusion. Constable and Robinson.

Hood, Bruce (2014) The Domisticated Brain. Penguin Books.

Hornsey, M. J., & Jetten, J. (2004). The individual within the group: balancing the need to belong with the need to be different. Personality and social psychology review: an official journal of the Society for Personality and Social Psychology, Inc, 8(3), 248–264. https://doi.org/10.1207/s15327957pspr0803_2

https://news.sky.com/story/de-niro-offers-100k-reward-to-media-for-truth-about-controversial-childrens-vaccine-10771445

https://www.bt.dk/livsstil/lise-noergaard-afviser-myte-en-gang-for-alle-scene-i-matador-findes-ikke

https://www.fastcompany.com/3030529/hilarious-graphs-prove-that-correlation-isnt-causation?position=1&campaign_date=10022019

https://www.ssi.dk/aktuelt/nyheder/2019/ingen-sammenhang-mellem-mfr-vaccination-og-autisme

Hu, T. Y., Li, J., Jia, H., & Xie, X. (2016). Helping Others, Warming Yourself: Altruistic Behaviors Increase Warmth Feelings of the Ambient Environment. Frontiers in psychology, 7, 1349. https://doi.org/10.3389/fpsyg.2016.01349

Isen, A. M. (2001). An Influence of Positive Affect on Decision Making in Complex Situations: Theoretical Issues With Practical Implications, Journal of Consumer Psychology, Volume 11, Issue 2,2001, Pages 75-85, ISSN 1057-7408, https://doi.org/10.1207/S15327663JCP1102_01.

Isen, A. M., Daubman, K. A., & Nowicki, G. P. (1987). Positive affect facilitates creative problem solving. Journal of personality and social psychology, 52(6), 1122–1131. https://doi.org/10.1037//0022-3514.52.6.1122

Isen, A.M., & Daubman, K.A. (1984). The influence of affect on categorization. Journal of Personality and Social Psychology, 47, 1206-1217.

Jacob, C., Guéguen, N., Martin, A., & Boulbry, G. (2011). Retail salespeople's mimicry of customers: Effects on consumer behavior. Journal of Retailing and Consumer Services, 18, 381-388.

Javadi, A. H., Walsh, V., & Lewis, P. A. (2011). Offline consolidation of procedural skill learning is enhanced by negative emotional content. Experimental brain research, 208(4), 507–517. https://doi.org/10.1007/s00221-010-2497-7

Joëls, M., Pu, Z., Wiegert, O., Oitzl, M., & Krugers, H. (2006). Learning under stress: how does it work? Trends in Cognitive Sciences, 10, 152-158.

Johnson, S. G. B. & Ahn, W.-k. (2017). Causal Mechanisms. In book: Oxford handbook of causal reasoningPublisher: Oxford University PressEditors: Michael Waldmann

Järvilehto L. (2015) The Nature of Intuitive Thought. In: The Nature and Function of Intuitive Thought and Decision Making. SpringerBriefs in Well-Being and Quality of Life Research. Springer, Cham. https://doi.org/10.1007/978-3-319-18176-9_2

Kahneman, D. (2011). Thinking, Fast and Slow. Penguin Books.

Kahneman, D. & Tversky, A. (1979). "Prospect Theory: An Analysis of Decision under Risk" (PDF). Econometrica. 47 (2): 263–291. doi:10.2307/1914185. ISSN 0012-9682. JSTOR 1914185.

Kay, A. C., Gaucher, D., Napier, J. L., Callan, M. J., & Laurin, K. (2008). God and the government: testing a compensatory control mechanism for the support of external systems. Journal of personality and social psychology, 95(1), 18–35. https://doi.org/10.1037/0022-3514.95.1.18

Kay, A. C., Whitson, J. A., Gaucher, D., & Galinsky, A. D. (2009). Compensatory control: Achieving order through the mind, our institutions, and the heavens. Current Directions in Psychological Science, 18(5), 264–268. https://doi.org/10.1111/j.1467-8721.2009.01649.x

Kay, A.C., Shepherd, S., Blatz, C.W., Chua, S.N., & Galinsky, A.D. (2010). For God (or) country: the hydraulic relation between government instability and belief in religious sources of control. Journal of personality and social psychology, 99 5, 725-39.

Kellogg, R. T. (2016). Fundamentals of cognitive psychology (3rd ed.). Sage Publications, Inc.

Keltner, D., & Buswell, B. N. (1997). Embarrassment: its distinct form and appeasement functions. Psychological bulletin, 122(3), 250–270. https://doi.org/10.1037/0033-2909.122.3.250

Keltner, D., Ellsworth, P. C., & Edwards, K. (1993). Beyond simple pessimism: effects of sadness and anger on social perception. Journal of personality and social psychology, 64(5), 740–752. https://doi.org/10.1037//0022-3514.64.5.740

Kenrick, D. T., & Gutierres, S. E. (1980). Contrast effects and judgments of physical attractiveness: When beauty becomes a social problem. Journal of Personality and Social Psychology, 38(1), 131–140. https://doi.org/10.1037/0022-3514.38.1.131

Kesteren, M.V., & Meeter, M. (2020). How to optimize knowledge construction in the brain. NPJ Science of Learning, 5.

Ketelaar, T., & Tung Au, W. (2003). The effects of feelings of guilt on the behaviour of uncooperative individuals in repeated social bargaining games: An affect-as-information interpretation of the role of emotion in social interaction. Cognition & emotion, 17(3), 429–453.

Kidd, C., Palmeri, H., & Aslin, R. N. (2013). Rational snacking: young children's decision-making on the marshmallow task is moderated by beliefs about environmental reliability. Cognition, 126(1), 109–114. https://doi.org/10.1016/j.cognition.2012.08.004

Killingsworth, M. A., and D. T. Gilbert. (2010). "A Wandering Mind Is an Unhappy Mind." Science 330 (6006) (November 11): 932–932. doi:10.1126/science.1192439.

Kim, E. J., Pellman, B., & Kim, J. J. (2015). Stress effects on the hippocampus: a critical review. Learning & memory (Cold Spring Harbor, N.Y.), 22(9), 411–416. https://doi.org/10.1101/lm.037291.114

Kindt, M., Soeter, M., & Vervliet, B. (2009). Beyond extinction: erasing human fear responses and preventing the return of fear. Nature neuroscience, 12(3), 256–258. https://doi.org/10.1038/nn.2271

King, B. R., Dolfen, N., Gann, M. A., Renard, Z., Swinnen, S. P., & Albouy, G. (2019). Schema and Motor-Memory Consolidation. Psychological science, 30(7), 963–978. https://doi.org/10.1177/0956797619847164

King, L. A. (2012). Meaning: Ubiquitous and effortless. In P. R. Shaver & M. Mikulincer (Eds.), Meaning, mortality, and choice: The social psychology of existential concerns (pp. 129–144). American Psychological Association. https://doi.org/10.1037/13748-007

King, L.A. (2014). The Commonplace Experience of Meaning in Life, International Journal of Existential Volume 5, Issue 1 July 2014 Psychology & Psychotherapy

Kiyonari, T., & Barclay, P. (2008). Cooperation in social dilemmas: free riding may be thwarted by second-order reward rather than by punishment. Journal of personality and social psychology, 95 4, 826-42 .

Koole, S.L., Smeets, K., Knippenberg, A.V., & Dijksterhuis, A.P. (1999). The Cessation of Rumination Through Self-Affirmation. Journal of Personality and Social Psychology, 77, 111-125.

Koski, J. E., Xie, H., & Olson, I. R. (2015). Understanding social hierarchies: The neural and psychological foundations of status perception. Social neuroscience, 10(5), 527–550. https://doi.org/10.1080/17470919.2015.1013223

Kounios, J. & Beeman, M. (2015). The Eureka Factor. William Heineman, London.

Krasnow, M.M., Delton, A.W., Cosmides, L., & Tooby, J. (2016). Looking Under the Hood of Third-Party Punishment Reveals Design for Personal Benefit. Psychological Science, 27, 405 - 418.

Kraus, M. W., Côté, S., & Keltner, D. (2010). Social class, contextualism, and empathic accuracy. Psychological science, 21(11), 1716–1723. https://doi.org/10.1177/0956797610387613

Kringelbach, M. L. (2007). Emotioner og følelser i menneskehjernen. In T. Wiben Jensen, & M. Skov (Eds.), Følelser og kognition (pp. 77-104). Museum Tusculanum.

Kuhn D. (2012). The development of causal reasoning. Wiley interdisciplinary reviews. Cognitive science, 3(3), 327–335. https://doi.org/10.1002/wcs.1160

Kunst-Wilson, W. R., & Zajonc, R. B. (1980). Affective discrimination of stimuli that cannot be recognized. Science, 207(4430), 557–558. https://doi.org/10.1126/science.7352271

Laham, S.M., Koval, P., Koval, P., & Alter, A.L. (2012). The name-pronunciation effect: Why people like Mr. Smith more than Mr. Colquhoun. Journal of Experimental Social Psychology, 48, 752-756.

Lakin, J. L., & Chartrand, T. L. (2003). Using nonconscious behavioral mimicry to create affiliation and rapport. Psychological science, 14(4), 334–339. https://doi.org/10.1111/1467-9280.14481

Lakoff, G. (1987). Women, fire, and dangerous things: What categories reveal about the mind. University of Chicago Press.

Lammers, J., Galinsky, A.D., Dubois, D., & Rucker, D.D. (2015). Power and morality. Current opinion in psychology, 6, 15-19.

Lammers, J., Stoker, J. I., Jordan, J., Pollmann, M., & Stapel, D. A. (2011). Power increases infidelity among men and women. Psychological science, 22(9), 1191–1197. https://doi.org/10.1177/0956797611416252

Lazarus, R. S. (1991). Emotion and adaptation. Oxford University Press.

LeDoux J. (2012). Rethinking the emotional brain. Neuron, 73(4), 653–676. https://doi.org/10.1016/j.neuron.2012.02.004

LeDoux, J. (2002). Synaptic Self. Penguin Books, 2002.

Lee, H. S., & Holyoak, K. J. (2008). The role of causal models in analogical inference. Journal of experimental psychology. Learning, memory, and cognition, 34(5), 1111–1122. https://doi.org/10.1037/a0012581

Lee, J. C., & Tomblin, J. B. (2015). Procedural Learning and Individual Differences in Language. Language learning and development: the official journal of the Society for Language Development, 11(3), 215–236. https://doi.org/10.1080/15475441.2014.904168

Leonardelli, G.J., Pickett, C., & Brewer, M.B. (2016). Optimal Distinctiveness Theory: A Framework for Social Identity, Social Cognition, and Intergroup Relations.

Lerner, J. S., & Keltner, D. (2000). Beyond valence: Toward a model of emotion-specific influences on judgement and choice. Cognition and Emotion, 14(4), 473–493. https://doi.org/10.1080/026999300402763

Lerner, J. S., & Keltner, D. (2001). Fear, anger, and risk. Journal of personality and social psychology, 81(1), 146–159. https://doi.org/10.1037//0022-3514.81.1.146

Lerner, J. S., Gonzalez, R. M., Small, D. A., & Fischhoff, B. (2003). Effects of fear and anger on perceived risks of terrorism: a national field experiment. Psychological science, 14(2), 144–150. https://doi.org/10.1111/1467-9280.01433

Lerner, J. S., Small, D. A., & Loewenstein, G. (2004). Heart strings and purse strings: Carryover effects of emotions on economic decisions. Psychological science, 15(5), 337–341. https://doi.org/10.1111/j.0956-7976.2004.00679.x

Leslie, A. M., & Keeble, S. (1987). Do six-month-old infants perceive causality? Cognition, 25(3), 265–288. https://doi.org/10.1016/s0010-0277(87)80006-9

Levenson, R. W. (1999). The intrapersonal functions of emotion. Cognition and Emotion, 13(5), 481–504. https://doi.org/10.1080/026999399379159

Levin, D. T., & Banaji, M. R. (2006). Distortions in the perceived lightness of faces: the role of race categories. Journal of experimental psychology. General, 135(4), 501–512. https://doi.org/10.1037/0096-3445.135.4.501

Levy B. (1996). Improving memory in old age through implicit self-stereotyping. Journal of personality and social psychology, 71(6), 1092–1107. https://doi.org/10.1037//0022-3514.71.6.1092

Lieberman, M. D. (2015). Social - Why Our Brains Are Wired to Connect. Oxford University Press.

Lieberman, M. D., Eisenberger, N. I., Crockett, M. J., Tom, S. M., Pfeifer, J. H., & Way, B. M. (2007). Putting feelings into words: affect labeling disrupts amygdala activity in response to affective stimuli. Psychological science, 18(5), 421–428. https://doi.org/10.1111/j.1467-9280.2007.01916.x

Lieberman, M. D., Inagaki, T. K., Tabibnia, G., & Crockett, M. J. (2011). Subjective responses to emotional stimuli during labeling, reappraisal, and distraction. Emotion (Washington, D.C.), 11(3), 468–480. https://doi.org/10.1037/a0023503

Lind, E. A., & van den Bos, K. (2002). When fairness works: Toward a general theory of uncertainty management. In B. M. Staw & R. M. Kramer (Eds.), Research in organizational behavior: An annual series of analytical essays and critical reviews (pp. 181–223). Elsevier Science/JAI Press.

Lindborg A, Andersen TS (2021) Bayesian binding and fusion models explain illusion and enhancement effects in audiovisual speech perception. PLoS ONE 16(2): e0246986. https:// doi.org/10.1371/journal.pone.0246986

Lindquist, K. A., Siegel, E. H., Quigley, K. S., & Barrett, L. F. (2013). The hundred-year emotion war: are emotions natural kinds or psychological constructions? Comment on Lench, Flores, and Bench (2011). Psychological bulletin, 139(1), 255–263. https://doi.org/10.1037/a0029038

Lindquist, K.A. (2013). Emotions Emerge from More Basic Psychological Ingredients: A Modern Psychological Constructionist Model. Emotion Review, 5, 356 - 368.

Linnet, J. (2021). Din hjerne snyder dig. Gyldendal.

Liszkowski, U., Carpenter, M., Striano, T., & Tomasello, M. (2006). 12-and 18-Month-Olds Point to Provide Information for Others. Journal of Cognition and Development, 7(2), 173–187. https://doi.org/10.1207/s15327647jcd0702_2

Lizotte, M., Nobandegani, A. S., & Shultz, T. R. (2021). Emotions in Games: Toward a Unified Process-Level Account. In Proc. of the 43rd Annual Conference of Cognitive Science Society (CogSci).

Lockwood, P. L., Seara-Cardoso, A., & Viding, E. (2014). Emotion regulation moderates the association between empathy and prosocial behavior. PloS one, 9(5), e96555. https://doi.org/10.1371/journal.pone.0096555

Loftus, E. F., & Palmer, J. C. (1974). Reconstruction of automobile destruction: An example of the interaction between language and memory. Journal of Verbal Learning & Verbal Behavior, 13(5), 585–589. https://doi.org/10.1016/S0022-5371(74)80011-3

Loftus, E.F. & Pickrell, J.E. (1995) The formation of false memories. Psychiatric Annals, 25, 720-725

Lyengar, S. S., & Lepper, M. R. (2000). When choice is demotivating: can one desire too much of a good thing? Journal of personality and social psychology, 79(6), 995–1006. https://doi.org/10.1037//0022-3514.79.6.995

Maddux, W.W., Mullen, E., & Galinsky, A.D. (2008). Chameleons bake bigger pies and take bigger pieces: Strategic behavioral mimicry facilitates negotiation outcomes. Journal of Experimental Social Psychology, 44, 461-468.

Mahdavi, S., & Rahimian, M. (2017). Bias Impedes Learning.

Maner, J. K., & Case, C. R. (2013, October). The essential tension between leadership and power. Psychological Science Agenda. http://www.apa.org/science/about/psa/2013/10/leadership-power

Maner, J.K., & Mead, N.L. (2010). The essential tension between leadership and power: when leaders sacrifice group goals for the sake of self-interest. Journal of personality and social psychology, 99 3, 482-97.

Mara, D. (2017). The function of mirror neurons in the learning process. MATEC Web of Conferences 121:12012 DOI: 10.1051/matecconf/201712112012

Marchant, J. (2017). Cure. Canongate Books.

Markman, A., & Makin, V.S. (1998). Referential communication and category acquisition. Journal of experimental psychology. General, 127 4, 331-54.

Markman, K. D., Proulx, T., & Lindberg, M. J. (Eds.). (2013). The psychology of meaning. American Psychological Association. https://doi.org/10.1037/14040-000

Markus, H. (1977). Self-schemata and processing information about the self. Journal of Personality and Social Psychology, 35(2), 63–78. https://doi.org/10.1037/0022-3514.35.2.63

Markus, H., & Wurf, E. (1987). The dynamic self-concept: A social psychological perspective. Annual Review of Psychology, 38, 299–337. https://doi.org/10.1146/annurev.ps.38.020187.001503

Marner, L.; Nyengaard, J. R.; Tang, Y.; Pakkenberg, B. (2003). "Marked loss of myelinated nerve fibers in the human brain with age". The Journal of Comparative Neurology. 462 (2): 144–52. doi:10.1002/cne.10714. PMID 12794739. S2CID 35293796.

Martin, J. W., Jordan, J. J., Rand, D. G., & Cushman, F. (2019). When do we punish people who don't? Cognition, 193, 104040. https://doi.org/10.1016/j.cognition.2019.104040

Mayford, M., Siegelbaum, S. A., & Kandel, E. R. (2012). Synapses and memory storage. Cold Spring Harbor perspectives in biology, 4(6), a005751. https://doi.org/10.1101/cshperspect.a005751

McClelland J. L. (2013). Incorporating rapid neocortical learning of new schema-consistent information into complementary learning systems theory. Journal of experimental psychology. General, 142(4), 1190–1210. https://doi.org/10.1037/a0033812

McConnell, A. R., & Strain, L. M. (2007). Content and structure of the self-concept. In C. Sedikides & S. J. Spencer (Eds.), The self (pp. 51–73). Psychology Press.

McDonald, M. M., Navarrete, C. D., & Van Vugt, M. (2012). Evolution and the psychology of intergroup conflict: the male warrior hypothesis. Philosophical transactions of the Royal Society of London. Series B, Biological sciences, 367(1589), 670–679. https://doi.org/10.1098/rstb.2011.0301

McDonald, R. J., & Hong, N. S. (2013). How does a specific learning and memory system in the mammalian brain gain control of behavior? Hippocampus, 23(11), 1084–1102. https://doi.org/10.1002/hipo.22177

McDonald, R. J., Devan, B. D., & Hong, N. S. (2004). Multiple memory systems: the power of interactions. Neurobiology of learning and memory, 82(3), 333–346. https://doi.org/10.1016/j.nlm.2004.05.009

McGlone, M. S., & Tofighbakhsh, J. (2000). Birds of a feather flock conjointly (?): rhyme as reason in aphorisms. Psychological science, 11(5), 424–428. https://doi.org/10.1111/1467-9280.00282

Mcgregor, I., & Marigold, D.C. (2003). Defensive zeal and the uncertain self: what makes you so sure? Journal of personality and social psychology, 85 5, 838-52.

McGregor, I., Zanna, M. P., Holmes, J. G., & Spencer, S. J. (2001). Compensatory conviction in the face of personal uncertainty: going to extremes and being oneself. Journal of personality and social psychology, 80(3), 472–488. https://doi.org/10.1037/0022-3514.80.3.472

Medin, D. L., & Rips, L. J. (2005). Concepts and Categories: Memory, Meaning, and Metaphysics. In K. J. Holyoak & R. G. Morrison (Eds.), The Cambridge handbook of thinking and reasoning (p. 37–72). Cambridge University P

Mei Dongmei, He Shasha, Li Liman Man Wai, Zhu Yiyi (2021). The Effect of Subjective Loss in Financial Risk Taking and Negative Emotion. Frontiers in Psychology VOL 12. URL=https://www.frontiersin.org/article/10.3389/fpsyg.2021.736353. DOI=10.3389/fpsyg.2021.736353. ISSN=1664-1078

Melloni, L., Planck, M., & Lamme, V. (2015). Consciousness as Inference in Time A Commentary on Victor Lamme.

Memory Hackers Documentary HD (2016), https://www.youtube.com/watch?v=kvpX3VZMuyM

Merker B. (2007). Consciousness without a cerebral cortex: a challenge for neuroscience and medicine. The Behavioral and brain sciences, 30(1), 63–134. https://doi.org/10.1017/S0140525X07000891

Mifune, N., Li, Y., Okuda, N. (2020). The Evaluation of Second- and Third-Party Punishers. Letters on Evolutionary Behavioral Science. Vol 11 No 1 (2020). DOI: https://doi.org/10.5178/lebs.2020.72

Miry, O., Li, J., & Chen, L. (2021). The Quest for the Hippocampal Memory Engram: From Theories to Experimental Evidence. Frontiers in behavioral neuroscience, 14, 632019. https://doi.org/10.3389/fnbeh.2020.632019

Mischel, W., & Ebbesen, E. (1970). Attention in delay of gratification. Journal of Personality and Social Psychology, 16, 329-337.

Mischel, W., Shoda, Y., & Rodriguez, M. I. (1989). Delay of gratification in children. Science (New York, N.Y.), 244(4907), 933–938. https://doi.org/10.1126/science.2658056

Molho, C., Tybur, J. M., Güler, E., Balliet, D., & Hofmann, W. (2017). Disgust and Anger Relate to Different Aggressive Responses to Moral Violations. Psychological science, 28(5), 609–619. https://doi.org/10.1177/0956797617692000

Montag, C., & Davis, K. L. (2018). Affective Neuroscience Theory and Personality: An Update. Personality neuroscience, 1, e12. https://doi.org/10.1017/pen.2018.10

Montag, C., & Panksepp, J. (2017). Primary Emotional Systems and Personality: An Evolutionary Perspective. Frontiers in psychology, 8, 464. https://doi.org/10.3389/fpsyg.2017.00464

Moore J. W. (2016). What Is the Sense of Agency and Why Does it Matter? Frontiers in psychology, 7, 1272. https://doi.org/10.3389/fpsyg.2016.01272

Moretti, L., & di Pellegrino, G. (2010). Disgust selectively modulates reciprocal fairness in economic interactions. Emotion (Washington, D.C.), 10(2), 169–180. https://doi.org/10.1037/a0017826

Murphy, G. L. (2002). The big book of concepts. MIT Press.

Nader, K., Schafe, G. E., & Le Doux, J. E. (2000). Fear memories require protein synthesis in the amygdala for reconsolidation after retrieval. Nature, 406(6797), 722–726. https://doi.org/10.1038/35021052

Nagai Y. (2019). Predictive learning: its key role in early cognitive development. Philosophical transactions of the Royal Society of London. Series B, Biological sciences, 374(1771), 20180030. https://doi.org/10.1098/rstb.2018.0030

Nagarajan, N. & Stevens, C. F. (2008). How does the speed of thought compare for brains and digital computers? Current Biology, Vol 18, No 17.

Neal, D. T., & Chartrand, T. L. (2011). Embodied emotion perception: Amplifying and dampening facial feedback modulates emotion perception accuracy. Social Psychological and Personality Science, 2(6), 673–678. https://doi.org/10.1177/1948550611406138

Nettle, D., Nott, K., & Bateson, M. (2012). 'Cycle thieves, we are watching you': impact of a simple signage intervention against bicycle theft. PloS one, 7(12), e51738. https://doi.org/10.1371/journal.pone.0051738

Neuschatz, J. S., Wetmore, S. A., Gronlund, S. D. (2015). Memory Gaps and Memory Errors. Emerging Trends in the Social and Behavioral Sciences. Edited by Robert Scott and Kosslyn. © 2015 John Wiley & Sons, Inc. ISBN 978-1-118-90077-2. DOI: 10.1002/9781118900772.etrds0215

Newman, E. J., Garry, M., Unkelbach, C., Bernstein, D. M., Lindsay, D. S., & Nash, R. A. (2015). Truthiness and falsiness of trivia claims depend on judgmental contexts. Journal of experimental psychology. Learning, memory, and cognition, 41(5), 1337–1348. https://doi.org/10.1037/xlm0000099

Newman, G.A. (2013). THE BIAS TOWARD CAUSE AND EFFECT.

Nielson, K. A., & Powless, M. (2007). Positive and negative sources of emotional arousal enhance long-term word-list retention when induced as long as 30 min after learning. Neurobiology of learning and memory, 88(1), 40–47. https://doi.org/10.1016/j.nlm.2007.03.005

Nielson, K., & Arentsen, T. (2012). Memory modulation in the classroom: Selective enhancement of college examination performance by arousal induced after lecture. Neurobiology of Learning and Memory, 98, 12-16.

Novemsky, N., Dhar, R., Schwarz, N., & Simonson, I. (2007). Preference fluency in choice. Journal of Marketing Research, 44(3), 347–356. https://doi.org/10.1509/jmkr.44.3.347

O'Connor, C. (2016). The Evolution of Guilt: A Model-Based Approach. Philosophy of Science, 83, 897 - 908.

O'Reilly, R. C., & Norman, K. A. (2002). Hippocampal and neocortical contributions to memory: advances in the complementary learning systems framework. Trends in cognitive sciences, 6(12), 505–510. https://doi.org/10.1016/s1364-6613(02)02005-3

Oh, S., & Roh, S. C. (2019). A Moderated Mediation Model of Self-Concept Clarity, Transformational Leadership, Perceived Work Meaningfulness, and Work Motivation. Frontiers in psychology, 10, 1756. https://doi.org/10.3389/fpsyg.2019.01756

Olasagasti, I., Bouton, S., & Giraud, A. L. (2015). Prediction across sensory modalities: A neurocomputational model of the McGurk effect. Cortex; a journal devoted to the study of the nervous system and behavior, 68, 61–75. https://doi.org/10.1016/j.cortex.2015.04.008

Ongaro, G., & Kaptchuk, T. J. (2019). Symptom perception, placebo effects, and the Bayesian brain. Pain, 160(1), 1–4. https://doi.org/10.1097/j.pain.0000000000001367

Oppenheimer, D. M. (2006). Consequences of erudite vernacular utilized irrespective of necessity: Problems with using long words needlessly. Applied Cognitive Psychology, 20(2), 139–156. https://doi.org/10.1002/acp.1178

Packard, M. G., & Knowlton, B. J. (2002). Learning and memory functions of the Basal Ganglia. Annual review of neuroscience, 25, 563–593. https://doi.org/10.1146/annurev.neuro.25.112701.142937

Page, S. J., Levine, P., Sisto, S. A., & Johnston, M. V. (2001). Mental practice combined with physical practice for upper-limb motor deficit in subacute stroke. Physical therapy, 81(8), 1455–1462. https://doi.org/10.1093/ptj/81.8.1455

Panichello, M. F., Cheung, O. S., & Bar, M. (2013). Predictive feedback and conscious visual experience. Frontiers in Psychology, 3, Article 620. https://doi.org/10.3389/fpsyg.2012.00620

Panksepp, J., & Watt, D. (2011a). What is Basic about Basic Emotions? Lasting Lessons from Affective Neuroscience. Emotion Review, 3(4), 387396. https://doi.org/10.1177/175407391141074

Panksepp, J., & Watt, D. (2011b). Why does depression hurt? Ancestral primary-process separation-distress (PANIC/GRIEF) and diminished brain reward (SEEKING) processes in the genesis of depressive affect. Psychiatry, 74(1), 5–13. https://doi.org/10.1521/psyc.2011.74.1.5

Panksepp, Jaak.(1998). Affective Neuroscience. Oxford University Press.

Park, C., & Folkman, S. (1997). Meaning in the Context of Stress and Coping. Review of General Psychology, 1, 115 - 144.

Pedreira, M. E., Pérez-Cuesta, L. M., & Maldonado, H. (2004). Mismatch between what is expected and what actually occurs triggers memory reconsolidation or extinction. Learning & memory (Cold Spring Harbor, N.Y.), 11(5), 579–585. https://doi.org/10.1101/lm.76904

Perera, A (2021). Procedural memory. Simply Psychology. https://www.simplypsychology.org/procedural-memory.html

Perry, R., Chipperfield, J. & Stewart, T. (2010). Perceived control. University of Manitoba, Winnipeg, MB, Canada 2012 Elsevier Inc. All rights reserved

Peterburs, J., Voegler, R., Liepelt, R., Schulze, A., Wilhelm, S., Ocklenburg, S., & Straube, T. (2017). Processing of fair and unfair offers in the ultimatum game under social observation. Scientific reports, 7, 44062. https://doi.org/10.1038/srep44062

Phelps E. A. (2004). Human emotion and memory: interactions of the amygdala and hippocampal complex. Current opinion in neurobiology, 14(2), 198–202. https://doi.org/10.1016/j.conb.2004.03.015

Phelps E. A. (2006). Emotion and cognition: insights from studies of the human amygdala. Annual review of psychology, 57, 27–53. https://doi.org/10.1146/annurev.psych.56.091103.070234

Phillips, M. L., Senior, C., Fahy, T., & David, A. S. (1998). Disgust--the forgotten emotion of psychiatry. The British journal of psychiatry: the journal of mental science, 172, 373–375. https://doi.org/10.1192/bjp.172.5.373

Phillips, R., & LeDoux, J.E. (1992). Differential contribution of amygdala and hippocampus to cued and contextual fear conditioning. Behavioral neuroscience, 106 2, 274-85.

Piff, P. K., Kraus, M. W., Côté, S., Cheng, B. H., & Keltner, D. (2010). Having less, giving more: the influence of social class on prosocial behavior. Journal of personality and social psychology, 99(5), 771–784. https://doi.org/10.1037/a0020092

Piff, P. K., Stancato, D. M., Côté, S., Mendoza-Denton, R., & Keltner, D. (2012). Higher social class predicts increased unethical behavior. PNAS Proceedings of the National Academy of Sciences of the United States of America, 109(11), 4086–4091. https://doi.org/10.1073/pnas.1118373109

Pinker, S. (1994). The Language Instinct: How the Mind Creates Language. New York City: William Morrow and Company.

Pittman, T. S., & Pittman, N. L. (1980). Deprivation of control and the attribution process. Journal of Personality and Social Psychology, 39(3), 377–389. https://doi.org/10.1037/0022-3514.39.3.377

Poldrack, R. A., Prabhakaran, V., Seger, C. A., & Gabrieli, J. D. (1999). Striatal activation during acquisition of a cognitive skill. Neuropsychology, 13(4), 564–574. https://doi.org/10.1037//0894-4105.13.4.56

Popa, L. S., & Ebner, T. J. (2019). Cerebellum, Predictions and Errors. Frontiers in cellular neuroscience, 12, 524. https://doi.org/10.3389/fncel.2018.00524

Powell, K.L., Roberts, G., & Nettle, D. (2012). Eye Images Increase Charitable Donations: Evidence From an Opportunistic Field Experiment in a Supermarket. Ethology, 118, 1096-1101.

Power, P. (2011). Playing with Ideas: The affective dynamics of creative play. American Journal of Play, 3(3), 288–323.

Požgain, I., Požgain, Z., & Degmečić, D. (2014). Placebo and nocebo effect: a mini-review. Psychiatria Danubina, 26(2), 100–107.

Praszkier, R. (2016). Empathy, mirror neurons and SYNC. Mind & Society, 15, 1-25.

Prooijen, J.V., Douglas, K., & Inocencio, C.D. (2018). Connecting the dots: Illusory pattern perception predicts belief in conspiracies and the supernatural. European Journal of Social Psychology, 48, 320 - 335.

Proulx, T., & Heine, S. J. (2009). Connections from Kafka: exposure to meaning threats improves implicit learning of an artificial grammar. Psychological science, 20(9), 1125–1131. https://doi.org/10.1111/j.1467-9280.2009.02414.x

Proulx, T., & Heine, S.J. (2008). The Case of the Transmogrifying Experimenter. Psychological Science, 19, 1294 - 1300.

Proulx, T., & Heine, S.J. (2010). The Frog in Kierkegaard's Beer: Finding Meaning in the Threat-Compensation Literature. Social and Personality Psychology Compass, 4, 889-905.

Proulx, T., & Inzlicht, M. (2012). The Five "A"s of Meaning Maintenance: Finding Meaning in the Theories of Sense-Making. Psychological Inquiry, 23, 317 - 335.

Proulx, T., Heine, S. J., & Vohs, K. D. (2010). When is the unfamiliar the uncanny? Meaning affirmation after exposure to absurdist literature, humor, and art. Personality & social psychology bulletin, 36(6), 817–829. https://doi.org/10.1177/0146167210369896

Proulx, T., Inzlicht, M., & Harmon-Jones, E. (2012). Understanding all inconsistency compensation as a palliative response to violated expectations. Trends in cognitive sciences, 16(5), 285–291. https://doi.org/10.1016/j.tics.2012.04.002

Quaedflieg, C., & Schwabe, L. (2018). Memory dynamics under stress. Memory (Hove, England), 26(3), 364–376. https://doi.org/10.1080/09658211.2017.1338299

Quam, C., Wang, A., Maddox, W. T., Golisch, K., & Lotto, A. (2018). Procedural-Memory, Working-Memory, and Declarative-Memory Skills Are Each Associated With Dimensional Integration in Sound-Category Learning. Frontiers in psychology, 9, 1828. https://doi.org/10.3389/fpsyg.2018.01828

Raghunathan, R. & Pham, M. T. (1999). All Negative Moods Are Not Equal: Motivational Influences of Anxiety and Sadness on Decision Making, Organizational Behavior and Human Decision Processes, Volume 79, Issue 1, 1999, Pages 56-77, ISSN 0749-5978, https://doi.org/10.1006/obhd.1999.2838.

Raichle M. E.; MacLeod, A. M.; Snyder, A. Z.; Powers, W. J.; Gusnard, D. A. & Shulman, G. L. (2001) A default mode of brain function, PNAS January 16, 2001 98 (2) 676-682; https://doi.org/10.1073/pnas.98.2.676

Raichle, M. E., & Snyder, A. Z. (2007). A default mode of brain function: a brief history of an evolving idea. NeuroImage, 37(4), 1083–1099. https://doi.org/10.1016/j.neuroimage.2007.02.041

Rajhans, P., Altvater-Mackensen, N., Vaish, A., & Grossmann, T. (2016). Children's altruistic behavior in context: The role of emotional responsiveness and culture. Scientific Reports, 6.

Randles, D., Benjamin, R., Martens, J. P., & Heine, S. J. (2018). Searching for answers in an uncertain world: Meaning threats lead to increased working memory capacity. PloS one, 13(10), e0204640. https://doi.org/10.1371/journal.pone.0204640

Randles, D., Inzlicht, M., Proulx, T., Tullett, A. M., & Heine, S. J. (2015). Is dissonance reduction a special case of fluid compensation? Evidence that dissonant cognitions cause compensatory affirmation and abstraction. Journal of Personality and Social Psychology, 108(5), 697–710. https://doi.org/10.1037/a0038933

Randles, D., Proulx, T., & Heine, S.J. (2011). Turn-frogs and careful-sweaters: Non-conscious perception of incongruous word pairings provokes fluid compensation. Journal of Experimental Social Psychology, 47, 246-249.

Reber, R., & Schwarz, N. (1999). Effects of perceptual fluency on judgments of truth. Consciousness and cognition, 8(3), 338–342. https://doi.org/10.1006/ccog.1999.0

Reber, R., & Schwarz, N. (2006). Perceptual fluency, preference, and evolution. Polish Psychological Bulletin, 37(1), 16–

Reber, R., Schwarz, N., & Winkielman, P. (2004). Processing fluency and aesthetic pleasure: is beauty in the perceiver's processing experience? Personality and social psychology review: an official journal of the Society for Personality and Social Psychology, Inc, 8(4), 364–382.

Regan, D. T. (1971). Effects of a favor and liking on compliance. Journal of Experimental Social Psychology, 7, 627-639.

Revelle, W., & Scherer, K.R. (2009). Personality and emotion. Oxford Companion to the Affective Sciences. Oxford University Press.

Rhodes, G., Yoshikawa, S., Clark, A., Lee, K., McKay, R., & Akamatsu, S. (2001). Attractiveness of facial averageness and symmetry in non-western cultures: in search of biologically based standards of beauty. Perception, 30(5), 611–625. https://doi.org/10.1068/p3123

Ridgeway, C.L. (2019). Understanding the Nature of Status Inequality: Why is it Everywhere? Why Does it Matter? ✩. Advances in Group Processes.

Risak, M. & Larsen, C. Falck (2007). Når modstand giver mening: ledelse og organisation som politisk drama. Børsens Forlag.

Robins, R.W., & Schriber, R.A. (2009). The Self-Conscious Emotions: How are they Experienced, Expressed, and Assessed? Social and Personality Psychology Compass, 3, 887-898.

Rosenzwieg, P. (2014). The Halo Effect. Free Press.

Rosling, H. (2018). Factfulness. Lindhart og Ringhof Forlag A/S.

Rubin, G. J., Das Munshi, J., & Wessely, S. (2005). Electromagnetic hypersensitivity: a systematic review of provocation studies. Psychosomatic medicine, 67(2), 224–232. https://doi.org/10.1097/01.psy.0000155664.13300.64

Rutjens, B. T., van Harreveld, F., van der Pligt, J., Kreemers, L. M., & Noordewier, M. K. (2013). Steps, stages, and structure: finding compensatory order in scientific theories. Journal of experimental psychology. General, 142(2), 313–318. https://doi.org/10.1037/a0028716

Ryan, A. M., Schmit, M. J., & Johnson, R. (1996). Attitudes and effectiveness: Examining relations at an organizational level. Personnel Psychology, 49(4), 853–882. https://doi.org/10.1111/j.1744-6570.1996.tb02452.x

Sauder, M., Lynn, F.B., & Podolny, J. (2012). Status: Insights from Organizational Sociology. Review of Sociology, 38, 267-283.

Schachter, S.; Singer, J. (1962). "Cognitive, Social, and Physiological Determinants of Emotional State" (PDF). Psychological Review. 69 (5): 379–399. doi:10.1037/h0046234.

Schacter, D. L., Addis, D. R., & Buckner, R. L. (2008). Episodic simulation of future events: concepts, data, and applications. Annals of the New York Academy of Sciences, 1124, 39–60. https://doi.org/10.1196/annals.1440.001

Schacter, D., & Addis, D. (2007). The cognitive neuroscience of constructive memory: remembering the past and imagining the future. Philosophical Transactions of the Royal Society B: Biological Sciences, 362, 773 - 786.

Schacter, D., & Addis, D. (2009). MILITARY PSYCHOLOGY, 21:(Suppl.1) S108–S112, 2009 Copyright © Taylor & Francis Group, LLC, ISSN: 0899-5605 print / 1532-7876 online, DOI: 10.1080/08995600802554748

Schacter, D., Addis, D., & Buckner, R. (2007). Remembering the past to imagine the future: the prospective brain. Nature Reviews Neuroscience, 8, 657-661.

Schaefer, M., & Northoff, G. (2017). Who Am I: The Conscious and the Unconscious Self. Frontiers in human neuroscience, 11, 126. https://doi.org/10.3389/fnhum.2017.00126

Schafe, G. E., Doyère, V., & LeDoux, J. E. (2005). Tracking the fear engram: the lateral amygdala is an essential locus of fear memory storage. The Journal of neuroscience: the official journal of the Society for Neuroscience, 25(43), 10010–10014. https://doi.org/10.1523/JNEUROSCI.3307-05.2005

Scherer, K.R., Wranik, T., Sangsue, J., Tran, V., & Scherer, U. (2004). Emotions in everyday life: probability of occurrence, risk factors, appraisal and reaction patterns. Social Science Information, 43, 499 - 570.

Schilling, T. M., Kölsch, M., Larra, M. F., Zech, C. M., Blumenthal, T. D., Frings, C., & Schächinger, H. (2013). For whom the bell (curve) tolls: cortisol rapidly affects memory retrieval by an inverted U-shaped dose-response relationship. Psychoneuroendocrinology, 38(9), 1565–1572. https://doi.org/10.1016/j.psyneuen.2013.01.001

Schlegel, R. J., Hicks, J. A., Arndt, J., & King, L. A. (2009). Thine own self: true self-concept accessibility and meaning in life. Journal of personality and social psychology, 96(2), 473–490. https://doi.org/10.1037/a0014060

Schlegel, R. J., Hicks, J. A., King, L. A., & Arndt, J. (2011). Feeling like you know who you are: perceived true self-knowledge and meaning in life. Personality & social psychology bulletin, 37(6), 745–756. https://doi.org/10.1177/0146167211400424

Schneider, B., Hanges, P., Smith, D., & Salvaggio, A. (2003). Which comes first: employee attitudes or organizational financial and market performance? The Journal of applied psychology, 88 5, 836-51 .

Schulreich, S., Gerhardt, H., Meshi, D., & Heekeren, H. R. (2020). Fear-induced increases in loss aversion are linked to increased neural negative-value coding. Social cognitive and affective neuroscience, 15(6), 661–670. https://doi.org/10.1093/scan/nsaa091

Schwabe, L., & Wolf, O. T. (2009). Stress prompts habit behavior in humans. The Journal of neuroscience: the official journal of the Society for Neuroscience, 29(22), 7191–7198. https://doi.org/10.1523/JNEUROSCI.0979-09.2009

Schwabe, L., & Wolf, O. T. (2012). Stress modulates the engagement of multiple memory systems in classification learning. The Journal of neuroscience: the official journal of the Society for Neuroscience, 32(32), 11042–11049. https://doi.org/10.1523/JNEUROSCI.1484-12.2012

Schwabe, L., Schächinger, H., de Kloet, E. R., & Oitzl, M. S. (2010). Corticosteroids operate as a switch between memory systems. Journal of cognitive neuroscience, 22(7), 1362–1372. https://doi.org/10.1162/jocn.2009.21278

Schwarz, N. (2004). Metacognitive Experiences in Consumer Judgment and Decision Making. Journal of Consumer Psychology, 14, 332-348.

Schwarz, N. (2012). Feelings-as-information theory. In P. A. M. Van Lange, A. W. Kruglanski, & E. T. Higgins (Eds.), Handbook of theories of social psychology (pp. 289–308). Sage Publications Ltd. https://doi.org/10.4135/9781446249215.n15

Schwarz, N., & Clore, G. L. (2007). Feelings and phenomenal experiences. In A. W. Kruglanski & E. T. Higgins (Eds.), Social psychology: Handbook of basic principles (pp. 385–407). The Guilford Press.

Schwarz, N., Bless, H., Strack, F., Klumpp, G., Rittenauer-Schatka, H., & Simons, A. (1991). Ease of retrieval as information: Another look at the availability heuristic. Journal of Personality and Social Psychology, 61(2), 195–202. https://doi.org/10.1037/0022-3514.61.2.195

Schwengerer, L. (2019). Self-Knowledge in a Predictive Processing Framework. Rev.Phil.Psych.10, 563–585 (2019). https://doi.org/10.1007/s13164-018-0416-1

Schwiedrzik, C. (2015). What's up with Prefrontal Cortex? - A Commentary on John-Dylan Haynes. In T. Metzinger & J. M. Windt (Eds). Open MIND: 17(C). Frankfurt am Main: MIND Group. doi: 10.15502/9783958570412

Scoboria, A., Mazzoni, G., Jarry, J. L., & Bernstein, D. M. (2012). Personalized and not general suggestion produces false autobiographical memories and suggestion-consistent behavior. Acta psychologica, 139(1), 225–232. https://doi.org/10.1016/j.actpsy.2011.10.008

Seamon, J. G., Philbin, M. M., & Harrison, L. G. (2006). Do you remember proposing marriage to the Pepsi machine? False recollections from a campus walk. Psychonomic bulletin & review, 13(5), 752–756. https://doi.org/10.3758/bf03193992

Sedikides, C., Gaertner, L., Luke, M.A., O'Mara, E.M., & Gebauer, J.E. (2013). A Three-Tier Hierarchy of Self-Potency: Individual Self, Relational Self, Collective Self.

Seehagen, S., Schneider, S., Rudolph, J., Ernst, S., & Zmyj, N. (2015). Stress impairs cognitive flexibility in infants. Proceedings of the National Academy of Sciences of the United States of America, 112(41), 12882–12886. https://doi.org/10.1073/pnas.1508345112

Seligman ME (1975). Helplessness: On Depression, Development, and Death. San Francisco: W. H. Freeman. ISBN 978-0-7167-2328-8.

Seth, A. (2017). Your brain hallucinates your conscious reality. TED 2017.

Seth, A. (2021). Being You. Faber & Faber Ltd. London.

Seth, A. K., & Friston, K. J. (2016). Active interoceptive inference and the emotional brain. Philosophical transactions of the Royal Society of London. Series B, Biological sciences, 371(1708), 20160007. https://doi.org/10.1098/rstb.2016.0007

Sevenster, D., Beckers, T., & Kindt, M. (2013). Prediction error governs pharmacologically induced amnesia for learned fear. Science (New York, N.Y.), 339(6121), 830–833. https://doi.org/10.1126/science.123135

Sevenster, D., Beckers, T., & Kindt, M. (2014). Prediction error demarcates the transition from retrieval, to reconsolidation, to new learning. Learning & memory (Cold Spring Harbor, N.Y.), 21(11), 580–584. https://doi.org/10.1101/lm.035493.114

Shah, A., & Oppenheimer, D.M. (2007). Easy does it: The role of fluency in cue weighting. Judgment and Decision Making, 2, 371-379.

Sharot T. (2011). The optimism bias. Current biology: CB, 21(23), R941–R945. https://doi.org/10.1016/j.cub.2011.10.030

Shaw, J. (2016). The Memory Illusion. Random House Books.

Sherman, D. K. (2013). Self-affirmation: Understanding the effects. Social and Personality Psychology Compass, 7(11), 834–845. https://doi.org/10.1111/spc3.12072

Sherman, D. K., & Kim, H. S. (2005). Is there an "I" in "team"? The role of the self in group-serving judgments. Journal of personality and social psychology, 88(1), 108–120. https://doi.org/10.1037/0022-3514.88.1.108

Sherman, D.K., & Cohen, G.L. (2006). The Psychology of Self-defense: Self-Affirmation Theory. Advances in Experimental Social Psychology, 38, 183-242.

Sherman, D.K., Lokhande, M., Müller, T., & Cohen, G. L. (2021). Self-Affirmation Interventions. From Handbook of Wise Interventions: How Social Psychology Can Help People Change. Edited by Gregory M. Walton and Alia J. Crum., 2021 The Guilford Press.

Shih, M., Ambady, N., Richeson, J. A., Fujita, K., & Gray, H. M. (2002). Stereotype performance boosts: the impact of self-relevance and the manner of stereotype activation. Journal of personality and social psychology, 83(3), 638–647.

Shih, M., Pittinsky, T. L., & Ambady, N. (1999). Stereotype susceptibility: Identity salience and shifts in quantitative performance. Psychological Science, 10(1), 80–83. https://doi.org/10.1111/1467-9280.00111

Shimizu, M., & Pelham, B. W. (2004). The unconscious cost of good fortune: implicit and explicit self-esteem, positive life events, and health. Health psychology: official journal of the Division of Health Psychology, American Psychological Association, 23(1), 101–105. https://doi.org/10.1037/0278-6133.23.1.101

Shipp, S., Adams, R. A., & Friston, K. J. (2013). Reflections on agranular architecture: predictive coding in the motor cortex. Trends in neurosciences, 36(12), 706–716. https://doi.org/10.1016/j.tins.2013.09.004

Simmons, J. P., & Nelson, L. D. (2006). Intuitive confidence: choosing between intuitive and nonintuitive alternatives. Journal of experimental psychology. General, 135(3), 409–428. https://doi.org/10.1037/0096-3445.135.3.409

Simpson, B., Willer, R., & Ridgeway, C.L. (2012). Status Hierarchies and the Organization of Collective Action. Sociological Theory, 30, 149 - 166.

Singer, T., & Lamm, C. (2009). The social neuroscience of empathy. Annals of the New York Academy of Sciences, 1156, 81–96. https://doi.org/10.1111/j.1749-6632.2009.04418.x

Singer, W. (2009). The Brain, a Complex, Self-organizing System, European Review Vol 17, no. 2 321-329

Sivanathan, N., Molden, D. C., Galinsky, A. D., & Ku, G. (2008). The promise and peril of self-affirmation in de-escalation of commitment. Organizational Behavior and Human Decision Processes, 107(1), 1–14. https://doi.org/10.1016/j.obhdp.2007.12.004

Skurnik, I., Yoon, C., Park, D.C., & Schwarz, N. (2005). How warnings about false claims become recommendations. Journal of Consumer Research, 31, 713-724.

Smith, P. K., Jostmann, N. B., Galinsky, A. D., & van Dijk, W. W. (2008). Lacking power impairs executive functions. Psychological science, 19(5), 441–447. https://doi.org/10.1111/j.1467-9280.2008.02107.x

Soeter, M., & Kindt, M. (2015). An Abrupt Transformation of Phobic Behavior After a Post-Retrieval Amnesic Agent. Biological psychiatry, 78(12), 880–886. https://doi.org/10.1016/j.biopsych.2015.04.006

Solms, M. (2021). The Hidden Spring. Profile Books, London.

Solnick, S.J., & Hemenway, D. (1998). Is more always better? A survey on positional concerns. Journal of Economic Behavior and Organization, 37, 373-383.

Solomon, K. O., Medin, D. L., & Lynch, E. (1999). Concepts do more than categorize. Trends in cognitive sciences, 3(3), 99–105. https://doi.org/10.1016/s1364-6613(99)01288-7

Song, H. (2009). The Effects of Processing Fluency on Judgment and Processing Style: Three Essays on Effort Prediction, Risk Perception, and Distortion Detection.

Song, H., & Schwarz, N. (2008a). If it's hard to read, it's hard to do: Processing fluency affects effort prediction and motivation. Psychological Science, 19(10), 986–988. https://doi.org/10.1111/j.1467-9280.2008.02189.x

Song, H., & Schwarz, N. (2008b). FLUENCY AND THE DETECTION OF MISLEADING QUESTIONS: LOW PROCESSING FLUENCY ATTENUATES THE MOSES ILLUSION. Social Cognition, 26, 791-799.

Song, H., & Schwarz, N. (2009). If it's difficult to pronounce, it must be risky: Fluency, familiarity, and risk perception. Psychological Science, 20(2), 135–138. https://doi.org/10.1111/j.1467-9280.2009.02267.x

Squire, L. R., & Dede, A. J. (2015). Conscious and unconscious memory systems. Cold Spring Harbor perspectives in biology, 7(3), a021667. https://doi.org/10.1101/cshperspect.a021667

Squire, L. R., Genzel, L., Wixted, J. T., & Morris, R. G. (2015). Memory consolidation. Cold Spring Harbor perspectives in biology, 7(8), a021766. https://doi.org/10.1101/cshperspect.a021766

Stavrova, O., Newman, G. E., Kulemann, A., & Fetchenhauer, D. (2016). Contamination without contact: An examination of intention-based contagion. Judgment and Decision Making, 11(6), 554–571.

Steele, C. M. (1988). The psychology of self-affirmation: Sustaining the integrity of the self. In L. Berkowitz (Ed.), Advances in experimental social psychology, Vol. 21. Social psychological studies of the self: Perspectives and programs (pp. 261–302). Academic Press.

Steele, C.M., & Aronson, J. (1995). Stereotype threat and the intellectual test performance of African Americans. Journal of personality and social psychology, 69 5, 797-811.

Stout, Wyntre (2015) "What Dimensions of Empathy Predict Prosocial Helping Behavior in Emerging Adulthood? The Relationships Between Volunteering to Help and Perspective-Taking Ability, Experience of Empathic Concern, and Self-Report Empathic Inclinations," Journal of Interdisciplinary Graduate Research: Vol. 1 , Article 1. Available at: https://knowledge.e.southern.edu/jigr/vol1/iss1/1

Swann, W. B., Jr, Griffin, J. J., Jr, Predmore, S. C., & Gaines, B. (1987). The cognitive-affective crossfire: when self-consistency confronts self-enhancement. Journal of personality and social psychology, 52(5), 881–889. https://doi.org/10.1037//0022-3514.52.5.881

Swann, W. B., Jr, Wenzlaff, R. M., & Tafarodi, R. W. (1992a). Depression and the search for negative evaluations: more evidence of the role of self-verification strivings. Journal of abnormal psychology, 101(2), 314–317. https://doi.org/10.1037//0021-843x.101.2.314

Swann, W. B., Jr, Wenzlaff, R. M., Krull, D. S., & Pelham, B. W. (1992b). Allure of negative feedback: self-verification strivings among depressed persons. Journal of abnormal psychology, 101(2), 293–306. https://doi.org/10.1037/0021-843x.101.2.293

Swann, W. B., Jr., Rentfrow, P. J., & Guinn, J. S. (2003). Self-verification: The search for coherence. In M. R. Leary & J. P. Tangney (Eds.), Handbook of self and identity (pp. 367–383). The Guilford Press.

Tabibnia, G., Satpute, A. B., & Lieberman, M. D. (2008). The sunny side of fairness: preference for fairness activates reward circuitry (and disregarding unfairness activates self-control circuitry). Psychological science, 19(4), 339–347. https://doi.org/10.1111/j.1467-9280.2008.02091.x

Tanaka, K. Z., & McHugh, T. J. (2018). The Hippocampal Engram as a Memory Index. Journal of experimental neuroscience, 12, 1179069518815942. https://doi.org/10.1177/1179069518815942

Taylor, S.E., Wood, J.V., & Lichtman, R.R. (1983). It Could Be Worse: Selective Evaluation as a Response to Victimization. Journal of Social Issues, 39, 19-40.

Tomasello, M., Carpenter, M., Call, J., Behne, T., & Moll, H. (2005). Understanding and sharing intentions: the origins of cultural cognition. The Behavioral and brain sciences, 28(5), 675–735. https://doi.org/10.1017/S0140525X05000129

Topolinski, S., & Strack, F. (2008). Where there's a will-there's no intuition. The unintentional basis of semantic coherence judgments. Journal of Memory and Language, 58, 1032-1048.

Topolinski, S., & Strack, F. (2009a). The architecture of intuition: Fluency and affect determine intuitive judgments of semantic and visual coherence and judgments of grammaticality in artificial grammar learning. Journal of experimental psychology. General, 138(1), 39–63. https://doi.org/10.1037/a0014678

Topolinski, S., & Strack, F. (2009b). The analysis of intuition: Processing fluency and affect in judgements of semantic coherence. Cognition and Emotion, 23, 1465 - 1503.

Torre, J. B., & Lieberman, M. D. (2018). Putting feelings into words: Affect labeling as implicit emotion regulation. Emotion Review, 10(2), 116–124. https://doi.org/10.1177/1754073917742706

Trepte, S., & Loy, L.S. (2017). Social Identity Theory and Self-Categorization Theory.

Tse, D., Langston, R. F., Kakeyama, M., Bethus, I., Spooner, P. A., Wood, E. R., Witter, M. P., & Morris, R. G. (2007). Schemas and memory consolidation. Science (New York, N.Y.), 316(5821), 76–82. https://doi.org/10.1126/science.1135935

Tybur, J.M., Lieberman, D., Kurzban, R., & DeScioli, P. (2013). Disgust: evolved function and structure. Psychological review, 120 1, 65-84.

Ullman M. T. (2004). Contributions of memory circuits to language: the declarative/procedural model. Cognition, 92(1-2), 231–270. https://doi.org/10.1016/j.cognition.2003.10.008

Unkelbach C. (2006). The learned interpretation of cognitive fluency. Psychological science, 17(4), 339–345. https://doi.org/10.1111/j.1467-9280.2006.01708.x

Unkelbach C. (2007). Reversing the truth effect: learning the interpretation of processing fluency in judgments of truth. Journal of experimental psychology. Learning, memory, and cognition, 33(1), 219–230. https://doi.org/10.1037/0278-7393.33.1.219

van Baaren, R. B., Maddux, W. W., Chartrand, T. L., de Bouter, C., & van Knippenberg, A. (2003). It takes two to mimic: behavioral consequences of self-construals. Journal of personality and social psychology, 84(5), 1093–1102. https://doi.org/10.1037/0022-3514.84.5.1093

van Baaren, R.B., Holland, R., Steenaert, B., & Knippenberg, A.V. (2003). Mimicry for money: Behavioral consequences of imitation q.

van den Bos K. (2001). Uncertainty management: the influence of uncertainty salience on reactions to perceived procedural fairness. Journal of personality and social psychology, 80(6), 931–941.

van den Bos, K., Poortvliet, P.M., Maas, M.J., Miedema, J., & Ham, E.V. (2005). An enquiry concerning the principles of cultural norms and values: The impact of uncertainty and mortality salience on reactions to violations and bolstering of cultural worldviews. Journal of Experimental Social Psychology, 41, 91-113.

van Kesteren, M. T., Ruiter, D. J., Fernández, G., & Henson, R. N. (2012). How schema and novelty augment memory formation. Trends in neurosciences, 35(4), 211–219. https://doi.org/10.1016/j.tins.2012.02.001

van Kleef, G. A., Oveis, C., van der Löwe, I., LuoKogan, A., Goetz, J., & Keltner, D. (2008). Power, distress, and compassion: turning a blind eye to the suffering of others. Psychological science, 19(12), 1315–1322. https://doi.org/10.1111/j.1467-9280.2008.02241.x

Van Swol, L. M. (2003). The effects of nonverbal mirroring on perceived persuasiveness, agreement with an imitator, and reciprocity in a group discussion. Communication Research, 30(4), 461–480. https://doi.org/10.1177/0093650203253318

Van Tongeren, D.R., Green, J.D., Davis, D.E., Hook, J.N., & Hulsey, T.L. (2016). Prosociality enhances meaning in life. The Journal of Positive Psychology, 11, 225 - 236.

Van Vugt, M., Hogan, R., & Kaiser, R. B. (2008). Leadership, followership, and evolution: some lessons from the past. The American psychologist, 63(3), 182–196. https://doi.org/10.1037/0003-066X.63.3.182

Varnum, M.E., Blais, C., Hampton, R.S., & Brewer, G.A. (2015). Social class affects neural empathic responses. Culture and Brain, 3, 122-130.

Vaughn, D. A., Savjani, R. R., Cohen, M. S., & Eagleman, D. M. (2018). Empathic Neural Responses Predict Group Allegiance. Frontiers in human neuroscience, 12, 302. https://doi.org/10.3389/fnhum.2018.00302

Vervaeke, J. (2019). Awakening from the Meaning Crisis. YouTube.

Vicario, C. M., Rafal, R. D., Martino, D., & Avenanti, A. (2017). Core, social and moral disgust are bounded: A review on behavioral and neural bases of repugnance in clinical disorders. Neuroscience and biobehavioral reviews, 80, 185–200. https://doi.org/10.1016/j.neubiorev.2017.05.008

Vignoles, V. L., Chryssochoou, X., & Breakwell, G. M. (2000). The distinctiveness principle: Identity, meaning, and the bounds of cultural relativity. Personality and Social Psychology Review, 4(4), 337–354. https://doi.org/10.1207/S15327957PSPR0404_4

Vogel, S., & Schwabe, L. (2016). Learning and memory under stress: implications for the classroom. NPJ science of learning, 1, 16011. https://doi.org/10.1038/npjscilearn.2016.11

Vogel, S., Kluen, L. M., Fernández, G., & Schwabe, L. (2018). Stress affects the neural ensemble for integrating new information and prior knowledge. NeuroImage, 173, 176–187. https://doi.org/10.1016/j.neuroimage.2018.02.038

Wade, K. A., Garry, M., Read, J. D., & Lindsay, S. (2002). A picture is worth a thousand lies: Using false photographs to create false childhood memories. Psychonomic Bulletin & Review, 9(3), 597–603. https://doi.org/10.3758/BF03196318

Walker, M. P., Brakefield, T., Morgan, A., Hobson, J. A., & Stickgold, R. (2002). Practice with sleep makes perfect: sleep-dependent motor skill learning. Neuron, 35(1), 205–211. https://doi.org/10.1016/s0896-6273(02)00746-8

Walton, G. M., & Wilson, T. D. (2018). Wise interventions: Psychological remedies for social and personal problems. Psychological Review, 125(5), 617–655. https://doi.org/10.1037/rev0000115

Wang, Y., Ge, J., Zhang, H., Wang, H., & Xie, X. (2020). Altruistic behaviors relieve physical pain. Proceedings of the National Academy of Sciences of the United States of America, 117(2), 950–958. https://doi.org/10.1073/pnas.1911861117

Warneken, F., & Tomasello, M. (2009). The roots of human altruism. British journal of psychology (London, England: 1953), 100(Pt 3), 455–471. https://doi.org/10.1348/000712608X379061

Watkins, A. (2014). Coherence. Kogan Page.

Weber, E. U. (2003) Perception matters: Psychophysics for economists, Columbia University.

Weick, K. E. (1995). Sensemaking in Organizations. SAGE Publications, 1995.

White, N. M. (2007). Multiple Parallel Memory Systems in the Brain. Scholarpedia, 2(7):2663. doi:10.4249/scholarpedia.2663

White, N. M., & McDonald, R. J. (2002). Multiple parallel memory systems in the brain of the rat. Neurobiology of learning and memory, 77(2), 125–184. https://doi.org/10.1006/nlme.2001.4008

Whitson, J. A. & Galinsky, A. D. (2008b). Seeing Is Believing, Unless It Isn't. Loss of control makes the mind misperceive. KelloggInsight. https://insight.kellogg.northwestern.edu/article/seeing_is_believing_unless_it_isnt

Whitson, J. A., & Galinsky A. D. (2008a). Lacking control increases illusory pattern perception. Science (New York, N.Y.), 322(5898), 115–117. https://doi.org/10.1126/science.1159845

Whittlesea, B.W. (1993). Illusions of familiarity. Journal of Experimental Psychology: Learning, Memory and Cognition, 19, 1235-1253.

Wilkinson, S., Dodgson, G., & Meares, K. (2017). Predictive processing and the varieties of psychological trauma. Frontiers in Psychology, 8, Article 1840. https://doi.org/10.3389/fpsyg.2017.01840

Willig, R. (2016). Afvæbnet Kritik. Hans Reitzels Forlag.

Wilson, T. D. (2002). Strangers to ourselves: Discovering the adaptive unconscious. Belknap Press/Harvard University Press.

Wilson, T. D., & Schooler, J. W. (1991). Thinking too much: introspection can reduce the quality of preferences and decisions. Journal of personality and social psychology, 60(2), 181–192. https://doi.org/10.1037//0022-3514.60.2.181

Wilson, T. D., Lisle, D. J., Schooler, J. W., Hodges, S. D., Klaaren, K. J., & LaFleur, S. J. (1993). Introspecting about reasons can reduce post-choice satisfaction. Personality and Social Psychology Bulletin, 19(3), 331–339. https://doi.org/10.1177/0146167293193010

Wilson, T. D., Reinhard, D. A., Westgate, E. C., Gilbert, D. T., Ellerbeck, N., Hahn, C., Brown, C. L., & Shaked, A. (2014). Just think: The challenges of the disengaged mind. Science, 345(6192), 75–77. https://doi.org/10.1126/science.1250830

Wilson, Timothy D.; Kraft, Dolores; Lisle, Douglas J. (1990a) ,"Effects of Self-Reflection on Attitudes and Consumer Decisions", in NA - Advances in Consumer Research Volume 17, eds. Marvin E. Goldberg, Gerald Gorn, and Richard W. Pollay, Provo, UT : Association for Consumer Research, Pages: 79-85.

Wilson, Timothy D.; Kraft, Dolores; Lisle, Douglas J. (1990b) ,"The Disruptive Effects of Self-Reflection: Implications For Survey Research", in NA - Advances in Consumer Research Volume 17, eds. Marvin E. Goldberg, Gerald Gorn, and Richard W. Pollay, Provo, UT : Association for Consumer Research, Pages: 212-216.

Winkielman, P., & Cacioppo, J. T. (2001). Mind at ease puts a smile on the face: psychophysiological evidence that processing facilitation elicits positive affect. Journal of personality and social psychology, 81(6), 989–1000.

Winkielman, P., Halberstadt, J., Fazendeiro, T., & Catty, S. (2006). Prototypes are attractive because they are easy on the mind. Psychological science, 17(9), 799–806. https://doi.org/10.1111/j.1467-9280.2006.01785.x

Winkielman, P., Huber, D. E., Kavanagh, L., & Schwarz, N. (2012). Fluency of consistency: When thoughts fit nicely and flow smoothly. In B. Gawronski & F. Strack (Eds.), Cognitive consistency: A fundamental principle in social cognition (pp. 89–111). Guilford Press.

Winkielman, P., Schwarz, N., Reber, R., & Fazendeiro, T. A. (2003). Cognitive and affective consequences of visual fluency: When seeing is easy on the mind. In L. M. Scott & R. Batra (Eds.), Persuasive imagery: A consumer response perspective (pp. 75–89). Lawrence Erlbaum Associates Publishers.

Wisniewski E. J. (1997). When concepts combine. Psychonomic bulletin & review, 4(2), 167–183. https://doi.org/10.3758/BF03209392

Wu, J., Balliet, D., & Van Lange, P. A. M. (2016). Reputation, gossip, and human cooperation. Social and Personality Psychology Compass, 10(6), 350–364. https://doi.org/10.1111/spc3.12255

Wänke, M., Bless, H., & Biller, B. (1996). Subjective experience versus content of information in the construction of attitude judgments. Personality and Social Psychology Bulletin, 22(11), 1105–1113. https://doi.org/10.1177/01461672962211002

Xu, X., Zuo, X., Wang, X., & Han, S. (2009). Do you feel my pain? Racial group membership modulates empathic neural responses. The Journal of neuroscience: the official journal of the Society for Neuroscience, 29(26), 8525–8529. https://doi.org/10.1523/JNEUROSCI.2418-09.2009

Yeager, D. S., Walton, G. M., Brady, S. T., Akcinar, E. N., Paunesku, D., Keane, L., Kamentz, D., Ritter, G., Duckworth, A. L., Urstein, R., Gomez, E. M., Markus, H. R., Cohen, G. L., & Dweck, C. S. (2016). Teaching a lay theory before college narrows achievement gaps at scale. Proceedings of the National Academy of Sciences of the United States of America, 113(24), E3341–E3348. https://doi.org/10.1073/pnas.1524360113

Zajonc, R. B. (1968). Attitudinal effects of mere exposure. Journal of Personality and Social Psychology, 9(2, Pt.2), 1–27. https://doi.org/10.1037/h0025848+A430:A434

Zheng, Y., Yang, Z., Jin, C., Qi, Y., & Liu, X. (2017). The Influence of Emotion on Fairness-Related Decision Making: A Critical Review of Theories and Evidence. Frontiers in psychology, 8, 1592. https://doi.org/10.3389/fpsyg.2017.01592

Zhou, X., Vohs, K.D., & Baumeister, R.F. (2009). The Symbolic Power of Money. Psychological Science, 20, 700 - 706.